Verena Schmidt

Kanadische Rocky Mountains

55 ausgewählte Touren

ROTHER
BERGVERLAG

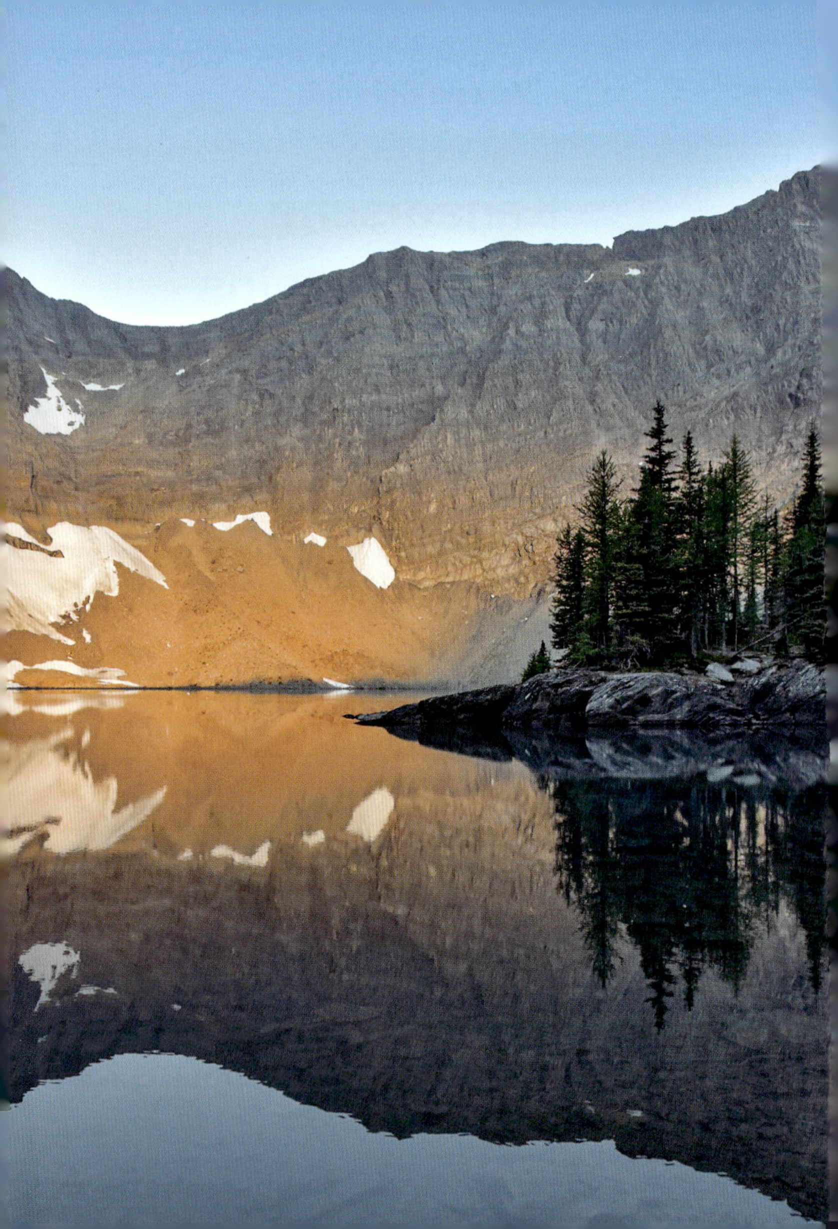

Vorwort

Bereits wenige Schritte abseits der großen, viel befahrenen Straßen empfängt uns die wilde Natur, die nicht von menschlich geschaffenem, massivem Infrastrukturausbau im europäischen Stil zerstückelt und gezähmt wird. Ein Kontrast zwischen Massentourismus und dem Gefühl absoluter Abgeschiedenheit. Die so eindrückliche Weite der montanen Koniferenwälder, alpinen Hochtäler und offenen Pässe, schroffen Bergmassive und unzähligen Gletscherabflüsse verlockt, inspiriert und berührt.

Weil hier Bären und Pumas überleben dürfen, weil bizarre Orchideen fast das ewige Eis berühren und ein mystischer Regenwald von kristallklaren Gletscherbächen genährt wird, weil nicht jeder Gipfel von einem Liftrestaurant besetzt ist, weil nur wenige Abhänge mit einem Geländer versehen sind und nicht jede Baumlawine auf den Pfaden sofort geräumt wird, sind die kanadischen Rocky Mountains eine Spielwiese für Abenteuer in jedem Umfang – von idyllischen Halbtagesspaziergängen über Gipfelerstürmungen bis hin zu wochenlangen Wildnistracks. Und genau deshalb möchten wir Sie hierhin entführen.

Vom breiten Wegenetz, das durch diese als UNESCO-Welterbe ausgezeichnete Landschaft führt, habe ich die berühmtesten und schönsten Touren für diesen Wanderführer ausgewählt. Man kann in der Regel von den hier vorgestellten Mehrtageswanderungen den ersten oder letzten Abschnitt auch als Halbtages- oder Tageswanderung gehen, sie je nach eigenem Gusto mit anderen hier vorgestellten Touren und »im Freestyle« erweitern oder durch die angegebenen Varianten verkürzen, die Tourensammlung somit als Ideenpool nutzen.

Die regionalen Besonderheiten, die beim Besuch der Rockies unbedingt beachtet werden sollten, werden allgemein im ersten Teil des Buches sowie im konkreten Fall bei den Hinweisen zu den jeweiligen Touren genauer erläutert. Da sich alles ständig ändert, informieren Sie sich zur eigenen Sicherheit bitte zusätzlich rechtzeitig bei den öffentlichen Informationsstellen. Der Verlag und ich sind Ihnen dankbar, wenn Sie uns wichtige Änderungen, Tipps oder Fehler mitteilen. Von Herzen danke ich unserer Tochter Analena, die als 13-Jährige mit mir kreuz und quer durch die Rockies zog und mich unermüdlich unterstützte!

Anstatt jetzt hier weiter zu schwärmen, wünsche ich viel Spaß beim Schmökern und vor allem beim Losziehen in die wilden Gefilde auf dem nordamerikanischen Kontinent!

Renningen, im Herbst 2022 Verena Schmidt

Inhaltsverzeichnis

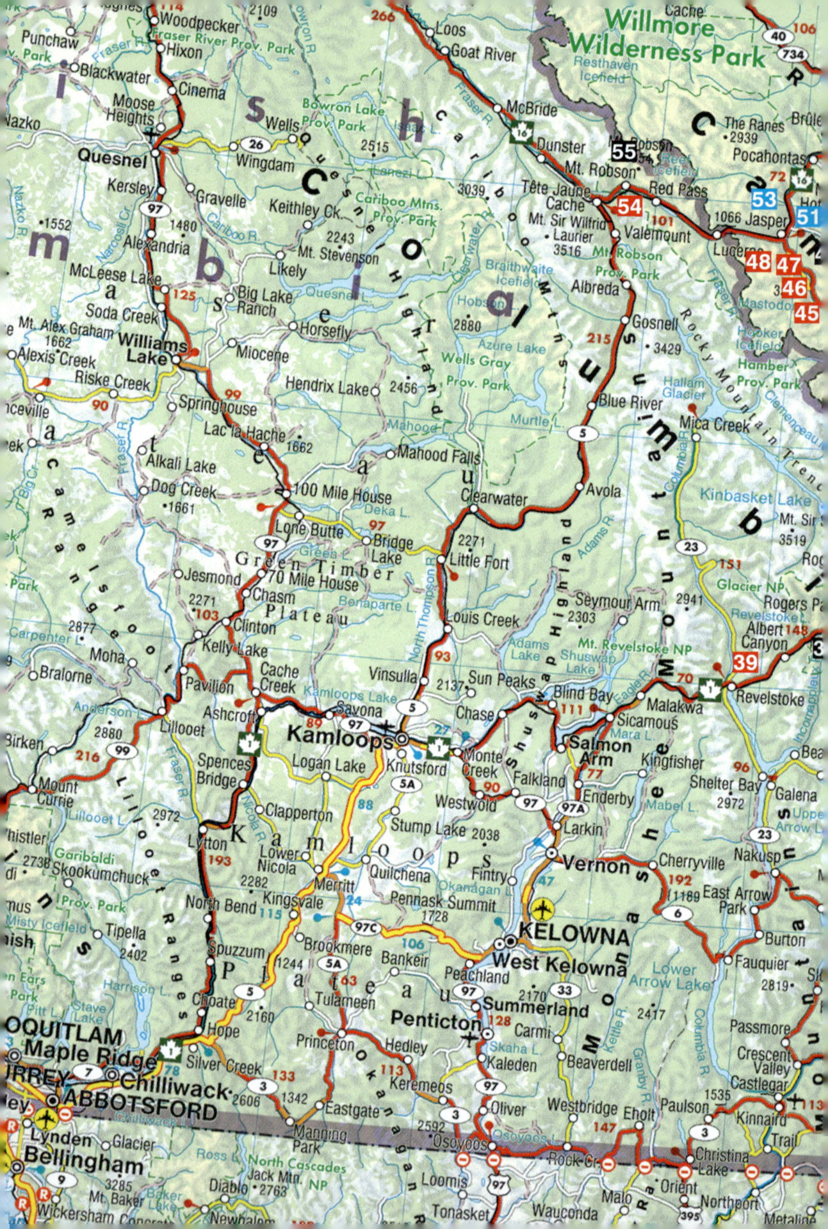

Willmore Wilderness Park
Woodpecker
Fraser River Prov. Park
Hixon
Punchaw
Blackwater
Loos
Goat River
Cinema
Moose Heights
McBride
Bowron Lake Prov. Park
Wells
Nazko
Quesnel
Wingdam
Dunster
Mt. Robson
Tête Jaune Cache
Kersley
Gravelle
Keithley Ck.
Cariboo Mtns. Prov. Park
Mt. Sir Wilfrid Laurier
Red Pass
Jasper
Valemount
Lucerne
Alexandria
Mt. Stevenson
Likely
McLeese Lake
Soda Creek
Big Lake Ranch
Horsefly
Albreda
Williams Lake
Alexis Creek
Riske Creek
Miocene
Gosnell
Wells Gray Prov. Park
Hendrix Lake
Springhouse
Lac la Hache
Mahood Falls
Blue River
Mica Creek
Alkali Lake
Dog Creek
100 Mile House
Clearwater
Avola
Kinbasket Lake
Lone Butte
Bridge Lake
Little Fort
Green Timber Plateau
Jesmond
70 Mile House
Chasm
Clinton
Seymour Arm
Glacier NP
Rogers Pass
Kelly Lake
Louis Creek
Mt. Revelstoke NP
Albert Canyon
Bralorne
Moha
Pavilion
Cache Creek
Vinsulla
Sun Peaks
Blind Bay
Revelstoke
Malakwa
Ashcroft
Savona
Sicamous
Lillooet
Kamloops
Chase
Salmon Arm
Birken
Spences Bridge
Logan Lake
Knutsford
Monte Creek
Falkland
Kingfisher
Mount Currie
Westwold
Enderby
Shelter Bay
Galena
Clapperton
Stump Lake
Larkin
Lytton
Kamloops Plateau
Lower Nicola
Quilchena
Fintry
Vernon
Cherryville
Nakusp
Skookumchuck
Merritt
East Arrow Park
North Bend
Kingsvale
Pennask Summit
Kelowna
West Kelowna
Burton
Tipella
Spuzzum
Brookmere
Bankeir
Peachland
Fauquier
Lower Arrow Lake
Choate
Tulameen
Summerland
Penticton
Carmi
Passmore
Coquitlam
Maple Ridge
Hope
Princeton
Hedley
Kaleden
Beaverdell
Crescent Valley
Castlegar
Surrey
Chilliwack
Silver Creek
Keremeos
Abbotsford
Eastgate
Oliver
Westbridge
Eholt
Paulson
Kinnaird
Manning Park
Osoyoos
Rock Cr.
Christina Lake
Trail
Lynden
Glacier
Bellingham
North Cascades NP
Jack Mtn.
Diablo
Loomis
Orient
Mt. Baker
Malo
Northport
Tonasket
Wauconda
Metaline

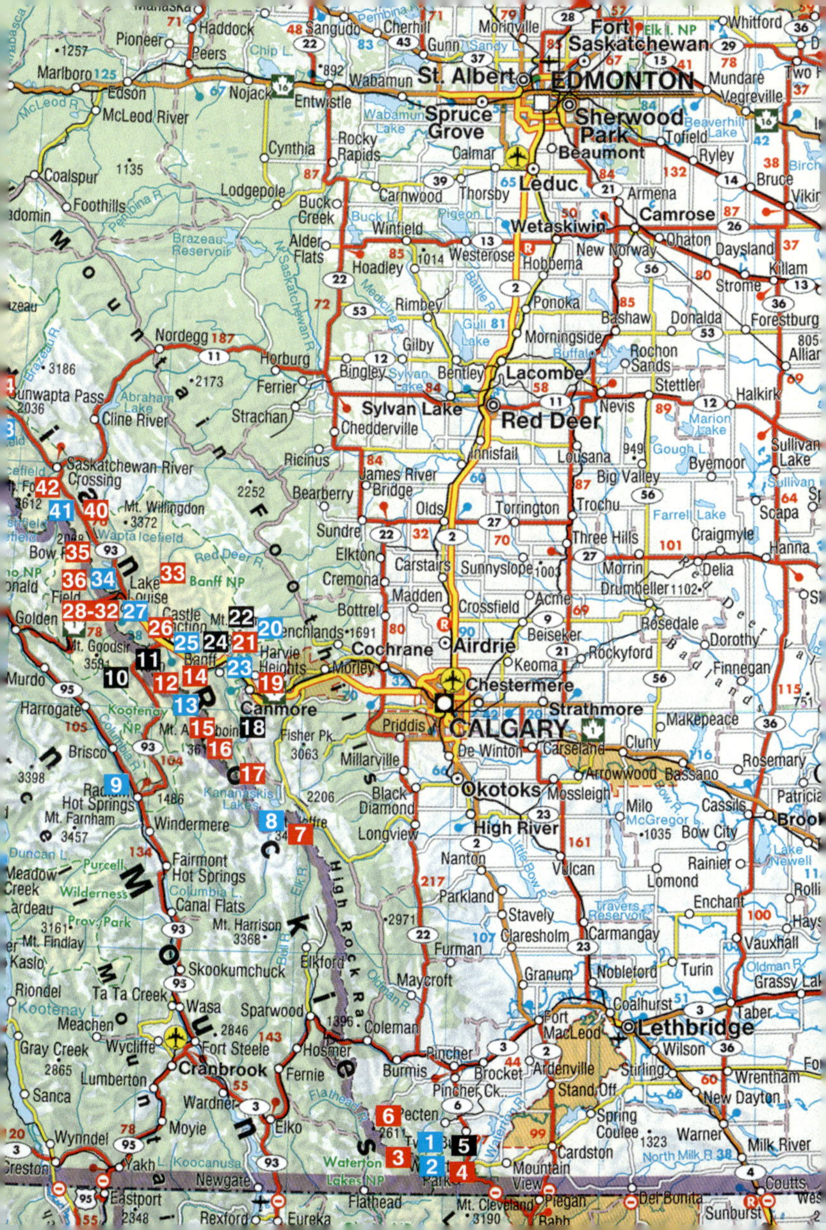
Haddock
Pioneer
Peers
Marlboro
Edson
McLeod River
Nojack
Entwistle
Wabamun
Sangudo
Cherhill
Gunn
Morinville
St. Albert
EDMONTON
Fort Saskatchewan
Elk I. NP
Whitford
Mundare
Vegreville
Two Hills
Sherwood Park
Spruce Grove
Wabamun Lake
Tofield
Beaverhill Lake
Ryley
Bruce
Beaumont
Calmar
Rocky Rapids
Cynthia
Coalspur
Lodgepole
Foothills
Pembina R.
Brazeau Reservoir
Buck Creek
Carnwood
Thorsby
Leduc
Armena
Camrose
Buck L.
Pigeon L.
Winfield
Wetaskiwin
Ohaton
Daysland
Alder Flats
Westerose
Hoadley
Hobbema
New Norway
Killam
Strome
N. Saskatchewan R.
Rimbey
Ponoka
Bashaw
Donalda
Forestburg
Gull Lake
Gilby
Morningside
Buffalo L.
Rochon Sands
Nordegg
Horburg
Ferrier
Bingley
Sylvan Lake
Bentley
Lacombe
Stettler
Halkirk
Sunwapta Pass
Abraham Lake
Cline River
Strachan
Chedderville
Red Deer
Nevis
Marion Lake
Sullivan Lake
Ricinus
Innisfail
Lousana
Gough L.
Byemoor
Saskatchewan River Crossing
James River Bridge
Big Valley
Bearberry
Mt. Willingdon
Wapta Icefield
Olds
Torrington
Trochu
Farrell Lake
Scapa
Sundre
Three Hills
Craigmyle
Hanna
Red Deer R.
Banff NP
Elkton
Carstairs
Sunnyslope
Morrin
Delia
Cremona
Madden
Drumheller
Acme
Crossfield
Bottrel
Lake Louise
Field
Golden
Mt. Goodsir
Castle Junction
Benchlands
Beiseker
Rosedale
Dorothy
Rockyford
Badlands
Cochrane
Airdrie
Keoma
Harvie Heights
Morley
Banff
Canmore
Chestermere
Finnegan
Murdo
Harrogate
Kootenay NP
Strathmore
CALGARY
Priddis
Fisher Pk.
Makepeace
Brisco
Mt. Assiniboine
Millarville
De Winton
Carseland
Cluny
Rosemary
Arrowwood
Bassano
Radium Hot Springs
Mt. Farnham
Windermere
Kananaskis Lakes
Black Diamond
Okotoks
Mossleigh
Milo
McGregor L.
Cassils
Patricia
Brooks
Longview
High River
Bow City
Lake Newell
Duncan L.
Purcell Wilderness
Fairmont Hot Springs
Columbia L.
Canal Flats
Nanton
Vulcan
Rainier
Lomond
Parkland
Enchant
Stavely
Travers Reservoir
Meadow Creek
Ardeau
Prov. Park
Mt. Findlay
Mt. Harrison
Claresholm
Carmangay
Vauxhall
Hays
Kaslo
Furman
Granum
Nobleford
Turin
Oldman R.
Grassy Lake
Skookumchuck
Elkford
High Rock Range
Maycroft
Riondel
Ta Ta Creek
Wasa
Sparwood
Coleman
Coalhurst
Taber
Kootenay L.
Meachen
Fort MacLeod
Lethbridge
Gray Creek
Wycliffe
Fort Steele
Hosmer
Pincher
Wilson
Cranbrook
Fernie
Burmis
Brocket
Ardenville
Stirling
Lumberton
Sanca
Pincher Ck.
Stand Off
Wrentham
New Dayton
Wardner
Flathead R.
Pecten
Spring Coulee
Moyie
Elko
Warner
Milk River
Wynndel
Cardston
North Milk R.
Creston
Yahk
L. Koocanusa
Waterton Lakes NP
Mountain View
Coutts
Newgate
Eastport
Flathead
Mt. Cleveland
Piegan
Del Bonita
Sunburst
Rexford
Eureka
Rocky Mountain Foothills
Canadian Rockies
Purcell Mountains

Touristische Hinweise

Anforderungen

Die Touren verlaufen zwar in der Regel auf instand gehaltenen Wegen und markierten Pfaden, die sichere Begehung jedoch liegt in der Verantwortung des Einzelnen. Sie erfordert Trittsicherheit, für einige Wanderungen auch Schwindelfreiheit, guten Orientierungssinn sowie ausdauernde Kondition. Zum besseren Überblick sind die Tour-Nummern farbig gekennzeichnet und geben so den tendenziellen Schwierigkeitsgrad an, mit einer gewissen Spannweite innerhalb der jeweiligen Kategorie.

Natürliche Prozesse wie beispielsweise das von winterlichen Lawinen hinterlassene »Baummikado«, Hangrutsche, Wildbrände (nicht nur Wald), Schneefälle in höheren Lagen oder starke Regenfälle können die Anforderungen häufig deutlich erhöhen. Das Überqueren kleinerer Bäche (meist auf darüber gelegten Baumstämmen oder Steinen) und umgefallener Bäume ist jedoch unabhängig vom Schwierigkeitsgrad eher die Regel als die Ausnahme.

Leicht Gut angelegte und markierte Wege ohne große Gefahrenstellen, auf denen auch ungeübte Wanderer die Landschaft für sich entdecken können. Deutliche Anstiege sind jedoch möglich.

Mittel Alpine Geschicklichkeit und Kenntnis der Gefahren im Gebirge sollten beim Begehen der teilweise schmalen und über ausgesetzte Stellen im steinigen Gelände führenden Pfade ebenso vorhanden sein wie eine ausreichende Kondition und ein Mindestmaß an Orientierungssinn.

Schwierig Anspruchsvolle Bergwanderungen, bei denen manchmal die Zuhilfenahme der Hände beim Überwinden steiniger Hindernisse genauso notwendig ist wie eine wetterangepasste und geländegerechte Bergmontur (festes Schuhwerk, »Zwiebel-Look«, wasserdichtes Material). Absolute Trittsicherheit, Schwindelfreiheit sowie guter Orientierungssinn und Kondition sind unabdingbar.

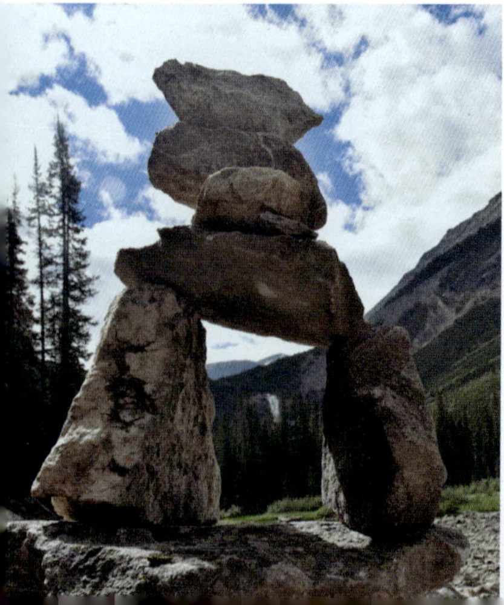

Ein Inukschuk auf dem Weg zu den Geraldine Lakes (Tour 46).

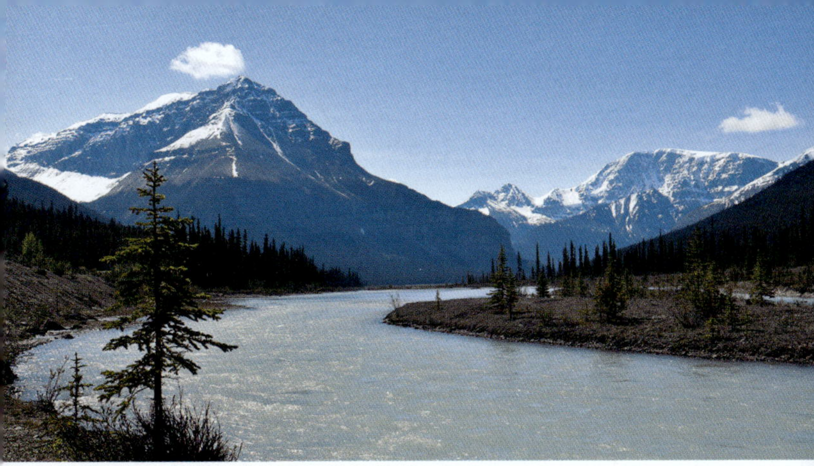

Die berühmte Traumlandschaft Kanadas, hier am Sunwapta River im Jasper Nationalpark.

Gehzeiten

Weder Rast- noch Fotopausen sind in den angegebenen Gehzeiten enthalten, die ohnehin nur als grober Anhaltspunkt zu verstehen sind. Sowohl Witterungsbedingungen und saisonale Beschaffenheit der Pfade, als auch die persönlichen Umstände bestimmen die tatsächliche Zeit unterwegs.

Wanderwege, Markierungen und Bedingungen

Die meisten hier vorgestellten Touren verlaufen entweder auf von Park-Rangern instand gehaltenen Wegenetzen oder entlang benutzter Pfade, sodass offizielle Schilder in Form wetterfester, beschrifteter Tafeln, Stangen mit farbiger Quadratplatte, bunter Bänder, Graffiti oder Steinmännchen, sogenannte Inukschuks/Chairn, den Weg weisen.

Symbole

	mit Bahn/Bus erreichbar		Schiffsanlegestelle
	Einkehrmöglichkeit	†	Gipfel
	für Kinder geeignet	)(	Pass, Sattel
		)(	Brücke
	Ort mit Einkehrmöglichkeit		Zeltplatz
	Einkehrmöglichkeit		Aussichtsplatz
	Schutzhaus, Unterstand		Wasserfall
P	eingerichteter Parkplatz		heiße Quelle

Der Umwelt zuliebe ...

Auch beim Wandern hinterlassen wir einen ökologischen Fußabdruck, aber im Einklang mit der Natur unterwegs zu sein, ist gar nicht so schwer!

VORBEREITUNG UND ANFAHRT

- Sich vorab informieren, worauf in Bezug auf Natur und Umwelt in der jeweiligen Wanderregion besonders zu achten ist.
- Soweit möglich mit Bahn und Bus anreisen, Wander- und Rufbusse nutzen.
- Ist eine Anfahrt mit dem Auto nötig, Fahrgemeinschaften bilden.
- Bei weiten Anfahrten Mehrtagestouren planen oder von einem Quartier vor Ort aus mehrere Touren absolvieren.
- Flugreisen möglichst reduzieren und durch Beiträge zu Klimaschutzprojekten kompensieren.

KLEIDUNG UND AUSRÜSTUNG

- Beim Kauf von Outdoor-Kleidung auf umweltfreundliche und faire Herstellung achten und Kleidungsstücke möglichst viele Jahre nutzen.
- Ausrüstung kann man eventuell auch gebraucht kaufen oder ausleihen.
- Reparieren statt neu kaufen.

VERPFLEGUNG

- Beim Einkauf Bio-Ware, regionale und saisonale Erzeugnisse bevorzugen.
- Hütten und Gasthäuser auswählen, die regionale Produkte verwenden.
- Auf Einwegflaschen und Plastikverpackungen verzichten, stattdessen wiederverwendbare Trinkflaschen und Brotzeitboxen benutzen.

ÜBERNACHTUNG

- Bei lokalen Anbietern buchen, damit Menschen vor Ort profitieren.
- Auf Hütten und in anderen Unterkünften Strom und Wasser sparen.

UNTERWEGS

- Wege benutzen und Abkürzer vermeiden.
- Sperrungen von Wegen und Schutzgebieten respektieren.
- Keine Blumen pflücken und keine Pflanzen entnehmen.
- Waldbrandgefahr beachten.
- Müll wieder mit nach Hause nehmen und dort entsorgen.
- Toilettengänge in freier Natur möglichst vermeiden.
- Lärm vermeiden.
- Hunde an die Leine nehmen.

ROTHER
BERGVERLAG

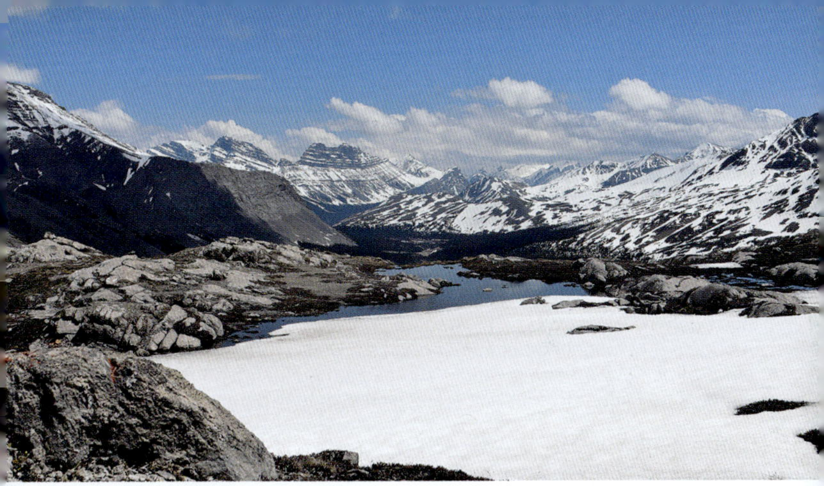

Selbst Mitte Juni sind die Berge am Icefields Parkway noch größtenteils schneebedeckt.

Dennoch sind nicht alle Trails jederzeit in gutem Zustand: Vor allem zu Beginn der Saison können beispielsweise Lawinengeröll ganze Wegabschnitte komplett versperren, neue und alte Schneefelder im Tundraterrain den Weg überdecken, Brücken weggespült sein oder einfach nur umgefallene Bäume kreuz und quer das Durchkommen erschweren, weshalb einfache Wege unter Umständen sehr abenteuerlich sein können.
Es empfiehlt sich daher, vor jeder Wanderung bei den Informationsstellen Auskunft einzuholen über die aktuelle Wegbeschaffenheit und nicht zuletzt auch über das saisonal schwankende, unvorhersehbare Herumstreifen der Bären. Restriktionen bezüglich der Mindestpersonenanzahl für spezifische Wege können von den Rangern jederzeit in Kraft gesetzt werden.

Saisonale Wegsperrungen

Die kanadischen Rocky Mountains sind ein riesiges wildes Gelände. Aufgrund plötzlich eintretender, natürlicher Gegebenheiten und Bedingungen werden von den Nationalparkbehörden Wege teilweise temporär geschlossen. Gründe hierfür sind beispielsweise Bergrutsche, Steinschläge, Wildbrände, schneereiche Winter, aufgrund derer Brücken weggespült wurden, oder einfach nur die Präsenz von Grizzlys, oft mit ihren Jungen. Die Schließungen sind unvorhersehbar und aufgrund der Kurzfristigkeit sowie der unbekannten zeitlichen Beschränkung in einem Wanderführer nicht abbildbar. Manche Routen werden schneller instand gesetzt als andere. Deshalb noch einmal und eindringlich der Hinweis, sich bitte vorab bei den Visitor Information Centers über die aktuelle Lage zu informieren.

Anfahrt

Vor jedem Einstieg gibt es einen Parkplatz, der jedoch nicht immer für Wohnmobile geeignet ist. Zwar ist ein ausgeprägtes Nahverkehrsnetz bei Weitem nicht in Sicht, aber es gibt zaghafte Vorstöße in diese Richtung. Für Nichtmotorisierte sind die städtischen Zentren um Banff/Canmore, Lake Louise, Jasper und Waterton Park am besten zugänglich (Shuttles, Busse). Unter dem Stichwort »Transfer« wird in den Kurzinfos auf ggf. vorhandene öffentliche Verkehrsmöglichkeiten hingewiesen. Alternativ kann man sich in Web-Portalen Mitfahrgelegenheiten suchen, mit zwei Autos planen oder Taxis im Voraus buchen. Trampen ist in einigen Regionen zwar strikt verboten, aufgrund mangelnder Optionen aber immer noch ein weit verbreitetes Mittel, um nach einer Streckenwanderung wieder zurück zum Ausgangspunkt zu gelangen; so manche Mitfahrgelegenheit ergibt sich eventuell bereits auf dem Trail.

Jahreszeit

Die zwei Hauptwandermonate sind Juli und August, wobei Mücken und Bremsen in saftigen Matten und idyllischen Seetälern in genau dieser Zeit

Top-Touren in den kanadischen Rocky Mountains

Crypt Lake

Abenteuerwanderung in märchenhafter Botanik zur Felsgrenze der USA (Tour 4, 6.30 Std.).

Rockwall

Spektakuläre Wildnis entlang rauer Felsflanken und einem fabelhaften See (Tour 10, 4 Tage).

Nub Peak

Gipfelbesteigung mit grandioser Rundsicht auf das schneebedeckte Gipfelmeer und den schönsten Berg weit und breit, den Mount Assiniboine (Tour 16, 4.45 Std.).

Eiffel Lake und Wenkchemna Pass

Vom Seenjuwel Moraine Lake ins Tal der schneebedeckten Gipfel, die sich aneinanderreihen wie Perlen einer Kette (Tour 28, 7 Std.).

Lake O'Hara

Erlesene Bergwanderung im anmutigen Tal malerischer Seen (Tour 30, 4 Std.).

Perley Rock

Vom üppigen Regenwald im Tal des Illecillewaet Rivers ins Meer aus ewigem Eis, dem gleichnamigen Eisfeld (Tour 38, 6 Std.).

Wilcox Pass und Viewpoint

Beste Aussicht auf den Athabasca Glacier und das Columbia Icefield (Tour 44, 3 Std.).

Tonquin Valley

Idyllische Seen im breiten und vom selten gewordenen Waldland-Karibu besiedelten, einsamen Hochtal vor einer steil aufragenden Bergkulisse (Tour 48, 3 Tage).

Skyline Trail

Tolle Höhentour zwischen Maligne Lake und Jasper (Tour 49, 3 Tage).

Berg Lake Trail

Absolutes Highlight am Fuße des höchsten Berges der kanadischen Rockies (Tour 55, 3 Tage).

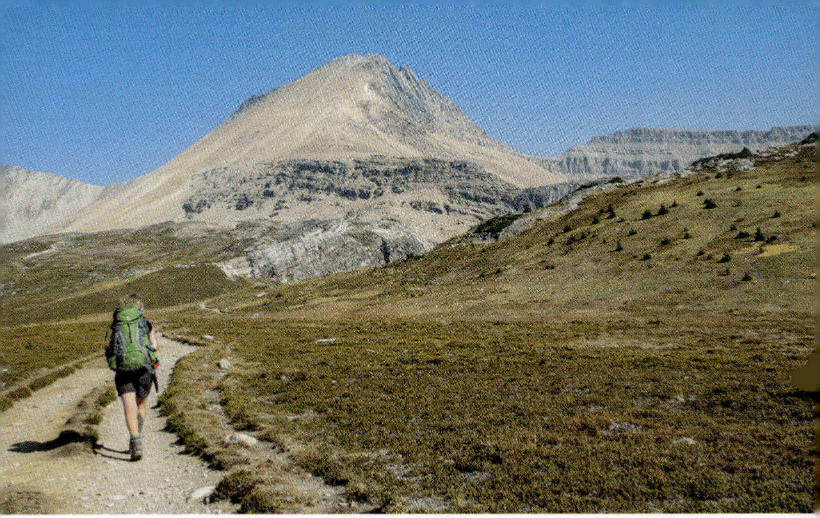
Auf dem Weg in Richtung Cirque Peak (Tour 40).

sehr aktiv ihr Überleben sichern. Während in tieferen und südlich ausgerichteten Lagen auch im Juni sehr gut gewandert werden kann, wenn der vorangegangene Winter die Beschaffenheit der Wege nicht heftig beeinträchtigt hat (Schneefelder, Lawinenchaos, Anschwellen der Flüsse etc.), liegt in Hochlagen und auf Pässen teilweise noch bis Mitte/Ende Juli Schnee. Für diejenigen, die Schnee- und Kälteeinbrüche nicht fürchten, sind September und Anfang Oktober eine ebenso ideale Wanderzeit, vor allem, wenn sich an den Pässen in etwa 2300 m Höhe die Lärchen golden färben und die meisten Besucher in weit entfernte Länder entschwunden sind.

Gefahren

Zu beachten sind die folgenden alpinen Gefahren:

- Nebel auf weitläufigen Hochflächen
- sichtraubende Schneestürme in Höhenlagen und auf Kämmen
- schnelle Wetterwechsel mit einbrechendem Gewitter im Hochgebirge
- Steinschläge (die Rockies tragen ihren Namen nicht umsonst)
- Schneefelder, vor allem auf zu querenden Steilhängen
- ausgesetzte Stellen
- reißende Ströme
- Rauch bei nahen Wildbränden

Neben den alpinen Gefahren lösen die wohl größte Furcht bei Wanderern in den kanadischen Rocky Mountains die bei uns leider vernichteten, frei umherziehenden Bären aus. Zur Beruhigung: Sie gelten als wesentlich friedlie-

bender als ihre Artverwandten am Yukon und in Alaska und sind keine menschenfressenden Bestien (siehe Kapitel Natur). Unbedingt notwendig sind Achtsamkeit und angemessenes Verhalten bei jeder (!) Wanderung, damit alle am Leben und möglichst unverletzt bleiben.
Dazu zählt:

- auf Anzeichen achten (Fußabdrücke, Kot, Grabungen)
- sich mit eigener Stimme stets bemerkbar machen (wirkt am effektivsten), vor allem an Flussläufen und in Früchte tragenden Beerenfeldern, um gefährliche Schreckmomente zu vermeiden. Souvenirglöckchen sind ineffektive Andenken, es bräuchte schon eine große Schweizer Kuhglocke!
- wenn möglich, in Gruppen wandern
- Bärenspray tragen und wissen, wie man es verwendet
- alles Essbare und Duftende (von Zahnpasta über Kaugummi bis Seife und Parfüm) bärensicher verstauen (bei Wildübernachtungen)
- vorausschauend und nachhaltig für die kommenden Wanderer agieren: NICHTS in der Wildnis zurücklassen, auch und vor allem keine organischen Reste, denn diese assoziiert der findige Bär mit leicht zugänglichem Futter beim Menschen und der nächste Wanderer wird zum potenziellen, unfreiwilligen Futterlieferanten, sprich: ist nicht mehr sicher.

Doch neben den sichtbaren Großsäugern verbirgt sich die extrem selten eintretende, aber stets präsente Lebensgefahr vor allem für kleine Menschen (zierliche Personen und Kinder) im dichten und lichten Wald: Die wundervollen, scheuen Pumas zeigen sich in der Regel nie, dennoch sollten vor allem Kinder nie unbeaufsichtigt gelassen werden!

Um sehr unangenehmen, wochenlang anhaltenden Magen- und Darmbeschwerden vorzubeugen, empfiehlt es sich, der Natur entnommenes Wasser stets zu entkeimen, damit der Wasserparasit Giardia seine Wirkkraft verliert.

Auch mit FSME und Borreliose infizierte Zecken sind von Frühjahr bis etwa November im Grasland unterwegs. Die Ausbreitung der Erreger schwankt jährlich, sodass guter Schutz stets sinnvoll ist.

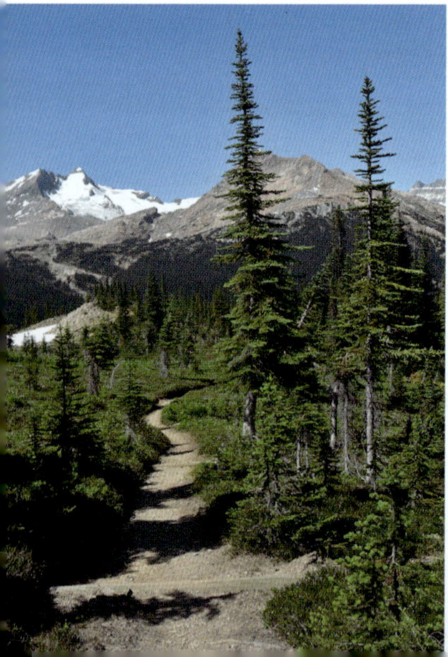

Auf dem Whaleback Trail durch die grandiose Berglandschaft Kanadas (Tour 35).

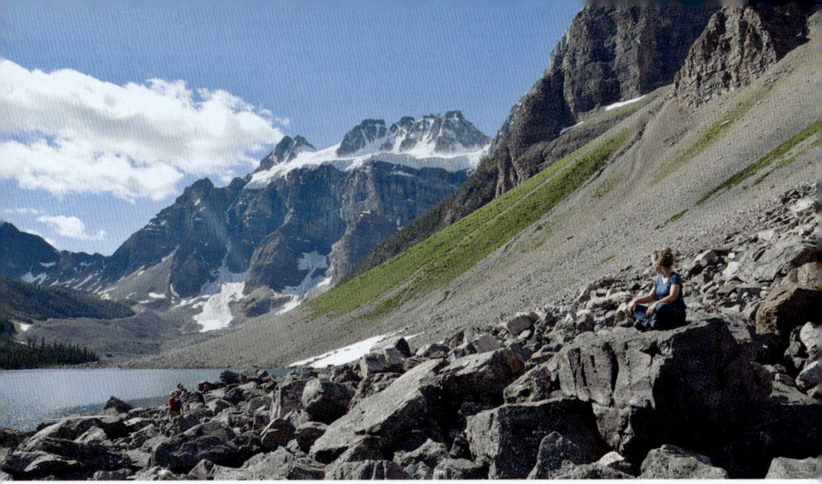

Die Blockhalde am Rand der Consolation Lakes bietet ausreichend Gelegenheit zum Toben und Entspannen (Tour 27).

Ausrüstung

Voraussetzung für die meisten Touren sind:

- feste, am besten über die Knöchel reichende Bergschuhe mit griffiger Sohle
- jederzeit griffbereiter, sehr guter Wetterschutz vor Sonne, Wind, Regen, Schnee und Kälte
- Erste-Hilfe-Set
- ausreichend Proviant und Flüssigkeit (am besten zur Sicherheit Wasserentkeimungsmittel wie UV-Sticks, Filter oder Jod-Tabletten dabeihaben, sodass jederzeit an Bächen und Seen nachgefüllt werden kann)
- Sinnvoll ist zudem Bärenspray und die Kenntnis, wie man es verwendet.
- Schutzmittel vor Mücken, Bremsen und Zecken sind zuweilen sehr hilfreich, dazu zählen nicht nur die lokal gängigen Chemikalien, regional auch Kopfnetze und langärmelige stich- und beißfeste Kleidung.
- Vor allem in der Frühsaison, die je nach Witterungslage schwankt, sowie in höheren Lagen sind Gamaschen beispielsweise beim Begehen alter Schneefelder und tief-schlammiger Pfade sehr nützlich.
- Trekkingstöcke stützen bei steilen und langen Wanderungen mit schwerem Gepäck.
- Für das bärensichere Zelten auf Mehrtageswanderungen werden zusätzlich zum generellen Outdoor-Bedarf meist ein Karabiner und ein wasserdichter Behälter für das Verstauen der Lebensmittel und geruchsintensiver Utensilien benötigt.

Camping, Hütten, Einkehr und Übernachtung

Die Rockies bestechen vor allem durch ihre gebündelte Infrastruktur, weshalb bewirtschaftete Unterkünfte dünn gesät sind. Auf Mehrtageswanderungen findet man bewirtschaftete Hütten im alpinen Stil eher nicht, dafür aber:

- noble Lodges (meist Vollpension)
- freundliche Hi-Hostels (www.hihostels.ca, Tel. +1 613 237 7884)
- gemütlich ausgestattete Selbstversorgerhütten (Bunkbeds, Ofen, Geschirr, Feuerholz), wovon die meisten dem Alpine Club of Canada (ACC) gehören (www.alpineclubofcanada.ca, Tel. +1 403-678-3200)
- jede Menge von den Parks verwaltete Backcountry-Campingplätze, ausgestattet mit Zeltflächen, zünftigen Plumpsklos (in Jasper meist »open air«), rustikalen Bänken und Tischen sowie einer bärensicheren Lebensmittelaufbewahrungsstelle (Hänger oder Schrank).

Alles bedarf jedoch einer rechtzeitigen Reservierung. Einkehroptionen für die Rast zwischendurch gibt es fast gar nicht. An den Einstiegen sind ab und an Cafés oder Restaurants positioniert.

National- und Regionalpark-Permits und freiwillige Selbstregistrierung

Bei Einfahrt in einen Nationalpark entrichtet man direkt am Highway in Booth-Stationen die Eintrittsgebühr, die sich nach der Anzahl der Tage richtet, die man im Park verbringt. Dieses Ticket gilt gebietsübergreifend für alle umliegenden Nationalparks, sodass man problemlos von Banff nach Field oder Jasper fahren kann, ohne separat zu zahlen. Für längere Aufenthalte lohnt sich ggf. eine Jahreskarte. Alle Backcountry-Übernachtungen müssen im Vorfeld reserviert und bezahlt werden. Für Mehrtageswanderungen ist es empfehlenswert, sich in den jeweiligen Visitor Center nach geeigneten

GPS-Tracks und Koordinaten der Ausgangspunkte

Zu diesem Wanderführer stehen auf www.rother.de GPS-Tracks und Koordinaten der Ausgangspunkte zum kostenlosen Download bereit.
2. Auflage, Passwort: **452702gty**
Sämtliche GPS-Daten wurden von der Autorin im Gelände erfasst. Verlag und Autorin haben die Tracks und Wegpunkte nach bestem Wissen und Gewissen überprüft. Dennoch können wir Fehler oder Abweichungen nicht ausschließen, außerdem können sich die Gegebenheiten vor Ort zwischenzeitlich verändert haben. GPS-Daten sind zwar eine hervorragende Planungs- und Navigationshilfe, erfordern aber nach wie vor sorgfältige Vorbereitung, eigene Orientierungsfähigkeit sowie Sachverstand in der Beurteilung der jeweiligen (Gelände-)Situation. Man sollte sich für die Orientierung auch niemals ausschließlich auf GPS-Gerät und -Daten verlassen.

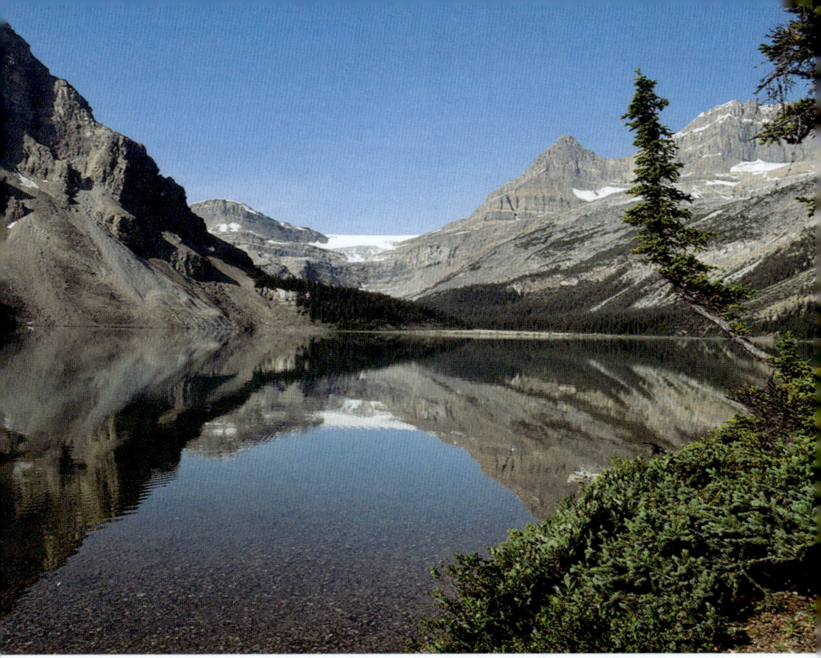

Der Bow Glacier spiegelt sich im morgendlich stillen Bow Lake (Tour 41).

Parkplätzen für das Fahrzeug zu erkundigen sowie Kennzeichen und persönliche Informationen zu hinterlassen. Auch Regionalparks beginnen mit der Ticketierung, wie z. B. der Kananaskis Conservation Pass pro Auto für das gleichnamige Gebiet der Alberta Parks (www.alberta.ca/kananaskis-conservation-pass.aspx?).

Karten

Die Route jeder Tour ist in diesem Wanderführer auf einem Tourenkärtchen eingetragen. Wer sich zusätzlich eine Karte anschaffen möchte, erhält in den Visitor Centern der zentralen Ortschaften topografische und Übersichtskarten der umliegenden Region. Für Hauptwandergebiete sind die teilweise wasserfesten, interpretativen Karten von GemTrek ideal sowie die wenigen Karten der The Adventure MaP. Ansonsten werden alle Gebiete flächendeckend rein topografisch detailliert in Karten der Natural Resources Canada festgehalten, ebenfalls eine exzellente Ausstattung. Genauere Hinweise zu jeder Tour gibt es unter dem Stichwort »Karten« in den Kurzinfos der jeweiligen Tour.

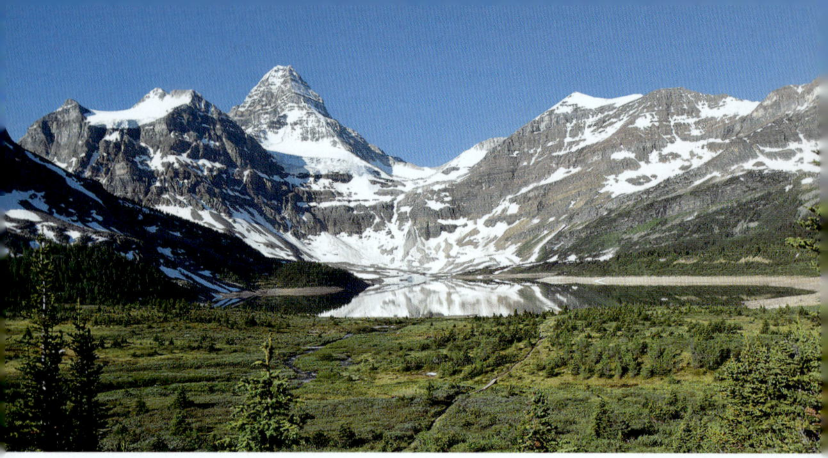

Mount Assiniboine an einem herrlichen Sommertag (Tour 15).

Soft Path – Ethik in der Wildnis

Nicht nur offizielle Parkregeln, auch der vernünftige Menschenverstand erstrebt nachhaltiges Verhalten in der Wildnis zum Schutz von Mensch und Natur:

- Alles, was in den Park hineingetragen wird, sollte wieder hinausgebracht werden (von Lebensmittelresten bis zu Hygieneartikeln).
- Abstand zu halten schützt Leib und Leben: mindestens 30 m von Huftieren wie Wapitis oder Bighorn-Schafen und mindestens 100 m von Jägern wie Bären, Wölfen und Pumas.
- Bärenbewusstes Wandern!
- Anlocken und Füttern der Tiere tötet: u. a., wenn sie später die gedankenlos verlorene Plastikverpackung fressen und an deren Unverträglichkeit sterben oder über einen längeren Zeitraum die Fähigkeit zur Selbstversorgung verlernen (vor allem zu beobachten bei den süßen Nagern, die sich im Handumdrehen durch den Rucksack fressen).
- Respektvolles Behandeln der Natur: Abreißen von Pflanzenteilen, Fällen von Bäumen und Mitnahme von Fossilien oder Artefakten sollte unterlassen werden.
- Auf viel begangenen Wegen auf diesen bleiben, um die Erosion zu verhindern und im zivilisationsfernen, offenen Tundra-Gelände nebeneinander gehen, um die fragile Vegetation zu erhalten.
- Sich an Feuerverbote halten, da Wildbrände verheerende Auswirkungen haben können.
- Vorhandene Toiletten verwenden oder 100 m Abstand zu Gewässern einhalten. Man könnte selber derjenige sein, der aus dem Bach trinkt.

Reiseinformationen

Adressen & Auskunft

Die zentral gelegenen Besucherzentren (Visitor Information Center) in jeder größeren Ortschaft oder an stark frequentierten Stationen geben gern Auskunft über Unterkünfte, Transfer, aktuelle Wegbeschaffenheiten und sonstige themenrelevante Inhalte. Die detailliertesten und aktuellsten Parkinformationen sind bei Parks Canada oder BC Parks einzuholen:

- Parks Canada: www.pc.gc.ca, +1 519 826 5391
- BC-Parks: https://bcparks.ca, +1 519 858 6161
- Alberta Parks: www.albertaparks.ca, +1 877 537 2757
- sowie im jeweiligen Informationszentrum vor Ort

Anreise

Zur Einreise auf dem Luftweg verlangt Kanada eine elektronische Einreiseerlaubnis (eTA), die jedoch keine Einreise garantiert. Die endgültige Entscheidung darüber sowie die Festlegung der Aufenthaltsdauer obliegt dem Grenzpersonal.

Die gängigsten internationalen Flughäfen in unmittelbarer Nähe sind Calgary und Edmonton auf der östlichen Seite. Die meisten Reisenden jedoch verbinden den Aufenthalt mit einem Besuch der ebenso traumhaften Pazifikküste, weshalb Vancouver ein weiterer adäquater Zielflughafen ist.

Kanada steckt in der Bereitstellung öffentlicher Verkehrsmittel in den Kinderschuhen. Einige private Firmen bieten Transfers zwischen Banff und dem Flughafen in Calgary an.

Die hervorragenden und sicheren Lebensbedingungen des unter Naturschutz stehenden Goat Lake und seines Ablaufes bleiben von Forellen nicht ungenutzt (Tour 6).

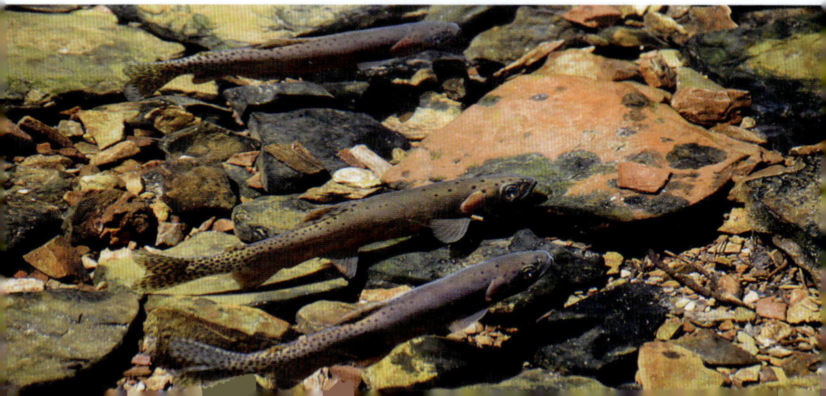

Klima

Die kontinentale Wasser- und Wetterscheide Rocky Mountains blockiert die vom Pazifik anströmende feuchte Luft gen Osten und teilt sich damit in kontinentales Waldklima an den feuchteren westlichen Hängen und dem im Regenschatten liegenden, winterkalten Steppenklima an den Osthängen. Der Juli ist mit durchschnittlichen 20–25 Grad der wärmste Monat. Tendenziell gilt: Je höher man steigt, umso kühler und windiger wird es (trockenadiabatische Rate: 1 Grad Celsius auf 100 m), umso stärker wirkt die Sonneneinstrahlung und umso höher die Wahrscheinlichkeit eines plötzlichen Regen- oder Schneeschauers. Während bis Mitte Juli noch Schneefelder in Höhenlagen liegen, kann es Ende August bereits wieder schneien.

Camping und Lodges

Innerhalb der Parks werden alle Campingplätze – auch die mit dem Kraftfahrzeug erreichbaren direkt an der Straße (»Frontcountry Campgrounds«) – von Parks Canada oder den jeweiligen Landesverwaltungen unterhalten. Dabei hat jeder Park unterschiedliche Vorgehensweisen bei der Buchung, die sich zudem jährlich ändern. Eine weitere Möglichkeit ist das »comfort camping«: Man kann sich Equipment leihen oder in sogenannten oTENTiks übernachten. Das sind Cabin-ähnliche, befestigte Zeltunterkünfte. Neben den reservierbaren Plätzen gibt es auch »First Come/First Serve«-Campingplätze mit weniger Komfort, die in den Ferien oder an Feiertagen rasant belegt sind (frühmorgens ab 7 Uhr). Zusätzlich stellt Parks Canada Overflow-Areale zur Verfügung, die, bis auf ein Plumpsklo, keinen Service haben. Zudem gibt es für Mehrtagestouren rustikale Campingplätze im Hinterland (»Backcountry Campgrounds«), die über die National- oder Regionalparkverwaltungen reservierbar sind. Aufgrund des hohen Andranges lohnt eine rechtzeitige Buchung (i. d. R. Anfang des Kalenderjahres). Wild Campen ist in den Nationalparks nur mit vorheriger Genehmigung der Parkverwaltung legal.

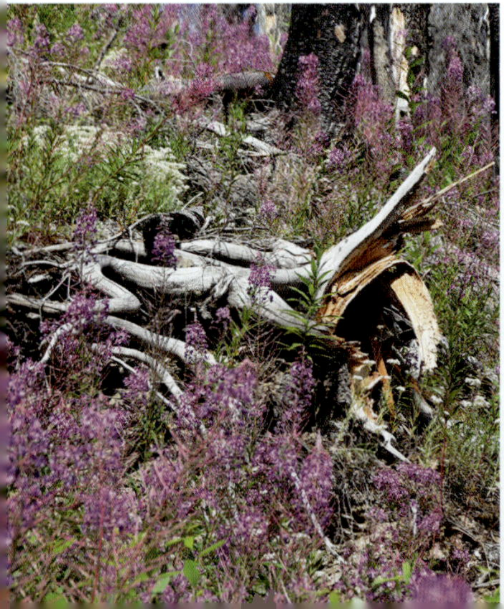

Ein Meer aus Weidenröschen bedeckt den Boden des abgebrannten Waldes im Kootenay Nationalpark.

Die wenigen Hütten in den kanadischen Rockies sind in der Regel Lodges, die ihren Übernachtungsgästen Kost und Logis bieten, aber keine klassischen Einkehrmöglichkeiten wie im europäischen Raum sind. Die Einkehr auf Berghütten mit üppigem Speis und Trank gibt es eher nicht. Wer mit dem Zelt unterwegs ist, zählt automatisch als Selbstversorger.

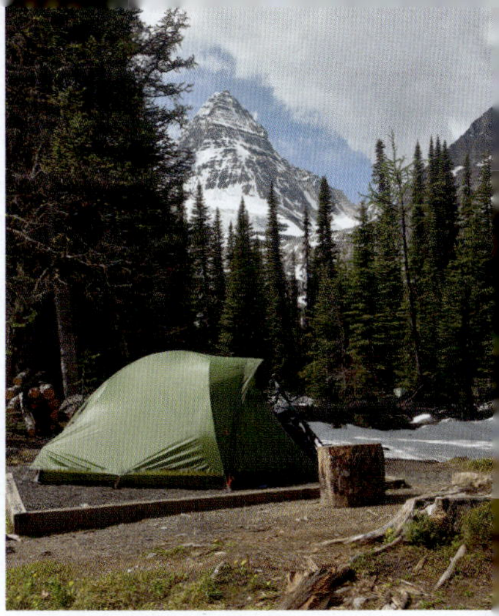

Zelten am Fuß des kanadischen Matterhorns, Mount Assiniboine (Tour 16).

Elektrizität & Maßeinheiten

Das Wechselstromnetz ist auf 110–120 Volt ausgelegt und man benötigt einen Adapter für die nordamerikanischen Steckdosen. In den 1970er-Jahren stellte Kanada auf das metrische System um. Auf alten Wegmarkern findet man deshalb teilweise noch Meilenangaben, und auch beim Einkauf von Lebensmitteln werden Pfund, flüssige Unzen und Pint angegeben: 1 pound (lb) = 0,45 Kilogramm (kg), 1 Unze (fl.oz) = 28,4 Milliliter (ml), 1 pint (pt) = 0,47 Liter (l).

Feiertage in der Hauptsaison

Die Feiertage sind häufig mit langen Wochenenden verbunden, an denen die Kanadier sehr gern zur Erholung in die Berge fahren, weshalb die Rockies zu diesen Zeiten sehr überlaufen sein können: Nationalfeiertag Canada Day (1. Juli), Heritage Day in Alberta und BC Day in British Columbia (1. Montag im August), Labour Day (1. Montag im September), Thanksgiving (1. Montag im Oktober). Die großen Sommerferien liegen meist zwischen Canada Day und Labour Day. Auch jegliche Art von Stadt- und Sommerfesten findet in diesem Zeitraum statt.

Geld

Die Landeswährung des zweisprachigen Staates, der kanadische Dollar, besteht aus Münzen (die 1-Dollar-Münze wird wegen des eingeprägten Seetauchers »Loonie« genannt, die 2-Dollar Münze folglich »Toonie«) und Scheinen aus bunter flexibler Polymerfolie. Gängige Kreditkarten werden fast überall anerkannt und in der Regel kann mit den EC-Karten Bargeld am Automaten abgehoben werden. Achtung beim Einkauf: Die Steuer kommt erst beim Zahlen an der Kasse hinzu!

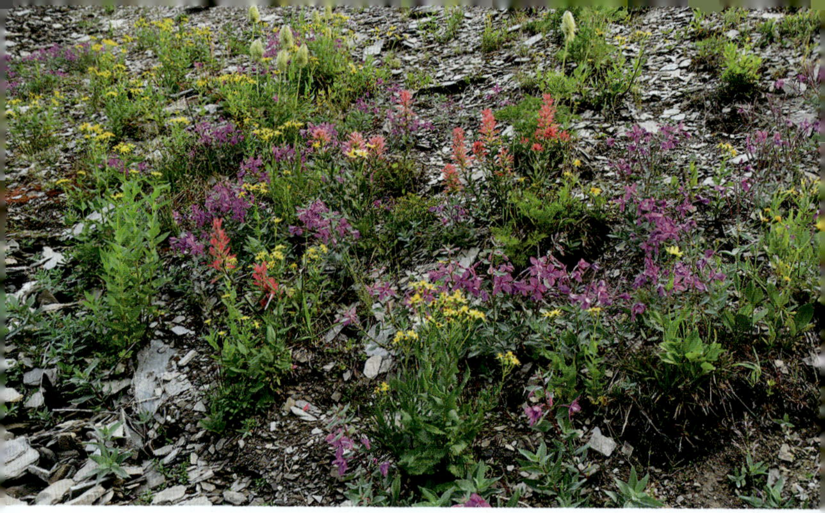

Bunte »Flowerpower« im kargen alpinen Gelände an der Rockwall (Tour 10).

Gesundheit

Eine Kanada einschließende Auslandskrankenversicherung sollte unbedingt vorhanden sein, da die Kosten eines Arztbesuches, ganz zu schweigen voneiner Behandlung, hoch sind. In jede Stadt finden sich Apotheken und Drogeriemärkte mit integrierten Apotheken, in denen teilweise auch direkt Ärzte Rat erteilen können.

Alkohol, Tabak und Marihuana

Alkohol gibt es in separaten Liquor Stores oder Restaurants mit einer Lizenz zum Alkoholausschank. Tabak wird in großen Märkten im Service-Bereich aufbewahrt und teuer verkauft. Marihuana wurde im Juni 2018 als »recreational drug« legalisiert. In Alberta darf man ab 18 Jahren legal Alkohol konsumieren, in British Columbia ab 19 Jahren.

Mietfahrzeug & Verkehr

Aufgrund der mangelnden öffentlichen Infrastruktur ist ein Mietfahrzeug für eine praktische Reisedurchführung nahezu unumgänglich. Sowohl an den Flughäfen als auch in den größeren Ortschaften wie Banff und Jasper gibt es viele Anbieter für Pkws. Auch das Wohnmobil ist eine gängige Variante, auch wenn einige Parkplätze vor den Wandereinstiegen für Wohnmobile ungeeignet sind. Informationen über Straßenkonditionen sind erhältlich über 511.alberta.ca oder Drivebc.ca. Verkehr in Kanada: Rechtsverkehr, 4-Way-Stopp statt Rechts-vor-Links sowie meist eine sehr rücksichtsvolle Fahrweise.

Notruf und Bergrettung

911 ist die Notfallnummer für Ambulanz, Polizei und Feuerwehr. Diese Nummer ist jedoch nicht über Satellitentelefon erreichbar, weshalb die lokale Notfallnummer gewählt werden muss. Sowohl auf dem Icefield Parkway als auch außerhalb der Ortschaften gibt es nur schwachen oder gar keinen Handyempfang. Notfallsignale auf 406-MHz-Basis, sogenannte Personal Locator Beacons, informieren bei Aktivierung umgehend die Bergrettung, außerdem gibt es weitere satellitenbasierte Notfallinstrumente, mit denen man sich ggf. vertraut machen sollte. Generell gilt: Let someone know before you go! – Sage jemandem Bescheid, was Du vorhast und wo Du bist. National Research and Rescue Secretary: www.adventuresmart.ca.

Sicherheit

Der Ruf Kanadas als sicheres Reiseland eilt ihm spätestens seit dem Klondike-Goldrausch voraus und die Kanadier sind in der Regel sehr zuvorkommend und unglaublich gastfreundlich. Eine grundlegende Vorsicht an hoch frequentierten Orten sollte jedoch ständiger Begleiter sein. Die Visitor Center geben gern Auskunft über sichere Parkmöglichkeiten bei Mehrtageswanderungen, wobei Wertgegenstände niemals sichtbar und unbeaufsichtigt liegen gelassen werden sollten.

Telefon

Vorwahl ins Ausland 011 mit anschließender Landesvorwahl ohne vorangegangene 0, für Deutschland beispielsweise: 01149. Bei verschiedenen Anbietern kann man Sim-Karten erhalten, wobei in Regionen außerhalb der Städtchen und auf dem Icefields Parkway kein Empfang möglich ist.

Zeitunterschied

Während Alberta und einige Teile der Nationalparks im äußersten Osten British Columbias in der Mountain Time Zone liegen (der MEZ im Sommer 8 Stunden hinterher), liegt British Columbia in der Pacific Time Zone (der MEZ im Sommer 9 Stunden hinterher). Die Umstellung erfolgt jedoch teilweise nicht direkt an den Landesgrenzen.

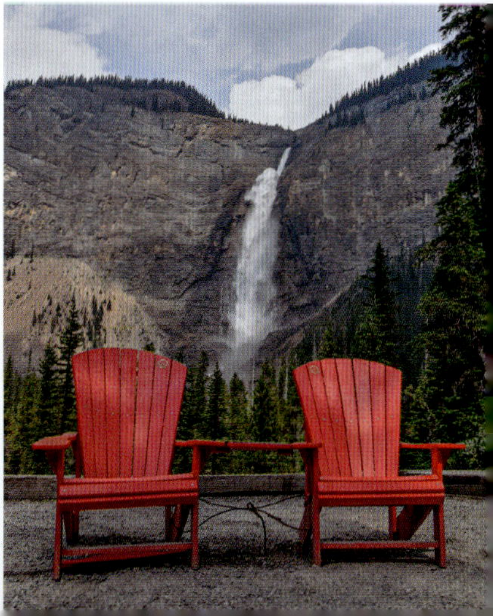

Prachtvolle Aussichten vor den Takakkaw Falls im Yoho Nationalpark (Tour 35).

Die kanadischen Rocky Mountains

In Kürze

Der kanadische Teil der von Nordwest nach Südost verlaufenden Bergkette erstreckt sich über 1450 km vom Liard River im Norden bis zum 49. Breitengrad im Süden und westlich vom Rocky Mountain Graben 150 km bis zur östlichen Grenze an den Interior Plains auf einer Gesamtfläche von 180.000 km². Der mit seinem Wölkchen versehene Mt. Robson (3954 m) ist der höchste Punkt, und der Zusammenfluss von Toad und Liard liegt mit 305 m am tiefsten. Die steinige Bergkette ist zwar die Wetterscheide zwischen pazifischem und kontinentalem Klima, aber das auf einigen ihrer höchsten Gipfeln ruhende 325 km² große Columbia Icefield entwässert in drei Ozeane: Pazifik, Atlantik und das Arktische Meer.

Bereits seit Menschengedenken ist dieser schöne und raue Teil der Erde von den First Nations besiedelt. Ob Stoney, Kootenay oder Blackfeet, sie halfen den weißen Entdeckern, dieses, ihr Gebiet, zu erschließen. David Thompson beispielsweise, unterwegs im Auftrag der Pelzhandelsindustrie, begann zu Anfang des 19. Jahrhunderts mit seiner großartigen Charlotte Small die Region zu kartografieren. Viele weitere Expeditionen folgten ihrem Vorbild, wie z. B. John Palliser 1858, unterwegs im Auftrag der Eisenbahngesellschaft und der Regierung, um Gleisrouten und eine mögliche Grenzlinie zu erkunden. Als mit den aufeinanderfolgenden Goldrauschzeiten die Besiedlung

Der Blick gleitet vom Tal des Wolverine Creek zum glänzenden Gipfelmeer der östlichen Rockies im Banff Nationalpark (Tour 14).

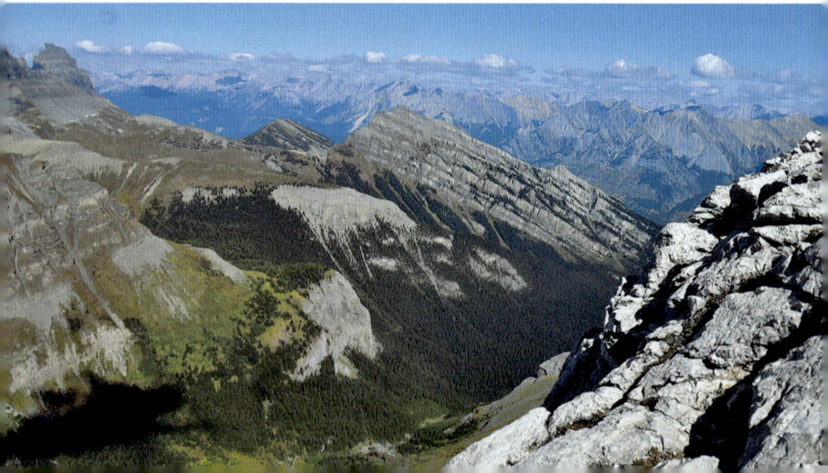

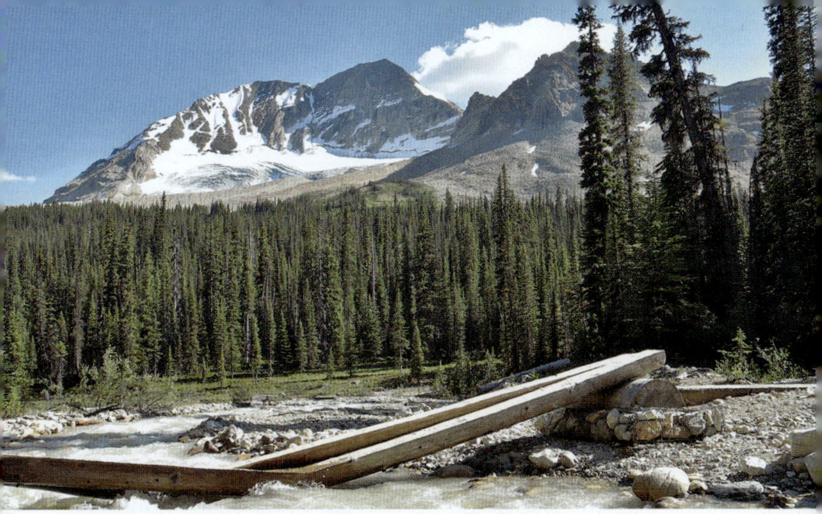

Nach jedem Frühjahr ist ungewiss, welche Brücken den stürmenden Fluten des Tauwassers standgehalten haben (Tour 35, Whaleback & Iceline Trail).

westlich der natürlichen Felsbarriere drastisch anstieg und die USA sich anschickten, sich diesen Teil einzuverleiben, schloss die damalige Kanadische Dominion einen Pakt mit »der Schönen« (Spitzname der heutigen Provinz British Columbia) und band sie in ihren Staat ein. Das Ziel, den Staat von Meer zu Meer auszuweiten, wurde somit erreicht. Als Gegenleistung verlangte die Provinz von der kanadischen Regierung den Anschluss an den Rest des Landes mit einer entsprechenden Infrastruktur. Die scheinbar unüberwindbaren Rocky Mountains mussten passierbar gemacht werden für Menschen und für Güter. So wurden Ende des 19. Jahrhunderts eilig Eisenbahntrassen für den Warentransport von Küste zu Küste und den Ressourcen-Abtransport (Holz, Weizen, Rinder) verlegt, Hotelkomplexe hochgezogen und touristische Einrichtungen geschaffen. Nach dem Motto des Vizepräsidenten der Canadian Pacific Railway, William Cornelius Van Horne, musste man die Touristen importieren, wenn die Szenerie nicht exportiert werden konnte! Das Outdoor-Paradies zog Bergsteiger, Ski-Enthusiasten, Jäger, Angler und Pauschaltouristen aus aller Herren Länder magnetisch an; die First Nations mussten weichen und wurden umgesiedelt.
Während der beiden Weltkriege wurde für den aufkommenden Automobilverkehr die Infrastruktur angepasst, aber das teure Humankapital wurde an der Front gebraucht, also bauten internierte Kriegsgefangene und Zwangsarbeiter die neuen Straßen (den Bow Valley Parkway oder den Icefields Parkway), die heute von Millionen Besuchern befahren werden.

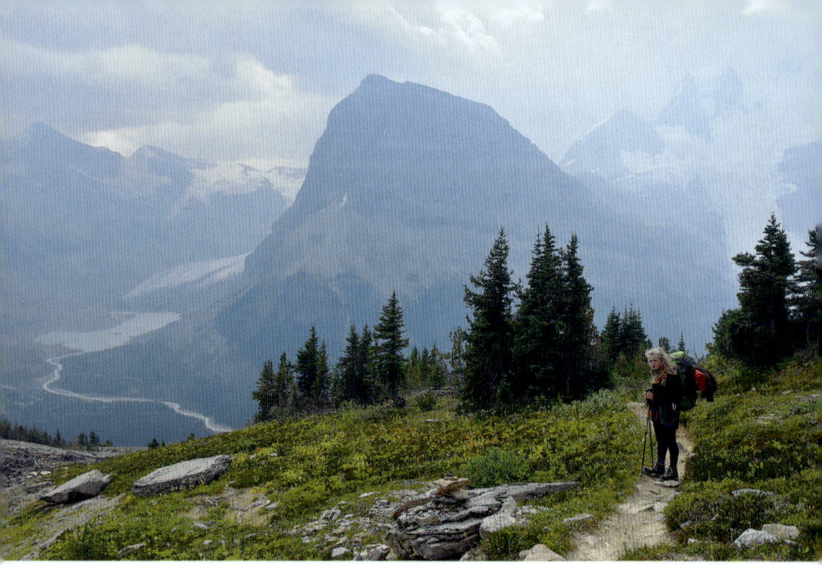

Der Höhenweg auf dem Mumm Basin eröffnet sagenhafte Blicke in die von mächtigen Gletschern geschürften U-Täler am nördlichen Fuße des Mt. Robson (Tour 55).

Nationalparks

Der Gedanke, diese exzellente Natur für alle nachfolgenden Generationen zu nützen und zu schützen, keimte bereits früh in den Köpfen der kanadischen Regierung. Die Ausrufung des Yellowstone Nationalparks 1872 in den benachbarten Vereinigten Staaten blieb nicht unbemerkt und was sollte man sonst schon mit diesem gigantischen Steinhaufen anfangen?

Mit dem Streit zweier Eisenbahnarbeiter über die Ausbeute der heißen Quellen in Banff begann die Gründung des ersten Naturschutzgebietes in Kanada: 1885 wurde das 26 km² große Gebiet um die Hot Springs unter Schutz gestellt, zwei Jahre später mit dem Rocky Mountains Park Act erweitert, mehrere Male vergrößert und wieder verkleinert, bis mit dem National Parks Act von 1930 die heutige Größe von 6641 km² für den Banff Nationalpark festgelegt wurde. Weitere Nationalparks und Schutzgebiete kamen hinzu. Auch wurde der Gedanke des tatsächlichen Schutzes im Lauf der Dekaden zunehmend erweitert. Der seit 1962 quer hindurchführende Transkanada Highway bedrohte durch den drastisch anschwellenden Verkehr die Migrationsrouten der Tiere. Unzählige Wapitis, Elche, Bighorn-Schafe, Bären und andere Geschöpfe wurden überfahren. Der Erfolg des in den 1990er-Jahren erstmals umgesetzten Konzeptes der Über- und Unterführungen für Tiere ist heute zweifelsfrei nachgewiesen.

Naturräume

Geologie: Das erdgeschichtlich junge Faltengebirge erhob sich infolge kontinentaler Plattenverschiebung vor etwa 140 Millionen Jahren als Landstreifen aus den Tiefen des Pazifiks. Aufgrund zunehmenden Drucks wurde das hauptsächlich sedimentäre, teilweise viele Hundertmillionen Jahre alte Gestein von der Küste nach Osten ge- und überschoben sowie stark angehoben. Den Elementen ausgeliefert, formte in den letzten 60 Millionen Jahren signifikant die Erosion sein felsiges Erscheinungsbild. Viele Eiszeiten wandelten das Antlitz, denn die zu jeder Vergletscherungsperiode wiederkehrenden kilometerdicken Eisfelder schoben sich über Berge hinweg und gruben ihre Täler tiefer, sodass die einstigen Eiswege heute als bewaldete Pässe (Kicking Horse, Yellowhead) zur Überquerung des unwirtlichen Gebirges genutzt werden. Manche, bereits vor der starken Heraushebung angelegten Flüsse haben sich mit der Hebung tief eingeschnitten und uns enge Schluchten hinterlassen. Die letzten 10.000 Jahre brachten jedoch keine größere Vergletscherung mehr zutage. Im Gegenteil, in der Warmzeit vor etwa 6000 Jahren lag die Baumgrenze etwa 100 m höher. Das Eis der letzten kleinen Vergletscherung, die bis Ende des 19. Jahrhunderts andauerte, ist durch Wärme und Trockenheit um ein Drittel geschmolzen.

Flora und Fauna: In den Tälern der mittleren und östlichen montanen Zone wandert man häufig durch Drehkiefernwald, durchsetzt mit lichten Espenwäldern und Weißfichten, und vereinzelt schönen Douglasien, an ihren »befiederten« Zapfen erkennbar. Im Unterholz wachsen allerlei Köstlichkeiten,

Die einstige Welt aus Eis und Schnee transformiert sich zu neuem Lebensraum: Der Berg Glacier taut in den gleichnamigen See (Tour 55).

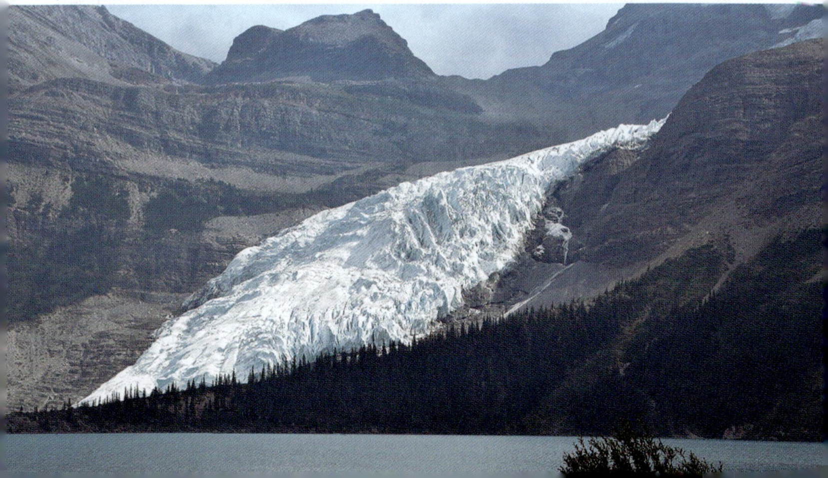

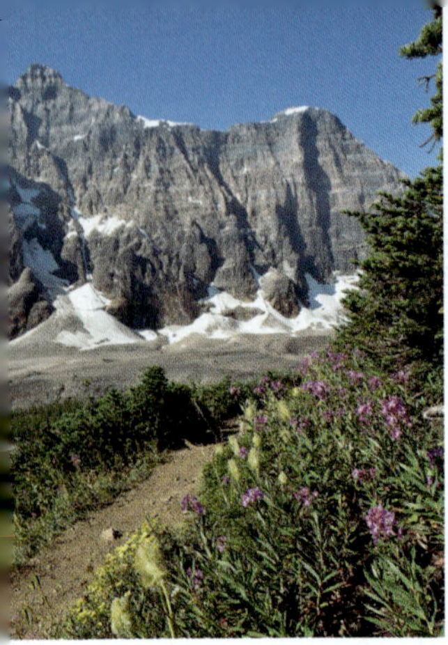

Auf dem Weg ins Tal der Wenkchemna Range (Tour 28).

wie beispielsweise die für den Menschen in Maßen genießbaren, erfrischenden roten Seifenbeeren an silberblättrigen Zweigen, aber auch Wacholder und Bärentraube. Schönheiten wie wilde Rosen, elegante Orchideen oder pinkfarbene Weidenröschen strahlen dem Wanderer entgegen. Große Wapitis fühlen sich hier geborgen. In den Tiefen der Wälder, nah bei Seen und Gewässern leben auch majestätische Elche und – sehr selten geworden – der Vielfraß. Schwarzbären lieben das buschige Unterholz, in dem Wurzeln, Sträucher und Beeren ausreichend Nahrung liefern. Eine Besonderheit sind die westlichen Hänge: An ihnen gedeihen unter dem mit Flechten verhangenen Nadeldach von Hemlocktannen und Westlichen Rotzedern (Thuja) stachelige, mit feuerrot leuchtenden Beeren versehene Igelkraftwurz sowie unzählige Farne und Moose. Diese Flechten sind für die aussterbenden Waldland-Karibus der Parks überlebensnotwendig, um den Winter zu überstehen.

Ein Stockwerk höher, in der niederschlagsreicheren subalpinen Zone, verdichtet sich der Wald – bestehend aus Felsengebirgstannen, Engelmannfichten sowie Weißstämmigen Kiefern –, bis sich die Bäume vor Wind und Wetter an der Baumgrenze zu zähem Krummholz verbiegen. Schnee- und Wildhühner sowie Bläulinge (Schmetterlinge mit dem Spitznamen »Northern Blue«) sind häufige Begleiter. Lokale Blaubeerenarten und die kalifornische Heckenkirsche gedeihen hier optimal. An manchen Stellen öffnet sich der Wald und gibt den Blick auf romantische Wildblumenwiesen frei, auf denen man Anemonen, sonnengelbe Arnika und pink-rote Castilleja-Arten entdecken kann (Letztere sehen aus wie in Farbe getauchte Pinsel, daher auch »Indian Paint Brush« genannt). Die Wiesen markieren schon den Übergang zur nächsten Zone. Diese offenen Flächen werden oft von Großfamilien der graurückigen Columbia-Ziesel unterhöhlt. Mit etwas Glück steht man auf manchen Touren kurz nach der Schneeschmelze auch in weiten Feldern der leuchtend gelben Gletscherlilien, bevor man hinaufsteigt ins Land der Grizzlys.

Sie leben zwar in allen Zonen, im Hochsommer aber suchen sie mit Vorliebe baumfreie alpine und subalpine Hänge nach leckeren Wurzeln und Kräutern ab, graben ganze Flächen auf der Suche nach Würmern und Käfern um, und gönnen sich ab und an einen Happen der in Erdhöhlen lebenden Hörnchen. Besondere Achtung sei geboten, wenn Mütter mit Jungtieren unterwegs sind. Aufgrund des oft von erwachsenen Männchens verübten Infantizids verteidigen sie bei individuell gefühlter Bedrohung ihre Jungen auf Leben und Tod.

In der gerölligen alpinen Zone, an felsigen Vorsprüngen, die nur spärlich mit flachen Bodendeckern bewachsen sind, fühlen sich Bighorn-Schafe und samtweiße Schneeziegen sicher. Die Goldadler wissen jedoch, dass sie nur nah genug an ein Jungtier herabstürzen müssen, um es in seinem Halt zu verunsichern, weshalb die Mütter sehr darauf bedacht sind, ihre Jungen schnellstmöglich bestens zu trainieren. Auch dicke Murmeltiere und scheue, aber lautstarke, schnuckelige Pikas bewohnen diese scheinbar so trostlose Region.
Wer hätte gedacht, dass selbst im ewigen Eis der nächsten Etage das Leben floriert: Eine Fülle von Schneealgen schützt sich durch Pigmente vor der hohen UV-Strahlung und erscheint uns als roter Schnee. Man ist gerade erst dabei, die Komplexität dieser mikrobiellen Lebenswelt im Detail zu entdecken. Die kleinen Nagetiere, wie die stets präsenten Streifenhörnchen, habe ich nicht vergessen. Sie leben in allen Zonen, vor allem aber da, wo Menschen unterwegs sind. Leider haben sie ihren Gaumen bereits dermaßen von unserer Wegzehrung verwöhnen lassen, dass sie sich teilweise übergriffig von ganz allein aus der Vorratskammer der unbeaufsichtigten Rucksäcke bedienen.

Kontrastreiche Flora im Unterholz des Kootenay Nationalparks.
Folgende Seite: Spiegelung der Ramparts im kleinen Teich am Sunrise Campground (Tour 48).

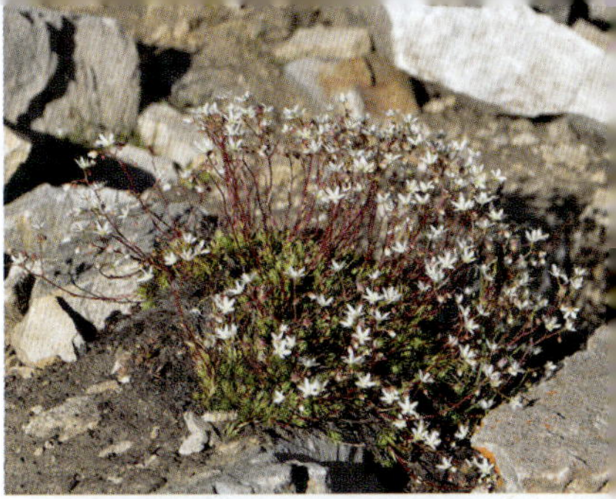

Für den Steinbrech bieten Gebirgsmassive einen perfekten Lebensraum.

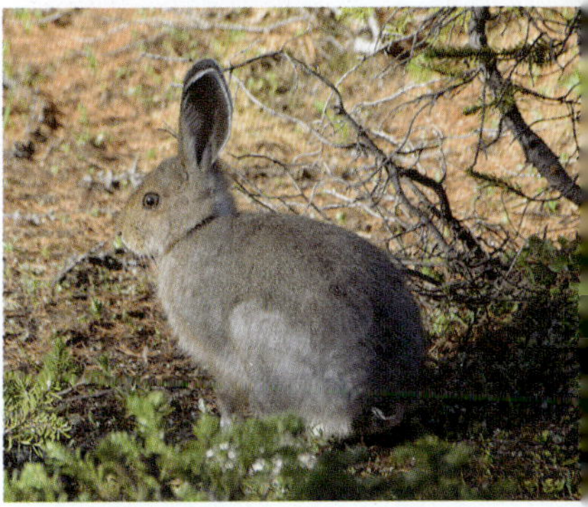

Ein Schneeschuhhase (Lepus americanus) im Sommergewand.

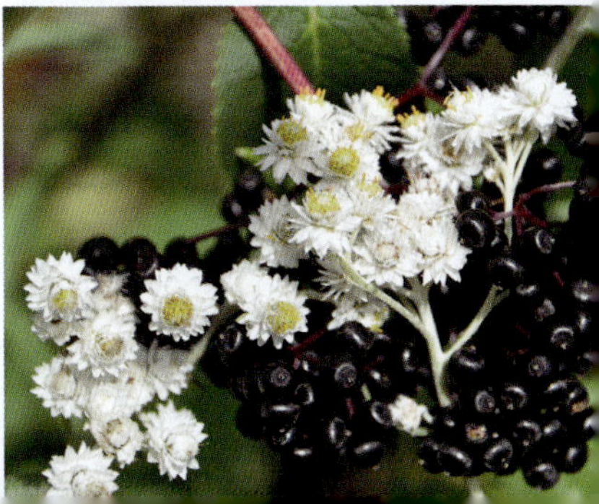

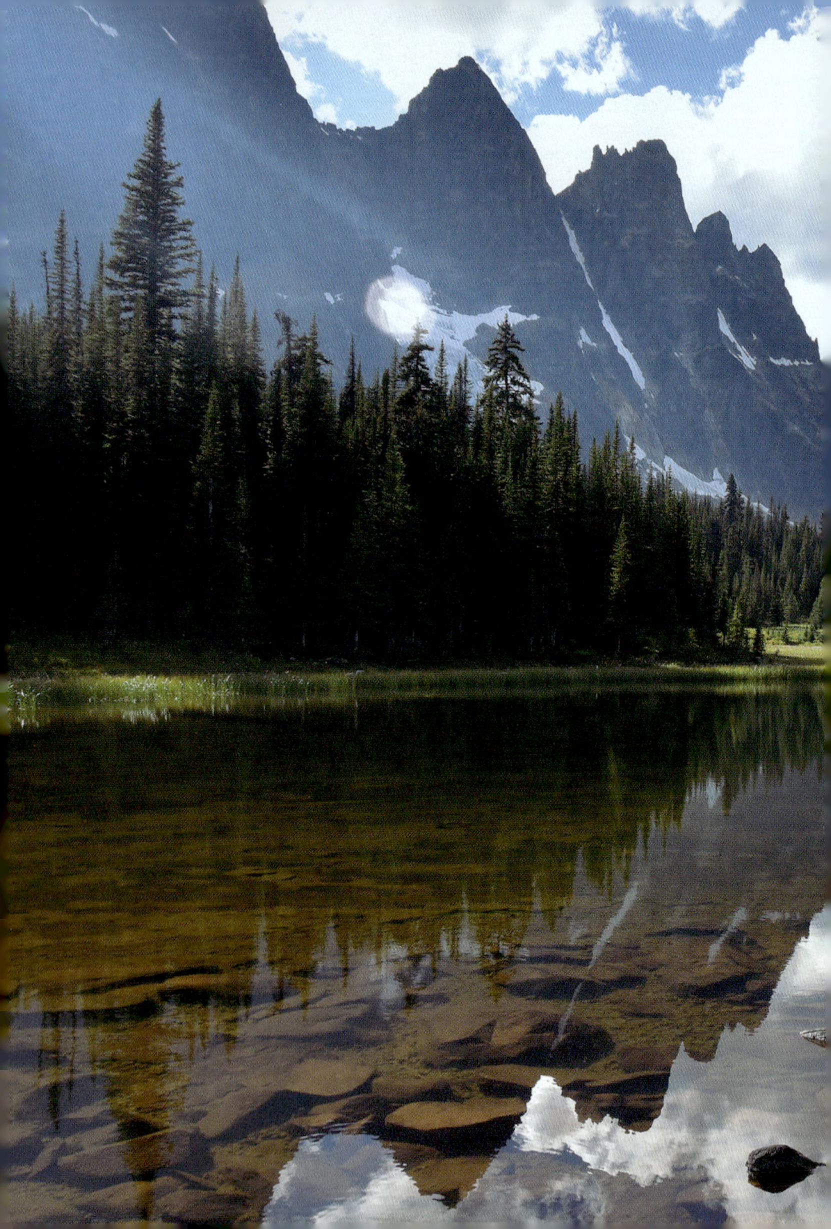

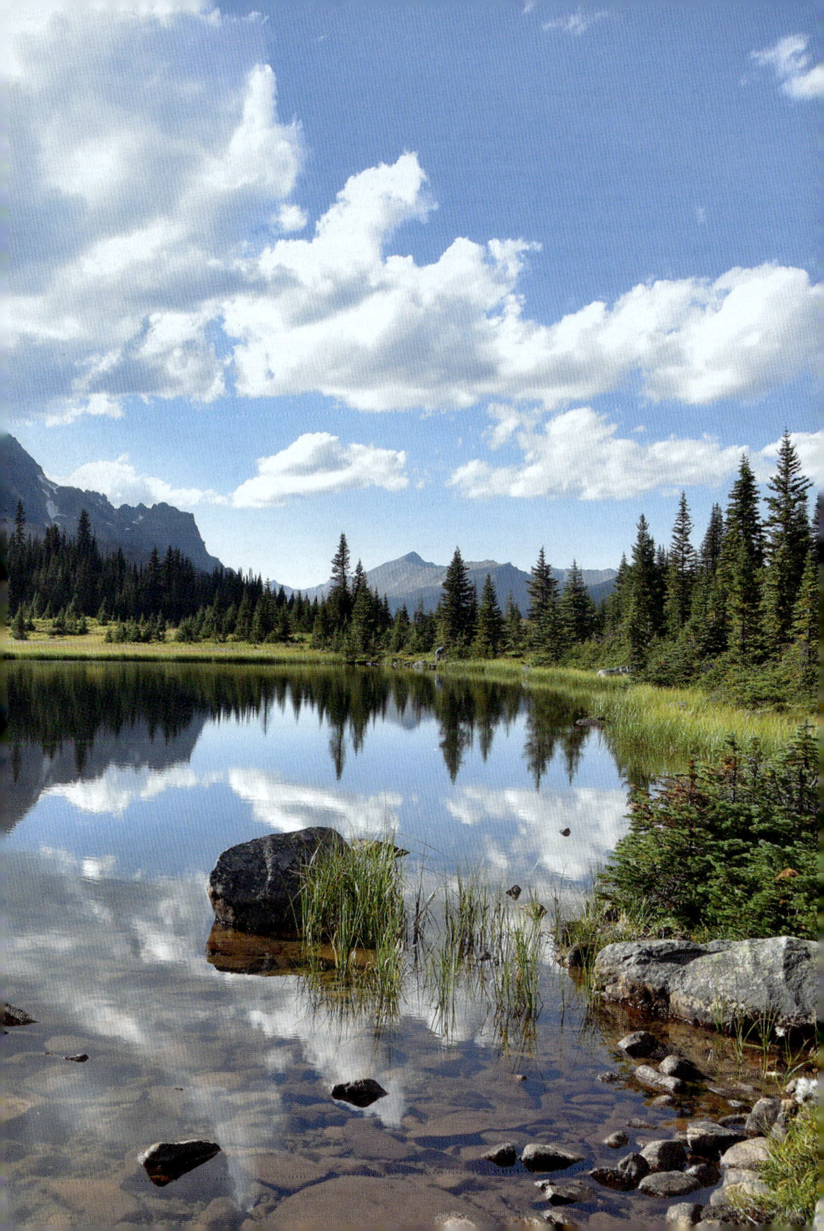

Im äußersten Süden: Waterton Lakes

Am 49. Breitengrad liegt der südlichste Nationalpark der kanadischen Rocky Mountains in mehrfacher Hinsicht im Grenzgebiet. Der nach seinen drei großen Seen benannte, 525 km² umfassende Waterton Lakes National Park schließt direkt an den US-amerikanischen Glacier National Park an. Gemeinsam bilden sie einen International Peace Park: eine bergige Grenze, an welche man immer wieder stößt und die mit einer Bootstour über den fjordähnlichen, tiefblauen Upper Waterton Lake überwunden werden kann. Diesen in ein Trogtal eingebetteten See muss man ebenso queren, will man den abenteuerlichen Pfad zum Crypt Lake einschlagen, an dessen gegenüberliegendem Ufer die steil aufragende Felswand bereits zur südlichen Nation gehört: eine schroffe Grenze zum Greifen nah. Gleich anschließend auf der nördlichen Seite des Bergkammes erfolgt der nächste Bruch: Zwischen schneebedeckten Bergen und endloser, grasbewachsener Prärie erhebt sich der Vimy Peak (2379 m), auf dessen Gipfel der Kontrast nur allzu deutlich wird. Unten im Tal liegt, scheinbar zwischen Seen und Bergen eingeklemmt, das kleine, nur etwa 100 Einwohner zählende Städtchen Waterton Park mit dem auf einer vorgelagerten Halbinsel thronenden, stilvollen Oldtimer-Hotel »Prince of Wales«. Waterton Park ist Verbindungsort und Ausgangspunkt für zahlreiche Wanderungen.

Auf dem Bear's Hump, Blick nach Osten auf den Vimy Peak (Touren 1 und 5).

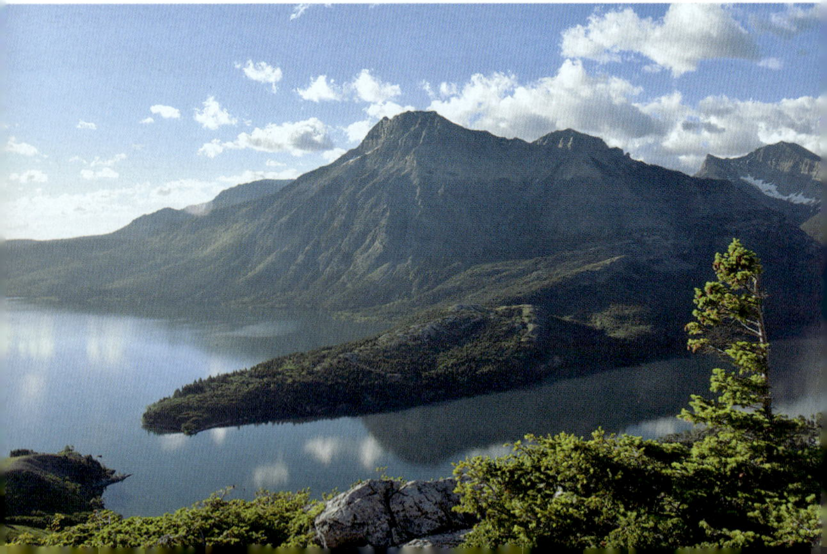

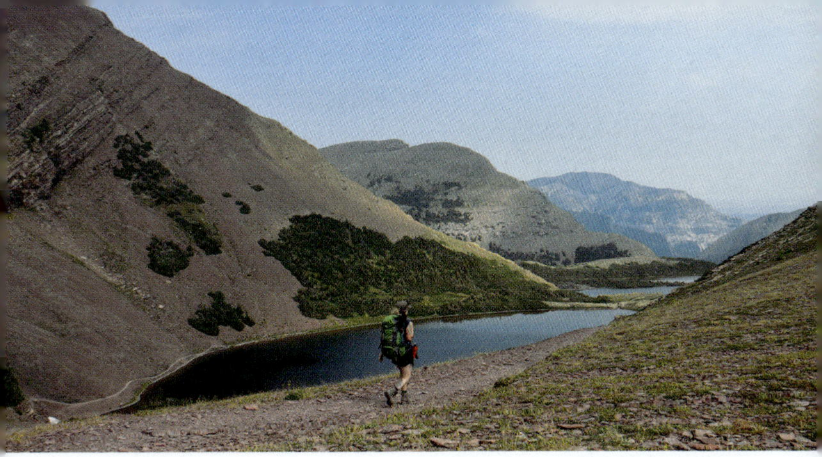

Durch dieses karg erscheinende, jedoch mit paradiesischen Nischen ausgestattete Hängetal führt der Weg an mehreren Seen vorbei zurück nach Waterton Town (Tour 3).

Bunt wird es in der Wildblumenhauptstadt Kanadas vor allem im Juni, wenn pünktlich zum Festival die Wiesen erblühen. Mehr als 20 Blumenarten sind endemisch, doch über 1000 Arten gibt es zu entdecken, u. a. bizarres Bärengras oder anmutigen Bergfrauenschuh. Diese Vielfalt wird dem einmaligen Biosphärenreservat vom Chinook geschenkt, einem teilweise heftigen Westwind, der unzählige Samen von der vegetationsreichen Westküste über die Wetterscheide trägt. Einen Einblick in diese Diversität in Raum und Art bietet eine Überquerung der Buchanan Ridge auf dem beliebten Carthew Alderson Trail. Er beginnt am klaren Gebirgssee Cameron Lake, der sowohl zu einer Bootsfahrt einlädt als auch zu weiteren Wanderungen ins Hinterland.

Bunt ist auch der Fels im Park. Eisenablagerungen verfärbten das Gestein in kräftiges Rot und mattes Grün. Am auffallendsten leuchtet der Red Rock Canyon, über den man den Goat Lake erreichen und mehrere Backcountry-Touren starten kann. Die Gratwanderung zwischen Naturschutz und Ressourcenausbeutung ist bis heute ständiges Thema, liegt doch die erste kommerziell ausgebeutete Erdölquelle Westkanadas innerhalb der Parkmauern.

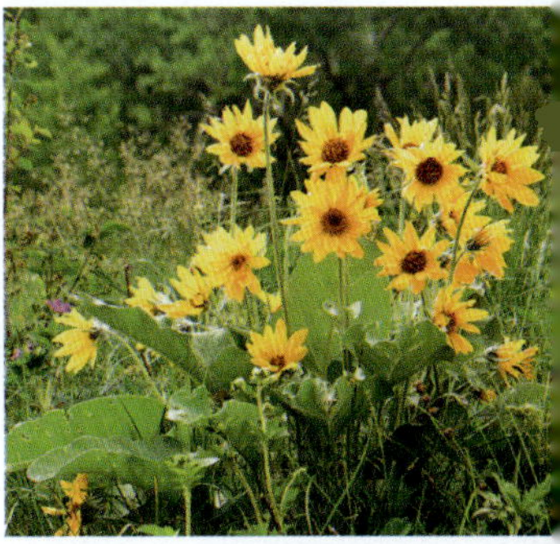

An offenen Hängen strahlt uns die Pfeilblättrige Balsamwurzel entgegen.

1 Bear's Hump

1.00 Std.

Einer der besten Aussichtspunkte auf die Waterton Lakes und Umgebung

Dem großen Geist der Grizzly-Bären verdanken die Menschen ihr Wissen über die Pflanzen, weshalb er vielen Stämmen der nordamerikanischen First Nations heilig war. So hieß der heutige Mt. Crandell bei den Piikani »Grizzly Medicine Mountain« und die Bergschulter war Teil des mächtigen Tieres. Grizzlys sind jedoch seltener Gast auf diesem viel begangenen Weg. Man startet am besten frühmorgens oder spätabends, um in Ruhe den Ausblick auf die schier endlos erscheinende Prärie, das »Prince of Wales«-Hotel mit dahinter aufragendem Vimy Peak sowie auf den Waterton Lake bis zum Glacier Nationalpark auf der US-amerikanschen Seite ohne Menschentrauben und in optimalem Licht zu genießen.

Ausgangspunkt: Parkplatz am Visitor Center, 1310 m, am Highway 5 gegenüber der Zugangsstraße zum Prince of Wales Hotel; 1 km nördlich der Bootsanlegestelle in Waterton Park.
Höhenunterschied: 210 m.
Anforderungen: Kurzer, durchgehend steiler Anstieg auf breitem Pfad. Oben erwartet uns eine ausgedehnte, geländerfreie Aussichtsplattform. Kurzzeitige Kondition für den Aufstieg sowie Schwindelfreiheit auf dem Plateau notwendig.
Einkehr: Keine.
Tipp: Nur 400 m vom Ausgangspunkt und auf der gegenüberliegenden Seite des Highways über eine Zufahrtsstraße erreichbar befindet sich das berühmte, klassische und in märchenhafter Lage optimal in Szene gesetzte »Prince of Wales«-Hotel aus den frühen 1900er-Jahren, dessen Besuch als »Must-Do« in Waterton Lakes ins Programm gehört.
Karten: 082H04 (NRC), Waterton Lakes (Gem Trek).

Ein idealer Aussichtspunkt mit Blick über den Waterton Lake Richtung Goat Haunt.

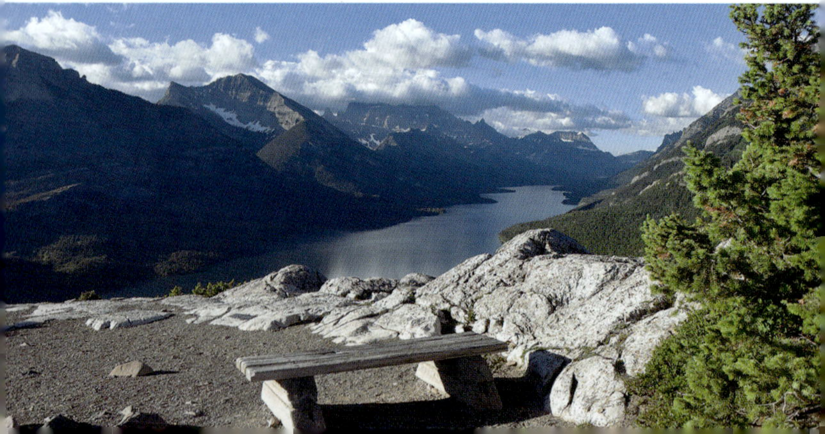

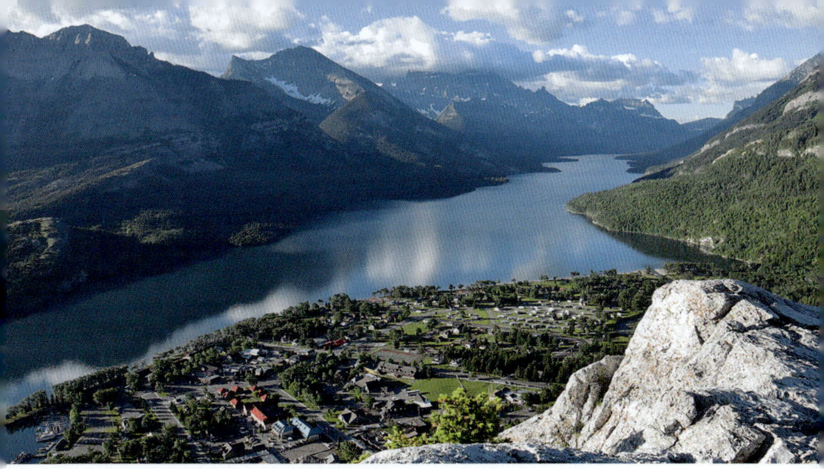

Auf dem Bear's Hump, Blick über Waterton Town und Waterton Lake nach Süden.

Am Parkplatz des **Visitor Centers (1)**, 1310 m, markiert eine Informationstafel den Beginn des zuerst schmalen Pfades, der sich durch dicht mit Unterholz bewachsenen Fichten- und Kiefernwald windet. Kleine abzweigende Pfade sowie ausgetretene Abkürzungen ignorieren wir und folgen dem breiter werdenden und sich stetig in die Höhe rankenden Aufstieg. Als Folge der häufigen Begehung erodiert der lose Hangbelag massiv. Mit quer gelegten Balken, die sich prima als Treppenstufen nutzen lassen, versucht die Nationalparkverwaltung, diesem Prozess entgegenzuwirken. Um weitere schadhafte Flächenabtragung zu verhindern, soll man auf die Nutzung von Shortcuts verzichten, damit wieder bodenhaltende und hangstabilisierende Vegetation eine Chance hat zu gedeihen. Die letzten Wegbalken überquerend, gelangen wir auf die fast baumfreie, natürliche Aussichtsplattform, den **Bear's Hump (2)**, 1525 m. Hier eröffnet sich ein grandioses Panorama auf die gewaltige, windumtoste Grenze zwischen steppenartiger Prärie und schneegekrönten Gebirgsmassiven, mit Blick auf das ins Seental geschmiegte Dörfchen Waterton Park.
Selber Weg zurück.

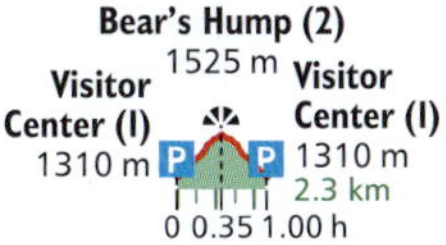

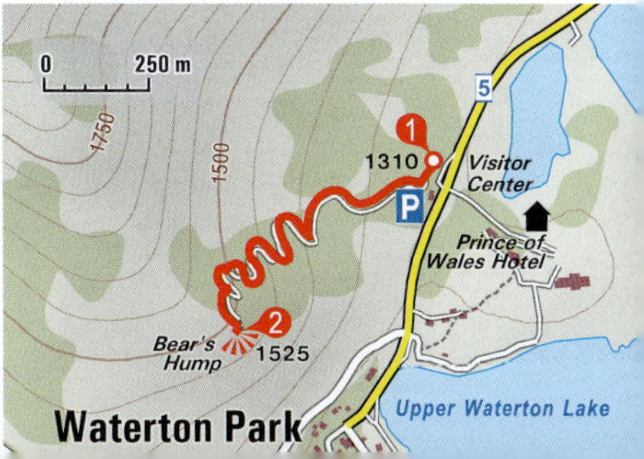

2 Bertha Lake

4.00 Std.

Beliebte Wanderung zu einem von Felsmauern umrahmten Bergsee

Dieser Ausflug ins Hängetal des Bertha Lake direkt vor der Haustür des Waterton Parks taucht sofort in die pralle Vegetation ein. Mannshoch blühendes Bärengras reizt nicht nur durch seine unbestechliche Fotogenität. Zarte Blattsprösslinge verführen Bären im Frühjahr, seine Rhizome heilten Wunden und wurden in geröstetem Zustand von den First Nations genossen. Die aus ihren Fasern geflochtenen wasserdichten Körbe sind legendär.

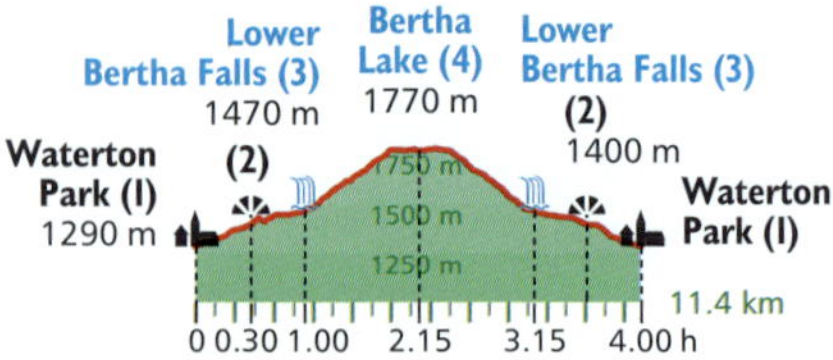

Ausgangspunkt: Parkplatz Bertha Lake am Ende des Städtchens Waterton Park, 1290 m. Bei der Einfahrt vom Highway 5 geradeaus auf der Evergreen Avenue bleiben, bis knapp 200 m vor Sackgassenende rechts der Parkplatz abzweigt (direkt gegenüber vom Campingplatz).

Höhenunterschied: 730 m.
Anforderungen: Überwiegend bequemer, vielfältiger und gut ausgebauter Wanderweg in dichter Vegetation; stetig ansteigend, sodass grundlegende Kondition und Trittsicherheit erforderlich sind. Das Seeufer kann zur Zeit der Schneeschmelze sehr schlammig sein.
Einkehr/Unterkunft: Restaurants, Lodges und Campingplatz in Waterton Park.
Variante: Es führt ein schmaler, wilder Pfad 4,6 km direkt um den See herum.
Karten: 082H04 (NRC), Waterton Lakes (Gem Trek).

Am Parkplatz in **Waterton Park (1)**, 1290 m, schlagen wir links den Wanderweg ein und steigen moderat durch üppiges Buschland mit tollen Wildblumen und Himbeerbüschen parallel zum Waterton Lake südlich bergan. Beim ersten großen **Aussichtspunkt (2)** Richtung Goat Haunt, 1400 m, lassen wir unseren Blick weit ins von Schneebergen

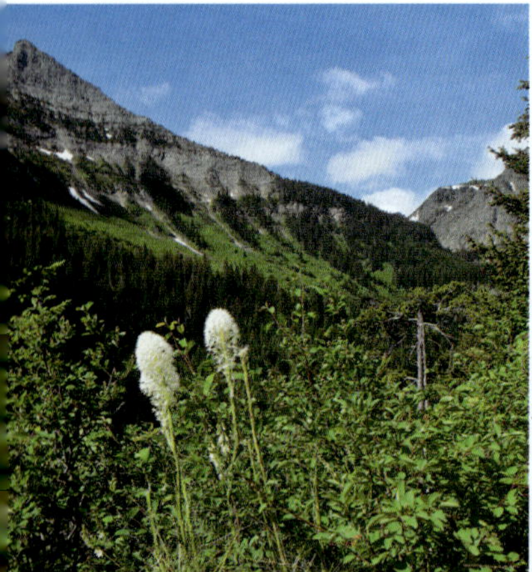

Das zur Ordnung der Lilienartigen zählende Bärengras gedeiht hier vortrefflich.

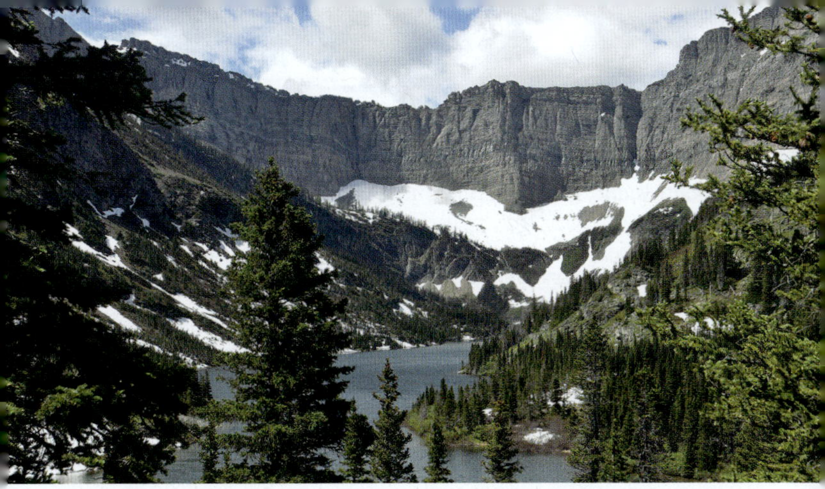

Der Bertha Lake, eingebettet in die Kesselsteilwand des Mt. Richards.

umhüllte, lange Tal des Waterton Lake bis zur US-Grenze und darüber hinaus schweifen. Nun biegen wir rechts nach Westen ab und halten uns 50 m weiter an der Kreuzung geradeaus. Der schmale Pfad geleitet uns 20 Min. im vegetationsreichen Tal des mit Bärengras gespickten Bertha Creeks weiter sanft hinauf, mit teilweise freier Sicht auf die gegenüberliegende Talseite. Anschließend queren wir die Brücke über die **Lower Bertha Falls (3)**, 1470 m, die durch den kantig geschichteten Felsgraben sprudeln. Die folgenden 2,8 km führen uns durch mannshohe Himbeersträucher auf breitem Weg in steilen Kehren durch Koniferenwald bergan, der an einigen Stellen so licht ist, dass man die entfernten Upper Bertha Falls nicht nur hören, sondern auch sehen kann. Sobald sich allerdings der breite Weg ebnet, erreichen wir in 5 Min. den **Bertha Lake (4)**, 1770 m. An der Gabelung rechts haltend und durch sumpfiges Gebiet den Abfluss querend, lädt 300 m weiter ein idyllischer Picknickplatz am See zum Verweilen ein. Wer mag, kann auf einem gut 4 km langen, wilden und schmalen Pfad den See umrunden. Selber Weg zurück.

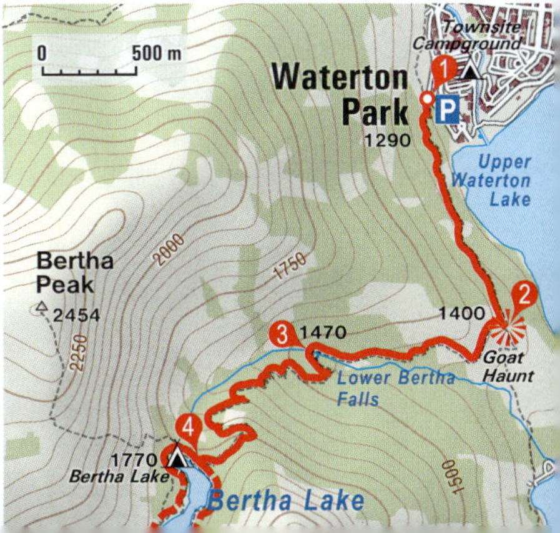

3 Carthew Alderson Trail

7.00 Std.

Aussichtsreiche, quicklebendige Traverse durch alle Lebensräume der Region

Die 20 km lange Tour überquert die Buchanan Ridge und führt durch eine mannigfaltige, einzigartige Berglandschaft, in der sich Schneehühner, Bighorn-Schafe und unzählige Schmetterlinge tummeln. Im kargen, rötlich schimmernden Gestein eingebettete paradiesische Seen und Moosoasen, umrahmt von bunten Wildblumen, schaffen ein Höchstmaß an Naturerlebnis. Nach einem langen Abstieg durch den Wald warten die Cameron Falls mit einer geologischen Besonderheit auf: Sie legen das älteste sichtbare Sedimentgestein der kanadischen Rockies frei.

Ausgangspunkt: Bootsanlegestelle des Cameron Lake, 1680 m. Zum Parkplatz davor führt der 16 km lange Akamina Parkway, der 300 m südlich des Visitor Centers in Waterton Park nach Westen abbiegt.

Endpunkt: Cameron Falls an der Evergreen Avenue in Waterton Park, 1310 m.
Transfer: Am besten fährt man morgens mit dem vorher gebuchten Cameron Express Hiker Shuttle vom Tamarack Outdoor Store in Waterton Park zum Ausgangspunkt am Cameron Lake (Tel. +1 403 859 2378, www.hikewaterton.com).
Höhenunterschied: Aufstieg: 910 m, Abstieg: 1280 m.
Anforderungen: Technisch einfache, aber lange Tageswanderung mit moderaten Auf- und Abstiegen, wobei sich der Abstieg in die Länge zieht. Der Vorteil der angegebenen Richtung liegt sowohl im kürzeren Anstieg als auch im Transferangebot für diese Streckenwanderung.
Einkehr/Unterkunft: Restaurants, Lodges und Campingplatz in Waterton Park. Backcountry Campingplätze (Parks Canada, Tel. +1 519 826 5391, www.pc.gc.ca/en/pn-np/ab/waterton/activ/camping).
Variante: Aufgrund vorhandener Backcountry-Campingplätze zur Mehrtagestour ausbaubar.
Karten: 082G01 und 082H04 (NRC), Waterton Lakes (Gem Trek).

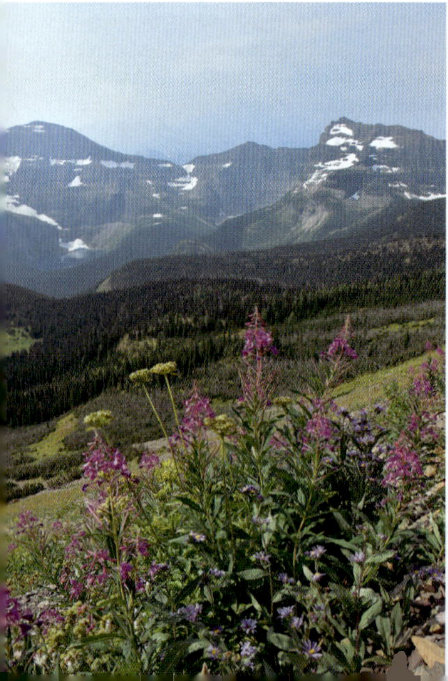

Bunte Wildblumen bieten eine hervorragende Kulisse für den Mt. Chapman.

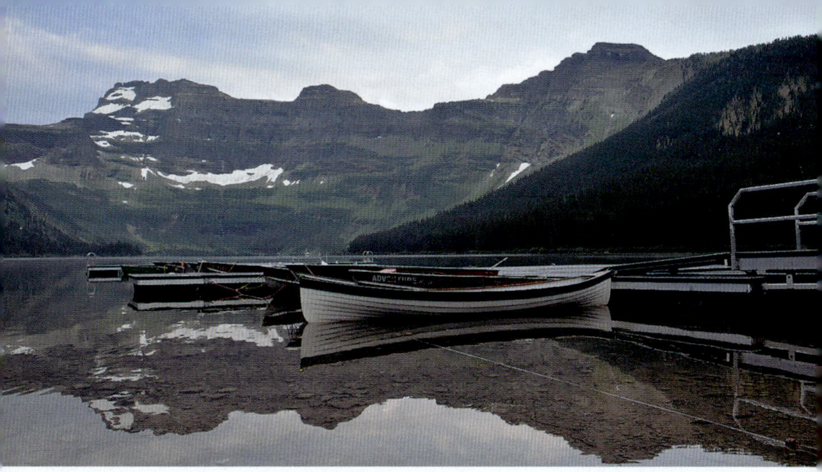

Am Südende des Cameron Lake grasen oft Grizzlys die Hänge nach leckeren Kräutern ab.

Die Traverse durch einen Teil des Waterton Lakes Nationalparks beginnt an der Bootsanlegestelle **Cameron Lake (1)**, 1680 m. Hier links den schmalen Teerweg am Bootsverleih vorbei bis zur Infotafel und weiter durch Beerenbüsche, Weiden und Douglasien auf dem Kiesweg in wenigen Kehren 4,3 km hinauf zu einem Plateau, in dessen Senke das Wasser im **Summit Lake (2)**, 1950 m, zusammenfließt. Kurz nach dem See, an der Abzweigung zum grenzüberquerenden Boundary Trail, halten wir uns links und steigen den schmalen, von Bärengras eingebetteten Pfad am Südhang des Mount Carthew bergan.
Zunehmend öffnet sich die Sicht auf die umliegenden Berge, Waldweidenröschen und niedrige Bodendecker lösen die vorherige Vegetation ab, bis wir in wenigen, von orangefarbenen Wegmarkern gekennzeichneten Serpentinen und etwas

Ein sehr neugieriges Weißschwanz-Schneehuhn im Sommergewand.

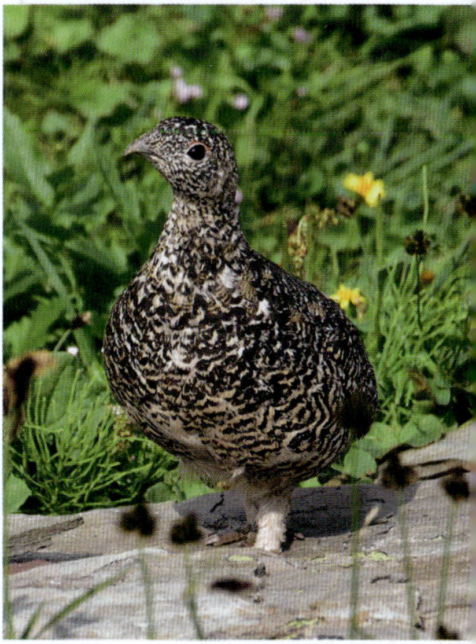

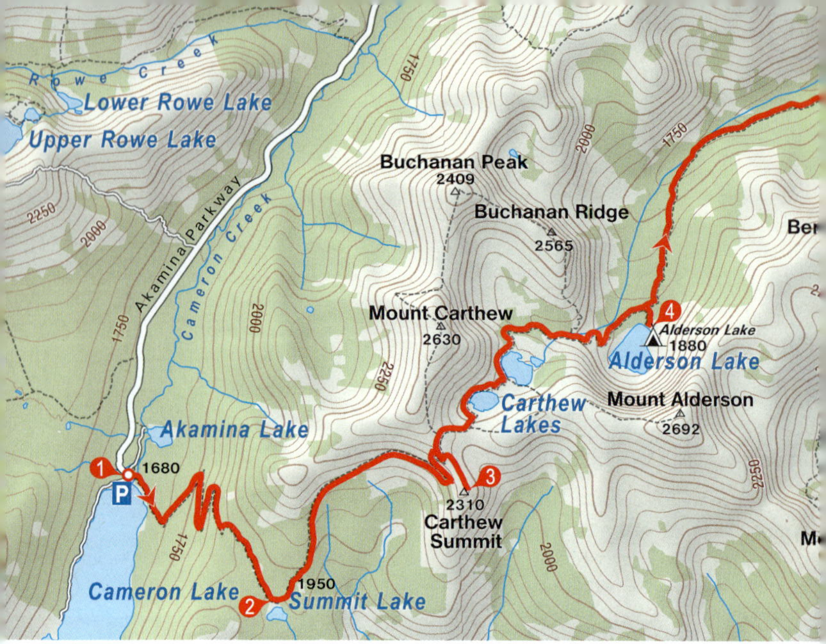

steilerem Gefälle den Pass namens **Carthew Summit (3),** 2310 m, erreichen. Ein kurzer Abstecher rechts auf die Felsnase entlohnt mit umfassenden Ausblicken auf die gletscherbedeckten Gipfel des Glacier National Park. Ab jetzt wandern wir hinab, folgen dem Trail nordöstlich ins friedvolle Tal der Quellseen des Carthew Creek. Von der Gabelung zum tiefblauen **Alderson Lake (4)**, 1880 m, welcher definitiv einen Besuch lohnt, gelangen wir nach einem 7 km langen, von Nutka-Himbeeren (Thimbleberries) und Holunder gesäumten Waldweg zurück nach **Waterton Park** und zu den **Cameron Falls (5)**, 1310 m. Das letzte Wegstück führt am Zaun eines Wasserfalles entlang, nach dem wir uns links halten, um zum Aussichtspunkt am Straßenrand zu gelangen.

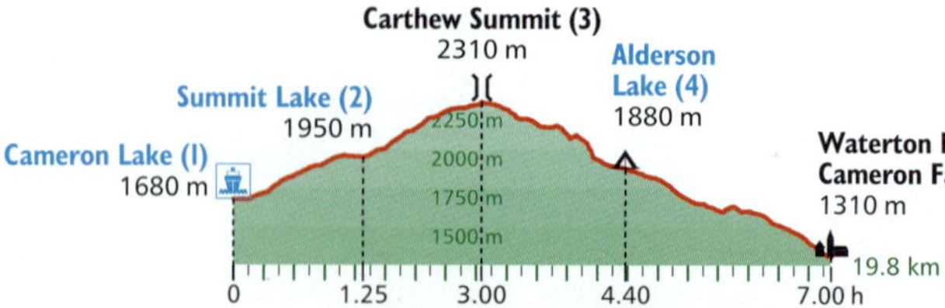

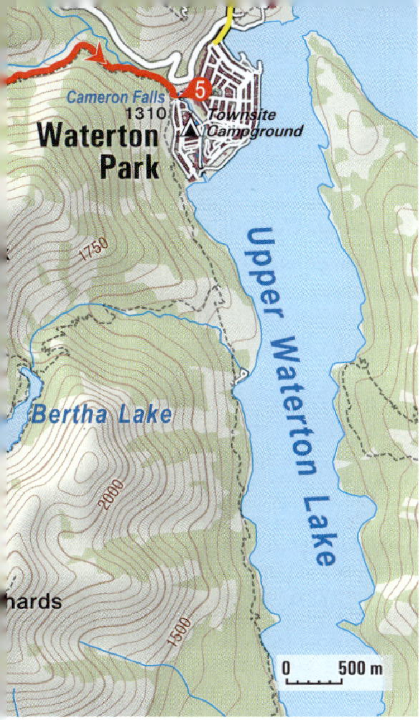

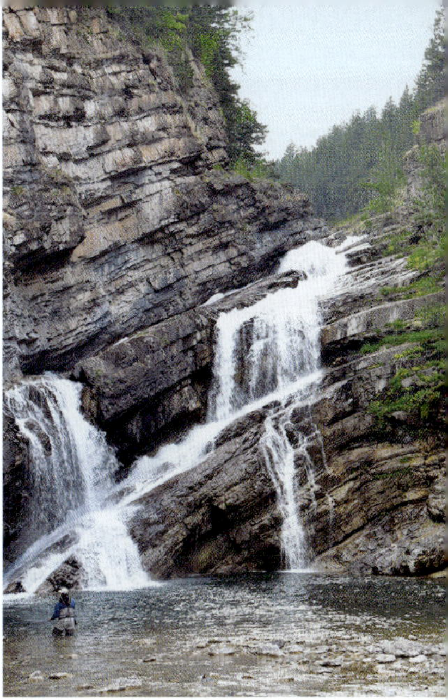

Oben: Der Fels der Cameron Falls zählt zu den ältesten sichtbaren Gesteinen der Rockies.
Unten: Der tiefblaue Alderson Lake.

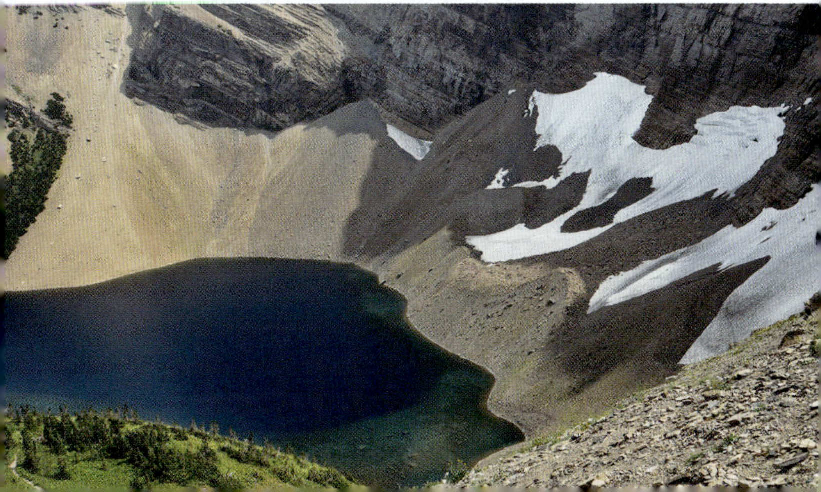

TOP

4 Crypt Lake

6.30 Std.

Weltberühmter Abenteuerpfad in märchenhafter Botanik

Ein absolut genialer Tagesausflug, der für Abwechslung sorgt: Bootsfahrt über den Waterton Lake, gemütliche Waldwanderung, charakteristische Wasserfälle, bunte Wildblumenwiesen (inklusive der bizarren, artenreichsten Blütenpflanzen der Welt: Orchideen), Tunneldurchquerung, kurzer Klettersteig am steilen Abgrund sowie ein schnuckeliger See direkt am 49. Breitengrad, der Grenze zu den USA. Nicht ohne Grund zählt National Geographic diese Wanderung zu einer der 20 aufregendsten der Welt!

Ausgangspunkt: Bootsanlegestelle und Trailhead Crypt Lake am gegenüberliegenden Seeufer von Waterton Park, 1287 m. Mit dem Boot erreichbar.

Transfer: Per Wanderer-Boot-Shuttle vom Hafen in Waterton Park zu erreichen mit Waterton Shoreline Cruise Co. (Tel. +1 403 859 2362, www.watertoncruise.com), per Kanu oder über den 14 km langen Wishbone Trail.

Höhenunterschied: 1010 m.

Anforderungen: Sehr gut ausgebauter Pfad, jedoch steiler Anstieg am offenen Hang: gute Kondition und Trittsicherheit nötig, Sonnenschutz bei heißem Wetter. Durchgang durch einen 25 m langen, schmalen, niedrigen Tunnel (Taschenlampe empfehlenswert) sowie eine kurze, gut gesicherte Kletterpassage an der Karstufe vor dem Crypt Lake. Schwindelfreiheit für diese Passagen notwendig.

Einkehr: Keine.

Hinweis: Achtung! Es gibt keine Übernachtungsmöglichkeit, bei der letzten Bootsrückfahrt muss man wieder am Ausgangspunkt sein. Aufgrund hoher Nachfrage den Transfer im Voraus buchen. Zugleich empfiehlt es sich, den kleinen Parallelweg zum Hell Roaring Canyon, wie hier im Folgenden beschrieben, erst auf dem Rückweg einzuschlagen, denn: 1. weiß man, wieviel Zeit noch bleibt, 2. ist der Pfad recht steil und wild, sodass man sich bergab leichter tut.

Karten: 082H04 (NRC), Waterton Lakes (Gem Trek).

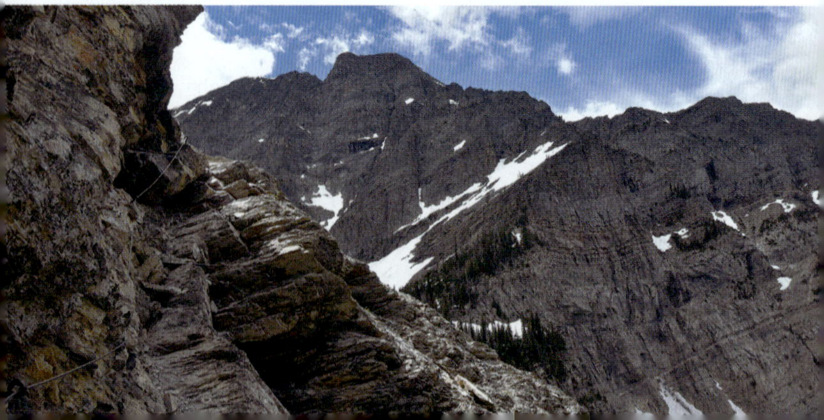

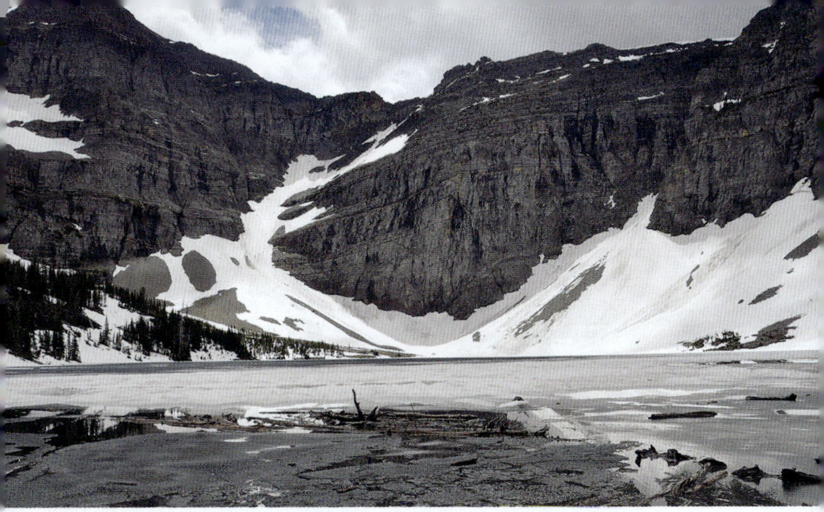

Das Ufer gegenüber der »kleinen Perle« Crypt Lake markiert die Grenze zu den USA.
Links: Auf diesem schmalen Steig wird die steil abfallende Talstufe überwunden.

Nach 15-minütiger Fahrt mit dem Hiker-Boat zum Ausgangspunkt **Crypt Landing (1)**, 1287 m, steigen wir sofort auf dem in dichtes Unterholz eintauchenden Serpentinenwaldweg bergan. Bei beiden folgenden Weggabelungen, nach 400 m und 2,3 km, halten wir uns jeweils links und lassen den Parallelpfad zum Hell Roaring Canyon erst einmal unberührt. Alsbald gelangen wir ins Tal des Hell Roaring Creek, dessen märchenhaft bunte, mit anmutigen Orchideen bestückten Lichtungen seinem Namen trotzen. In drei großen Wasserfällen bricht er seinen Weg durchs Tal.
Eine Viertelstunde nach dem oberen **Abzweig zum Hell Roaring Canyon (2)**, 1500 m, gelangen wir zu den anheimelnden **Twin Falls (3)**, 1501 m. Den schmalen, flach verlaufenden Hangweg schlendern wir eine halbe Stunde weiter bis zu den Burnt Rock Falls. Ab hier kommen wir zunehmend in alpines Terrain und beginnen den zähen Aufstieg am westlichen Schutthang der Vimy Ridge. Nach dem ehemaligen Campingplatz (WC) quert der Weg einen

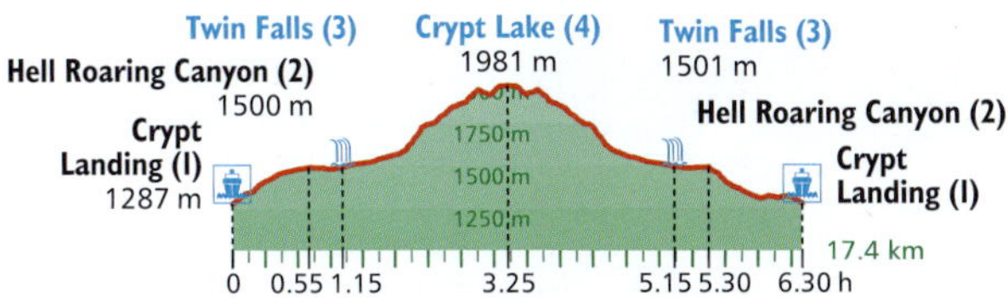

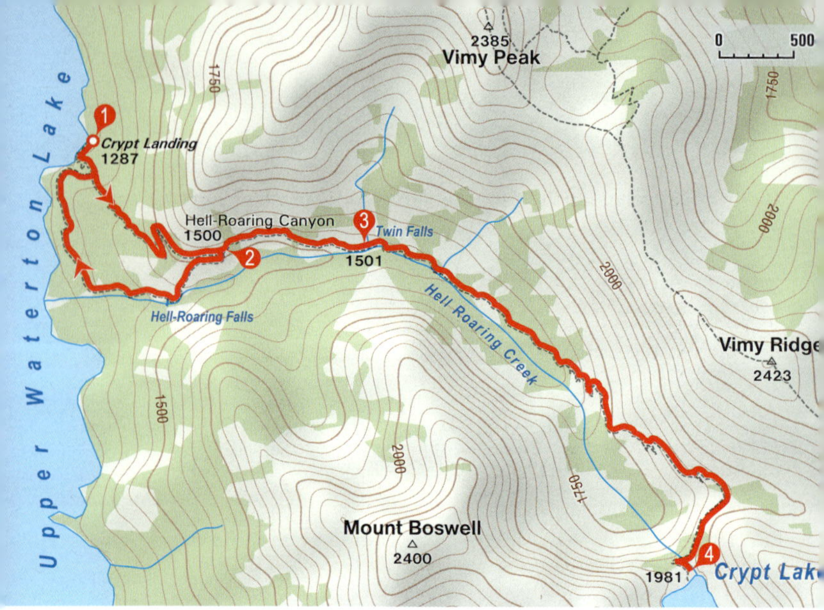

Bach. Wir halten uns rechts und gehen am Steilhang entlang auf den Tunnel zu. Über die Eisenleiter geht's hinauf und hinein in den schroffen, engen und niedrigen Durchbruch. Auf der anderen Seite wartet ein super Ausblick, dem wir aber den Rücken kehren und scharf links auf dem gesicherten Steig die Talschwelle erklimmen. Etwa 200 m nach dem Steig teilt sich der Pfad, rechts geht's zum Aussichtspunkt auf die Crypt Falls, links erreicht man über die letzte Hürde den **Crypt Lake (4)**, 1981 m.

Selber Weg zurück bis zum oberen **Abzweig Hell Roaring Canyon (2)**, 1500 m. Wir biegen hier links in den sehr schmalen, steilen und dicht verwachsenen Steig ein, der uns – am schönen Canyon vorbei – hinab und auf den Hauptweg zum Ausgangspunkt zurückführt.

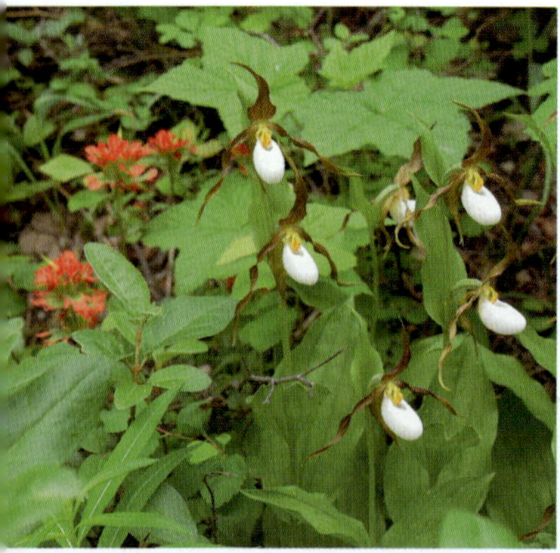

Der weiße Frauenschuh blüht in eleganter Pracht am Wegesrand.

Vimy Peak 5

Durch Savannenlandschaft auf den Scheidegipfel zwischen Prärie und Schneebergen

Was mit einem Streifzug durch die artenreiche, im Juni in voller Pracht stehende Prärie beginnt, gipfelt in der Besteigung des felsigen Hausberges von Waterton Park, der herrliche Blicke auf den Kontrast zwischen Prärie und Rockies freigibt. Die Gipfel im Park zählen zu den sogenannten umgekehrten Gebirgen der Lewis-Überschiebung, weil ältere Gesteine über jüngeren Schichten liegen.

Ausgangspunkt: Parkplatz Wishbone Trail am Chief Mountain International Highway, 1290 m. 800 m nach der Brücke über den Waterton River rechts auf Hwy. 6 abbiegen, 500 m später ist links ein kleiner Parkplatz.
Höhenunterschied: 1200 m.
Anforderungen: Langer Hin- und Rückweg im ebenen und offenen Präriegelände. Der zunächst gemütlichere Anstieg im Wald beginnt sich nach der Pferderaststation in einen steilen Aufstieg zu wandeln und eskaliert in sehr steilen und nicht markierten Geröll-Serpentinen am exponierten Felshang, die sich zum blockigen Gipfelziel schlängeln, kleine Kraxelpartie inbegriffen. Gipfelwanderung auf sehr schmalem Grat. Diese Tour erfordert gute Ausdauer, ausgeprägte Trittsicherheit sowie absolute Schwindelfreiheit.
Einkehr: Keine.
Variante: Vom Gipfel den steil abfallenden Grat weiter vor zum nördlichen Punkt mit direkter Sicht auf die Stadt.
Tipp: Die ersten 7 km bis zum Fuße des Anstieges kann man mit dem Fahrrad zurücklegen, dann hat man später ausreichend Zeit, die fernen Ausläufer des langen Gipfelkammes zu erkunden.
Karten: 082H04 (NRC), Waterton Lakes (Gem Trek).

Auf schmalem Pfad zwischen Espenhainen und Grasland hinauf zum Vimy Peak.

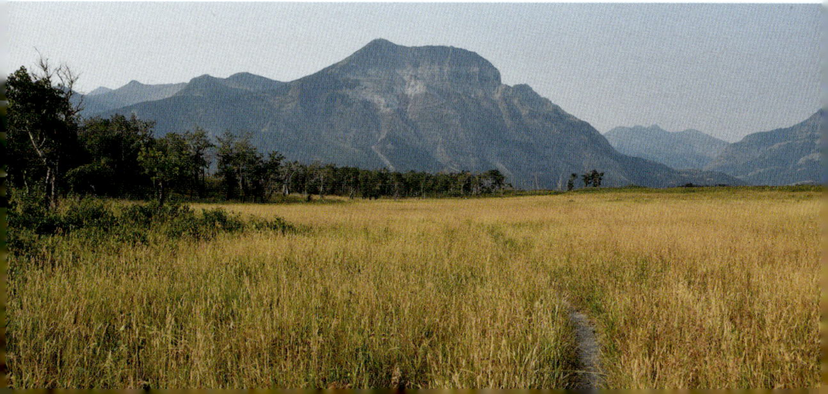

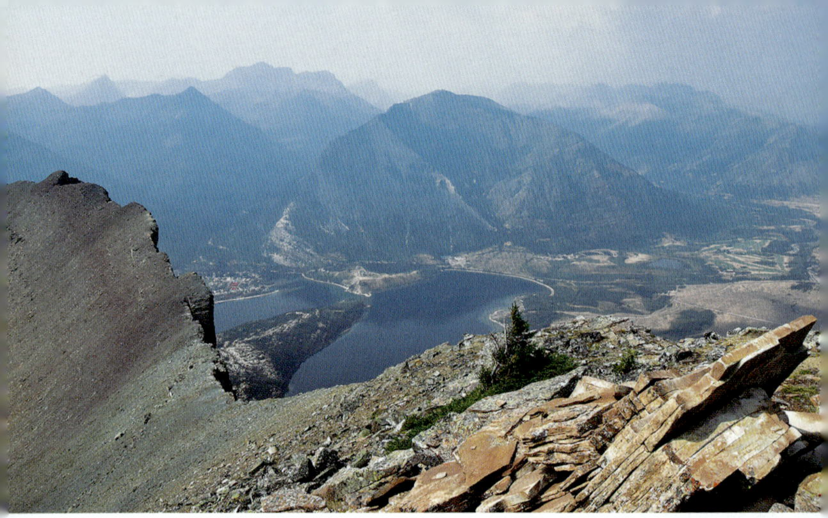

Blick vom Vimy Peak auf den vorgelagerten Grat und die Waterton Lakes.

Vom **Parkplatz (1)**, 1290 m, die Landstraße überquerend, schlagen wir den ebenen, von Fahrradfahrern und Reitern genutzten **Wishbone Trail** ein. Er führt durch eine savannenartige Landschaft, die ab und an von Espenhainen unterbrochen wird und im Frühling vor Wildblumen nur so sprüht. Das Ziel

In der Krummholzzone am Rande des Vimy Basin erscheint der Gipfel greifbar nah.

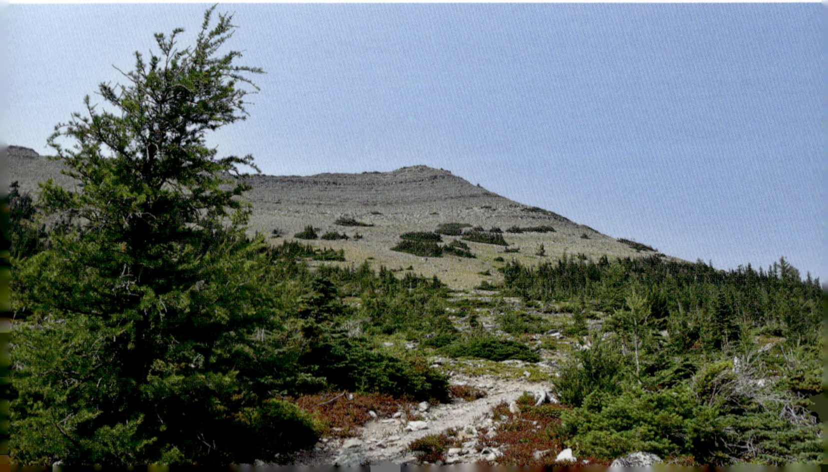

dauerhaft vor Augen, queren wir nach guten 5 km das breite Kiesbachbett des **Sofa Creek (2)**, 1310 m, und achten etwa eine Viertelstunde später auf eine unscheinbare Weggabelung, bei der wir geradeaus weiterwandern. An der folgenden markierten **Kreuzung Crypt Lake (3)**, 1300 m, zweigen wir links ab und folgen dem Vimy Peak Trail durch dichtes Rosen- und Himbeerbuschwerk über den Sattel und an der Pferderaststätte vorbei. Über kleine Bäche und auf einem tief eingegrabenen Pfad gelangen wir steiler hinauf zur Krummholzzone.

An der Talstufe des **Vimy Basin (4)**, 2070 m, halten wir uns rechts und steuern direkt auf den vor uns liegenden Gipfel zu. 400 m weiter steht man vor der Entscheidung: entweder geradeaus den supersteilen, sandigen Kiessteig oder weiter links den ebenso beschaffenen Zickzackpfad erklimmen, um auf dem weißen Gesteinsband ein Stück sanft steigend auf die nördliche Seite des Berges zu gelangen. Das letzte Stück entpuppt sich als genüssliche Kraxelpartie hinauf zum **Vimy Peak (5)**, 2380 m. Selber Weg zurück.

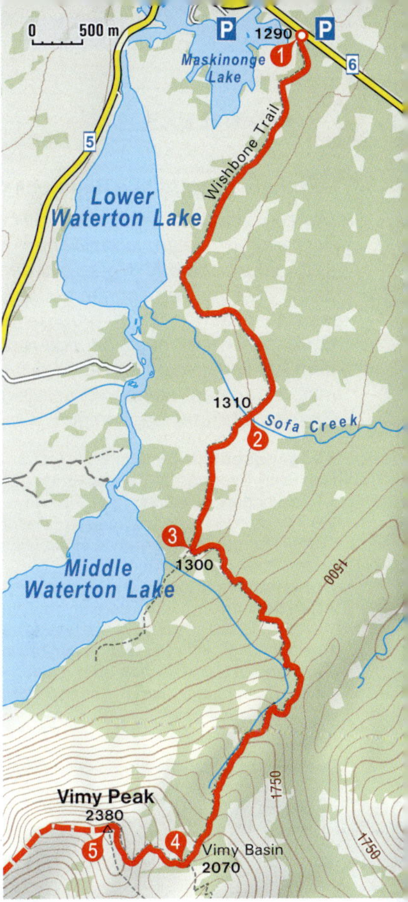

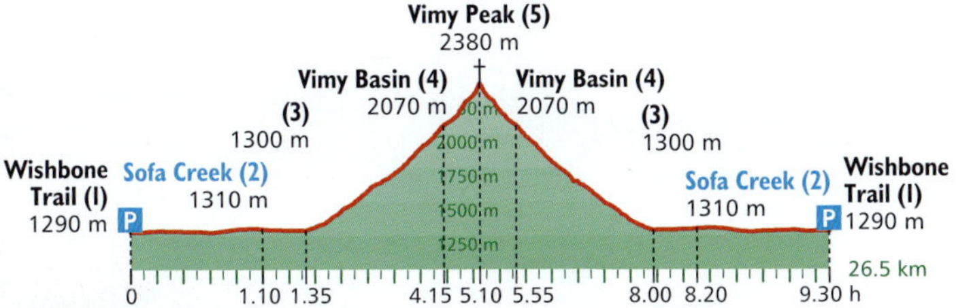

6 Goat Lake

4.45 Std.

Vom farbenprächtigen Red Rock Canyon zum idyllischen Seenjuwel

Der rote Argillit des farbenprächtigen Canyons am Beginn der Wanderung entstand vor vielen Jahrmillionen, als eisenhaltiger Schlamm durch Sauerstoffkontakt oxidierte. Heute gewährt er uns in seiner versteinerten Form Einblicke in längst vergangene geologische Epochen, als dieser Landstrich unter einem flachen Meer verborgen lag. Der Wegabschnitt im breiten Tal des Bauerman Creek gestaltet sich recht unspektakulär. Man wird jedoch nach dem Anstieg im alpinen Geröllgelände ausgiebig belohnt: mit einem zauberhaften Bergsee, seinen vorgelagerten, hinreißenden Wasserfällen und der Chance, die geländegängigen, wuschelfelligen Schneeziegen zu sehen.

Ausgangspunkt: Hinterer Parkplatz am Red Rock Canyon, 1510 m, am Ende des 14 km langen gleichnamigen Parkways. 2,8 km nördlich des Waterton Visitor Center auf der Park Entrance Road links in den Parkway abbiegen.
Höhenunterschied: 530 m.
Anforderungen: Zu Beginn leichte Wanderung auf breitem Wiesenweg, anschließend steigt man auf einem etwa 2 km langen Geröllanstieg über einen alpinen Rutschhang, wofür Trittsicherheit und Schwindelfreiheit notwendig sind.
Einkehr: Keine.
Unterkunft: Backcountry Campingplatz (Parks Canada, Tel. +1 519 826 5391, www.pc.gc.ca/en/pn-np/ab/waterton/activ/camping).
Variante: Man kann auf dem steilen Geröllhang im nordwestlichen Talende des Goat Lake Basins zur Avion Ridge westlich des Newman Peak hinaufkraxeln (Schwindelfreiheit, Kraxelerfahrung und Orientierungssinn erforderlich).
Karten: 082G01 (NRC), Waterton Lakes (Gem Trek).

Der Red Rock Canyon imponiert mit seinen farbintensiven Magenta-Tönen.

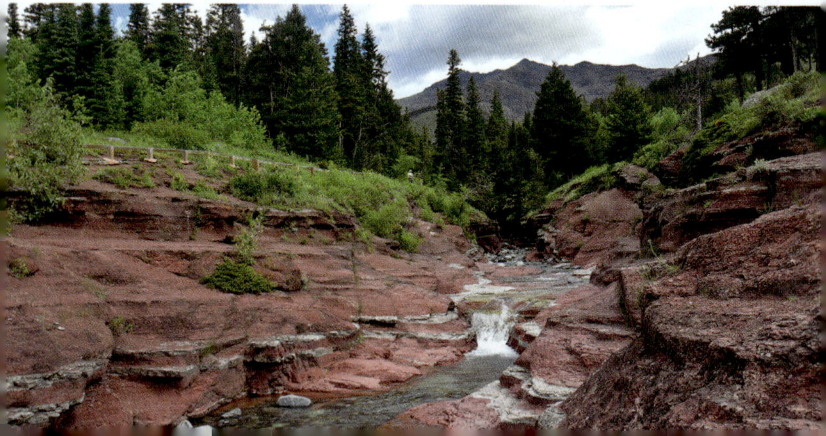

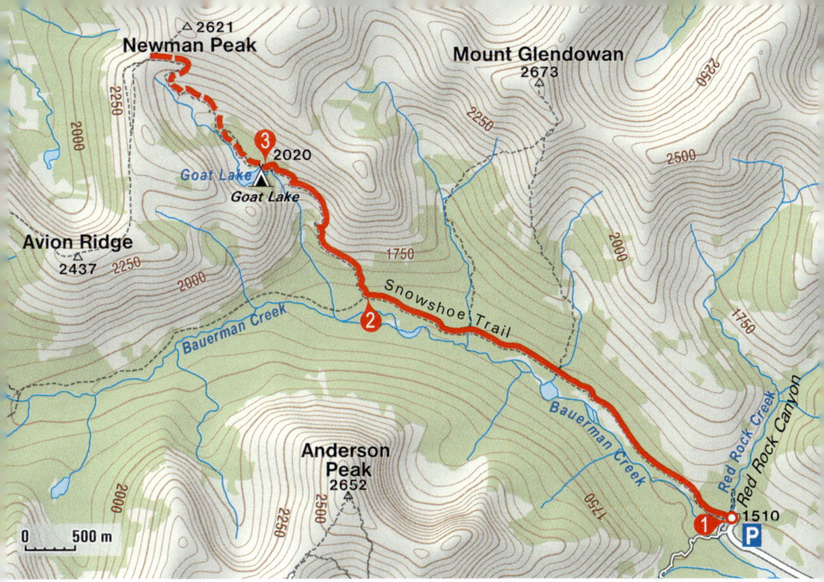

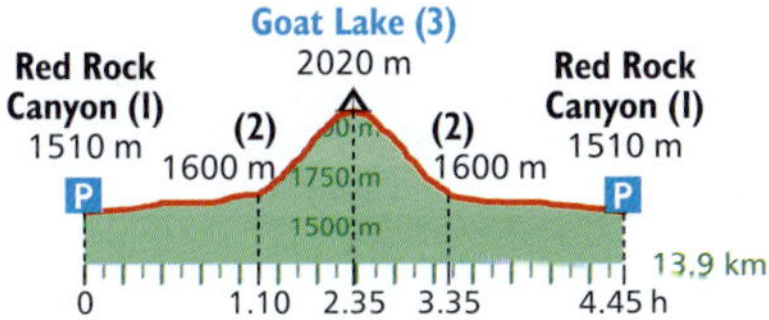

Wir überqueren die Brücke über den knallig pinkfarbenen **Red Rock Canyon (1)**, 1510 m, und wandern 4,5 km auf der relativ ebenen, alten Fuhrstraße, dem heute auch von Radfahrern und Reitern genutzten Snowshoe Trail. Dabei kreuzen wir zwei größere Bäche, die meist durch querliegende Balken und große Steine trockenen Fußes passierbar sind. Zwischen Waldrand und Wiesen schlendern wir bis zur markierten **Wegkreuzung (2)**, 1600 m, an der wir uns rechts dem Aufstieg zuwenden. Im Unterholz gedeihen hier filigrane Zwergorchideen, deren hauchzarte Blüten deutlich beweisen, dass wahre Schönheit im Detail zu finden ist.
Der nun schmale Wanderpfad verläuft zuerst weiterhin zwischen Wald und Wildblumenlichtungen, aber bringt uns bereits nach einigen Kehren zum gerölligen Rutschhang des Newman Peak, 2515 m, an dessen Südflanke wir – von toller Berglandschaft umrahmt – dem Talschluss entgegensteigen. Nach einer Stunde Aufstieg im freien Gelände überwinden wir nahe den Wasserfällen die letzten Serpentinen und gelangen 500 m weiter auf dem flachen, an idyllischen Strömen vorbeiführenden Wurzelwaldweg der Talschwelle zum **Goat Lake (3)**, 2020 m.
Selber Weg zurück.

Südliches Zentrum: Banff – Radium Hot Springs

Auf dem Transkanada Highway (Hwy 1) von Calgary über Canmore und Banff bis zur Castle Junction und weiter auf dem Banff-Windermere Highway (Hwy 93) nach Radium Hot Springs durchquert man alle Hauptgebirgszüge der kanadischen Rocky Mountains. Der Übergang ist abrupt und sticht bei guter Sicht bereits beim Anflug auf Calgary ins Auge, denn die Front Ranges erheben sich ohne Zwischenstufen über die hügeligen Foothills an der Grenze zur weiten Prärie. Während im Zentrum und im Norden noch tiefster Schnee liegt, erweisen sich die im Regenschatten liegenden östlichen Kämme bereits im Frühjahr als schneefrei und bewanderbar (Aylmer Lookout). Im sommerlichen Jahresverlauf fehlt dann der Reiz der in der Sonne glitzernden Schneefelder, und die Flanken ragen oft grau und kahl in die Höhe. Der Verursacher dieses Phänomens ist der legendäre Föhnwind Chinook. Eine Legende besagt, dass einst ein wunderschönes First Nation Mädchen in den Bergen verloren ging und sie seither regelmäßig als warmer Wind in die Täler ihrer Familie zurückkehrt. So heftig, dass während die vorderen Kufen eines Schlittens noch im Schnee gleiten, die hinteren bereits Staub aufwirbeln.
Das auf den Sedimentresten eines eiszeitlichen Gletscherstausees liegende Städtchen Banff ist touristischer Dreh- und Angelpunkt im 6641 km² großen Banff Nationalpark. Vor allem junge Erwachsene finden hier zahllose Saisonjobs im Outdoor-Spielplatz ringsum (Cascade Mountain, C-Level Cirque, Cory Pass Loop) und verleihen der Stadt einen besonderen Charme. Viele permanente Einwohner, die die Rockies zu ihrer Heimat erkoren haben, siedeln in der östlichen Nachbarstadt Canmore, mit günstigeren Einkaufsmöglichkeiten und einem beschaulichen Stadtkern.
Fernab der Touristenströme liegt im Süden das nicht weniger reizvolle, weitläufige Bergland Kananaskis Country, eine Bezeichnung für eine Vielzahl an Provinzparks an Banffs östlicher Grenze. Das Kerngebiet bilden die zwei großen, in urwüchsigem Bergland eingebetteten Seen Lower & Upper Kananaskis Lake, um die ein gut ausgebautes, verzweigtes Wegenetz die Wanderer

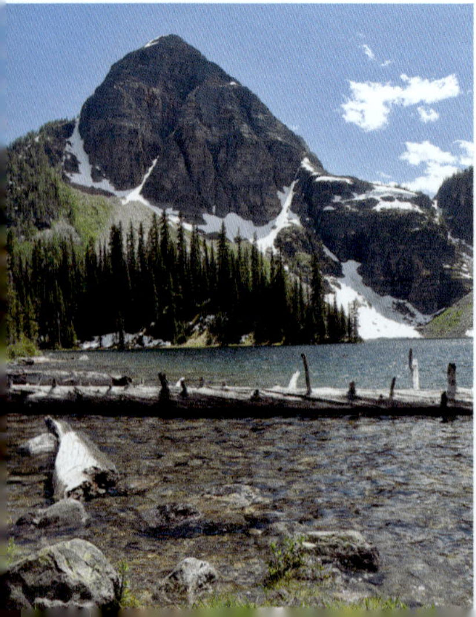

Typisch Kanada: Berg mit Schneefeldern, blau schimmernder See, dunkelgrüne Koniferen, hier der Egypt Lake (Tour 12).

durch Drehkiefernwälder, über saftige Wiesen und sanfte Anstiege hinauf zu idyllischen Bergseen führt (Elk Lakes, Rawson Lake). Folgt man der Kiespiste Smith-Dorrien/ Spray Trail nach Norden, erreicht man den Süden des Spray Lakes Valley (Burstall Pass) und einen der Zustiege zum Mount Assiniboine (3618 m), einem der elegantesten Berge der kanadischen Rockies. In diese phänomenale Berglandschaft gelangt man nur über Mehrtageswanderungen zu Fuß (Mount Assiniboine, Nub Peak) oder per Helikopter. Entlang der kontinentalen Wasserscheide bieten sich lange Backcountry-Touren in die hoch gelegenen Ebenen der Main Ranges an (Bow Valley Highline Trail). Diese Gebirgszüge sind nun nicht mehr gebogen und wild gefaltet wie in der Umgebung des Bow Valley bei Banff, sondern das harte Gestein liegt in einer horizontal ausgerichteten Stratigraphie, sodass die Baumeister – tektonische Plattenverschiebung und Erosion – ganze Burgen errichten konnten, wie das Beispiel Castle Mountain direkt am Transkanada Highway zeigt (Rockbound Lake). Zwanzig der höchsten Gipfel der kanadischen Rockies ragen aus dieser Gebirgskette heraus, welche sich weit nach Norden bis zum Mount Robson (3954 m) zieht.

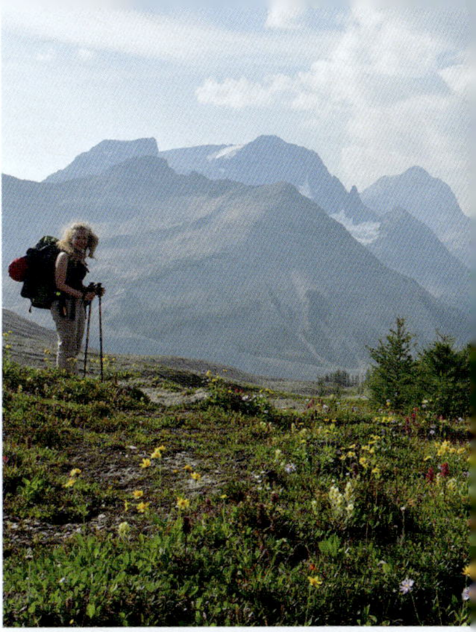

Durch Traumlandschaften wandert man auf der Tour entlang der Rockwall (Tour 10).

Die Wasserscheide entlang der Ball Range markiert den Grenzverlauf zwischen Banff Nationalpark in Alberta und Kootenay Nationalpark in der Provinz British Columbia, wobei die Zeitzonengrenze weiter westlich liegt und an diesem Punkt die Uhren nicht umgestellt werden müssen. Schroffe Felsmassive (Rockwall) und fließende Gletscher (Stanley Glacier) kennzeichnen diesen 1406 km² großen Park, durch das breite U-Tal des Kootenay Rivers schlängelt sich der Highway. Auch der Kootenay Nationalpark birgt tief in seinem Herzen natürliche Schätze: die farbigen, Lehm gebärenden Paint Pots, die zu den größten Wasserfällen Kanadas zählenden Helmet Falls sowie den hinter einem langen, ausgebrannten Tal versteckten Floe Lake, ein einmaliges Naturjuwel. Am Westrand der kanadischen Rockies, in Radium Hot Springs, begegnen sich heiße Quellen, trockene Douglasien- und Wacholderhänge sowie kleine Nischen aus wie Regenwald anmutendem Columbia Forest (Juniper Sinclair Canyon Loop).

7 Elk Lakes

8.00 Std.

Versteckte Perlen zwischen Bergen, Wald und Weiden

Die abseits vom Massenverkehr gelegenen Elk Lakes bestechen durch ihre anmutige Einbettung in schneebedeckte Berge. Bereits der lange Weg zum Ziel durch das breite, von einstigen Gletschern ausgeformte Tal wartet mit üppiger Vegetation in dichten Wäldern und saftigen Matten auf.

Ausgangspunkt: Elk Pass Day Use Area, 1720 m, an der südlichen Schleife des Kananaskis Lakes Trail. Von der Kreuzung des Transkanada Highways etwa 50 km auf dem Highway 40 fahren und dem Abzweig Richtung Kananaskis Lakes weitere 12 km folgen.
Höhenunterschied: 600 m.
Anforderungen: Zu Beginn breite, alte Forstwege, später schmale, wurzelige und oft sumpfige Pfade, in ständigem Auf und Ab. Ein ausgeprägter Orientierungssinn hilft bei der oft schlechten Markierung des Trails, zudem ist eine gute Ausdauer für diese lange Wanderung erforderlich.
Einkehr: Keine.
Unterkunft: Elk Lakes Cabin (Alpine Club of Canada, Tel. +1 403 678 3200, www.alpineclubofcanada.ca), Backcountry Campgrounds (BC Parks, Tel. +1 519 858 6161, www.env.gov.bc.ca), Frontcountry Camping (Kananaskis Country Campgrounds, Tel. +1 403 591 7226, www.kananaskiscountrycampgrounds.com).
Variante: Für den Ausbau zur Mehrtageswanderung geeignet, was den Besuch der Petain Falls ermöglicht (1.30 Std. vom Nordende des Upper Elk Lakes).
Karten: 082J11 (NRC), Kananaskis Lakes (Gem Trek).

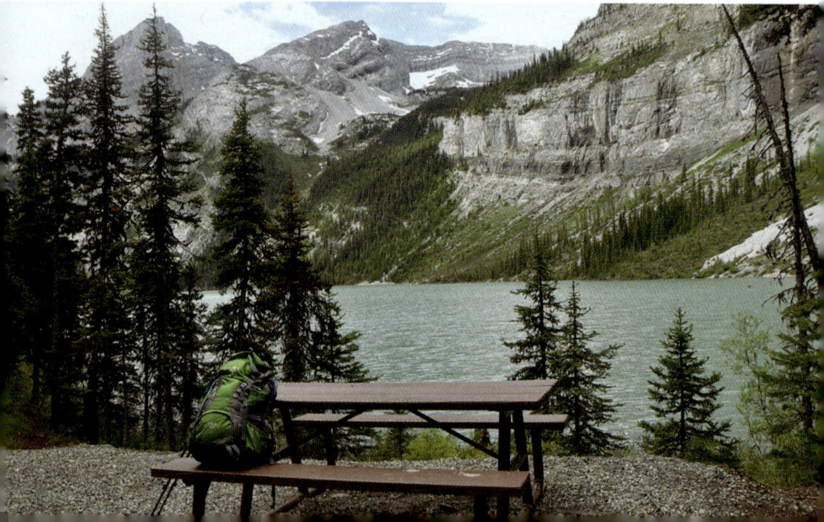

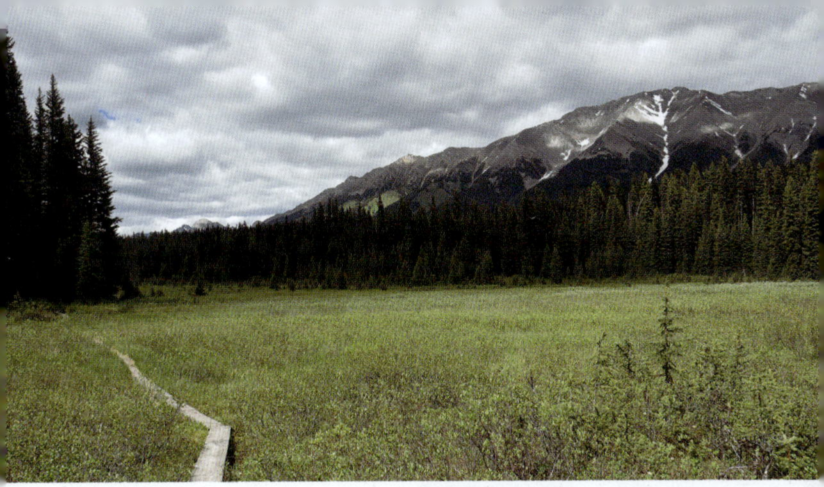

Auf dem Weg zurück queren wir reizvolle Lichtungen mit dichtem Weidenbewuchs. Links: Rastplatz am Nordufer des Upper Elk Lake.

Am Parkplatz der **Elk Pass Day Use Area (1)**, 1720 m, folgen wir dem zu Beginn straff ansteigenden, breiten Kiesweg in den Wald hinein und bleiben die ersten 4,5 km auf diesem unverkennbaren Forstweg. Nach dem ersten Kilometer folgen wir 5 Min. einer Stromleitung, tauchen abschüssig wieder in den Wald, halten uns in der Senke rechts, passieren zwei Brücken über den Fox Creek und folgen am Anstieg dem Wanderer-Symbol, rechts haltend. In der anschließenden Lichtung gelangen wir an eine mit einer Bank versehene Kreuzung, an der wir geradeaus dem breiten Wiesenweg Richtung Moose Pass den Vorzug geben. Erst etwa 300 m weiter, an dem blauen Schild »Elk Lakes«, biegen wir rechts ins wildere Gelände ein und gelangen hinter der Provinzgrenze an die offizielle Tafel des **Elk Lakes Provincial Park (2)**, 1920 m.

Der rechts abzweigende Wurzelpfad bringt uns nach etwa 20 Min. zum Fox Lake am Fuße des gleichnamigen Berges, an dessen Ostflanke wir die nächsten 45 Min. nach einem kurzen Anstieg bergab wandern, bis uns die neue Wegführung nach Osten leitet. An der nächsten Gabelung, wenige Mi-

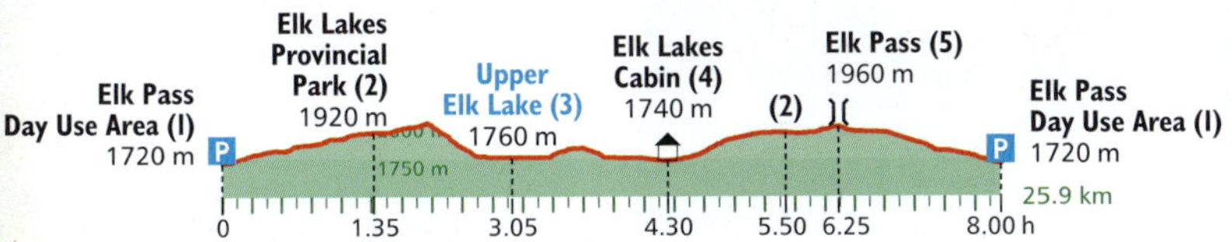

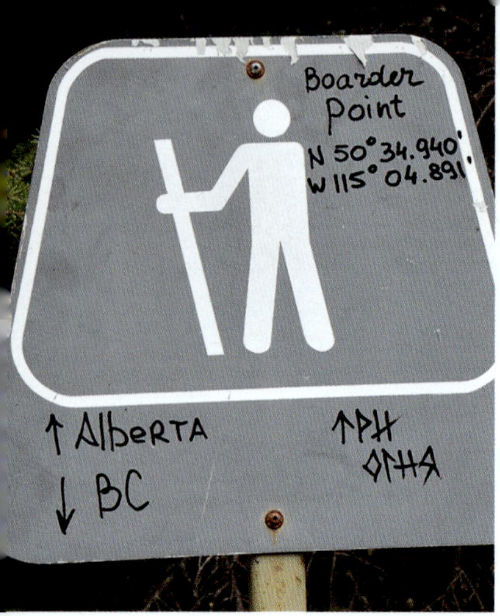

Oben: Ein von Wanderern beschrifteter Wegmarker vor der offiziellen Provinzgrenze Alberta – British Columbia.

Unten: Blick vom Viewpoint auf den Lower Elk Lake.

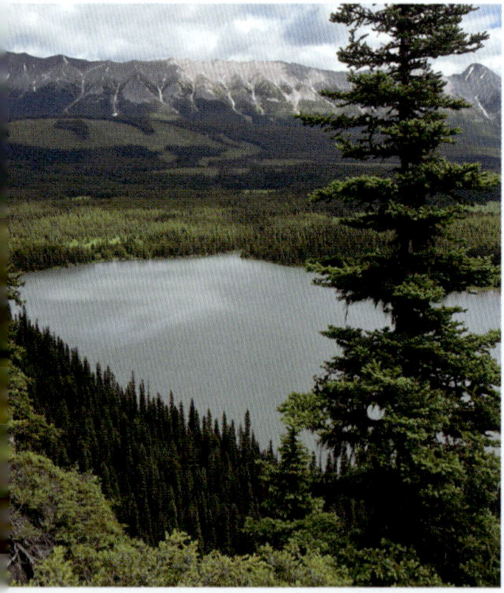

nuten später, wenden wir uns wieder nach rechts und kommen über eine breite, gut ausgebaute Brücke an einen weiteren Scheidepunkt. Wir nehmen zuerst den rechten Kiesweg für einen Abstecher zum **Upper Elk Lake (3)**, 1760 m, und schlagen anschließend den linken hageren Stichweg zum 70 m höher gelegenen Viewpoint Lower Elk Lake ein, den wir in etwa einer halben Stunde erreichen.

Nun geht's wieder über die Brücke zurück zur Gabelung, an der wir unseren Rundweg rechts fortsetzen. Etwa 300 m weiter spazieren wir bereits am idyllischen Lower Elk Lake entlang. Gerade wenn wir die Hütte des Kanadischen Alpenvereins **Elk Lakes Cabin (4)**, 1740 m, entdecken, weist uns ein Säulenschild darauf hin, nun den Pfad links einzuschlagen. Der etwa 4 km lange Aufstieg im Koniferenwald, der ab und an von offenem Marschland unterbrochen wird, bringt uns zur **Tafel (2)** an der Provinzgrenze zurück.

Wir wandern den bekannten Pfad etwa 500 m hinab und folgen der breiten Forststraße nach rechts zum **Elk Pass (5)**, 1960 m. Wir wenden uns nach links, dem freien Blick auf den Kananaskis Lake folgend, und wandern etwa eine Dreiviertelstunde auf dem grasigen Wegstreifen unter der Stromleitung (»Hydroline-Trail«). Anschließend biegen wir links in den Wald ein. Wir folgen dem steilen Kiesweg bis zur Kreuzung, wo wir auf den uns bekannten Hinweg stoßen. Rechts abbiegend geht's zurück zum **Ausgangspunkt (1)**.

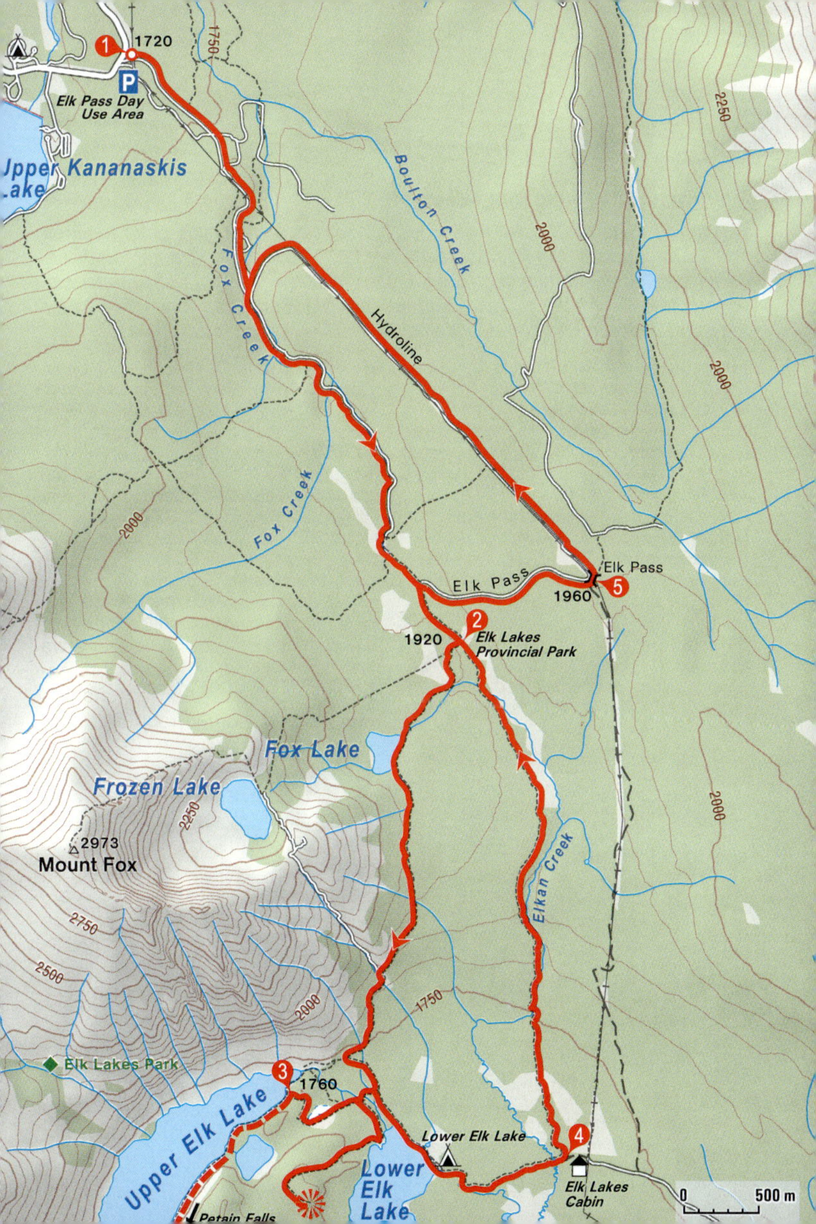

1
1720
P
Elk Pass Day
Use Area
Upper Kananaskis
Lake
1750
Boulton Creek
2250
2000
Fox Creek
Hydroline
2000
2000
Fox Creek
Elk Pass
Elk Pass
5
1960
2
1920
Elk Lakes
Provincial Park
Fox Lake
Frozen Lake
2250
2973
Mount Fox
2000
Elkan Creek
2750
2500
2000
1750
Elk Lakes Park
3
1760
Upper Elk Lake
Lower Elk Lake
4
Lower
Elk
Lake
Elk Lakes
Cabin
Petain Falls
0
500 m

8 Rawson Lake

2.15 Std.

Malerischer See im engen Talkessel

Während im Tal die Blicke weit über den Upper Kananaskis Lake hinüberschweifen können zum Mt. Indefatigable (2670 m), der den Namen eines kanadischen Kriegsschiffs aus dem Ersten Weltkrieg trägt, stößt man beim schnuckeligen Rawson Lake schnell an die Felswand des Mt. Sarrail (3174 m), dessen Flanken das kleine Seenjuwel eng umfassen.

Ausgangspunkt: Upper Lake Day Use Area, 1740 m, an der südlichen Schleife des Kananaskis Lakes Trail. Von der Kreuzung des Transkanada Highway etwa 50 km auf dem Highway 40 fahren, dem Abzweig Richtung Kananaskis Lakes weitere 12,5 km folgen und links auf die 800 m lange Zufahrtsstraße abbiegen.
Höhenunterschied: 300 m.
Anforderungen: Gemütliche Waldwanderung auf gut gekennzeichnetem, breitem Wurzelweg, bei Regen etwas schlammig.
Einkehr: Keine.
Unterkunft: Campingplatz ca. 1 km nördlich vom Ausgangspunkt, auf der gegenüberliegenden Straßenseite des Kananaskis Lake Trail am Lower Kananaskis Lake gelegen: Kananaskis Country Campgrounds (Tel. +1 403 591 7226, www.kananaskiscountrycampgrounds.com).
Variante: Für einen Blick von oben auf die andere Talseite wandert man auf dem linken Uferweg des Rawson Lake, an dem offiziellen »Trail End«-Schild vorbei und wendet sich am Südende des Sees nach Nordwesten. Hier kraxelt man auf dem Sarrail Ridge Trail den über 350 m hohen Kamm hinauf (absolute Trittsicherheit erforderlich). Vorsicht: hoch frequentiertes Bärenterritorium!
Karten: 082J11 (NRC), Kananaskis Lakes (Gem Trek).

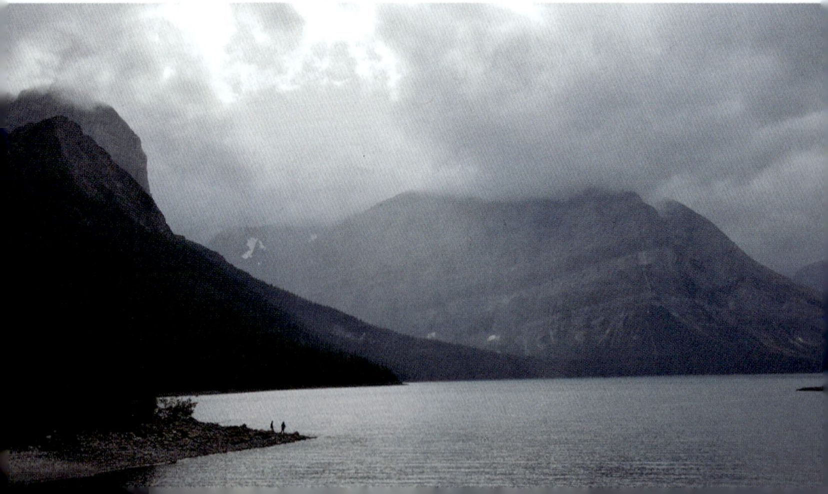

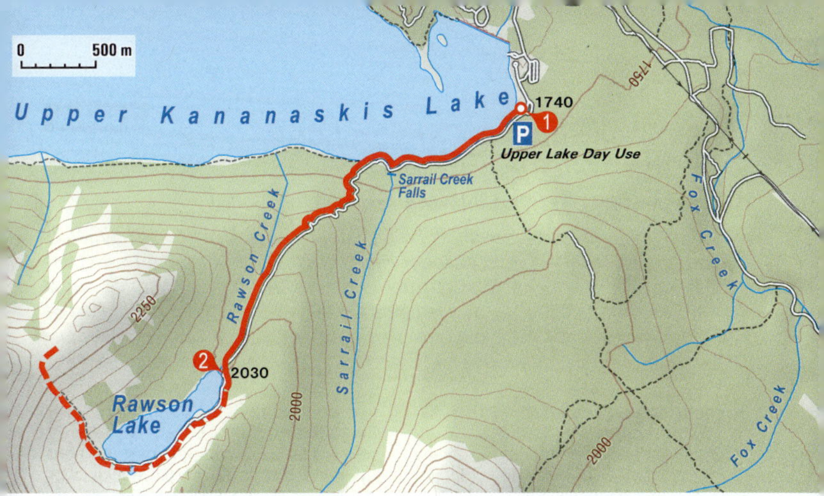

Vom unteren Parkplatz der Upper Lake Day Use direkt am **Upper Kananaskis Lake (1)**, 1740 m, wandern wir den erdigen breiten Uferweg etwa einen Kilometer bis zu den Sarrail Creek Falls entlang. Zwischendurch bieten sich immer wieder Abstecher hinab zum kiesigen Ufer des Upper Kananaskis Lake an. Wenige Minuten nach der kleinen Brücke über den Sarrail Creek schwenken wir links in den aufsteigenden Serpentinenweg ein. Im fruchtbaren Koniferenwald wandern wir noch etwa eine Dreiviertelstunde auf ausgetretenem Pfad über Stock und Stein bergan. An einigen zu feuchten Stellen wurden der Länge nach halbierte Stämme als Schlammbrücken eingesetzt, um relativ trockenen Fußes zum eingekesselten **Rawson Lake (2)**, 2030 m, zu gelangen. Der erste grandiose Einblick in den kleinen, von steilen Wänden umrahmten Seentrog soll uns nicht davon abhalten, dem Wurzelpfad linker Hand zu folgen, von dem mehrere wilde Abzweige zum Seeufer mit neuen, hinreißenden Aussichten führen. Am Hinweisschild endet der offizielle Wanderweg, aber mit hinreichender Vorsicht und Vorabinfo bezüglich der aktuellen Grizzly-Aktivitäten lohnt es sich durchaus, im hinteren Taltrog das Naturparadies ausgiebig zu erkunden.
Es geht auf demselben Weg zurück zum Ausgangspunkt.

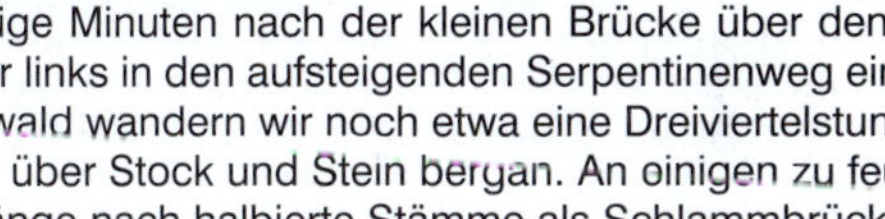

Links: Am Ufer des Upper Kananaskis Lake.

9 *Juniper Sinclair Canyon Loop*

2.30 Std.

Vom Regenwald über Trockenhänge zu heißen Quellen

Eine Oase in rauer Berglandschaft: heiße Quellen umgeben von bunten Wildwiesen, kleine Nischen von Rotzeder-Hainen an verwunschenen Bachgründen sowie eine herrliche Aussicht über das breite Tal des majestätischen Columbia River bis hinauf zu den schneebedeckten Gipfeln der rauen Purcell Mountains. Mit etwas Glück zeigen sich die hier ansässigen Dickhornschafe, wohingegen sich die scheuen Berglöwen wohl eher versteckt halten werden.

Ausgangspunkt: Parkplatz, 920 m, circa 200 m westlich des Sinclair Canyon, 1,5 km östlich der Kreuzung Highway 93/95 in der Ortschaft Radium Hot Springs und 1,5 km westlich der Radium Hot Springs.
Höhenunterschied: 520 m.
Anforderungen: Bequeme Wege, lediglich der Anstieg hinauf in Richtung heiße Quellen ist etwas zäh. Der Weg führt auf beiden Seiten parallel hoch über den Highway am Sinclair Canyon hinaus.
Einkehr/Unterkunft: Restaurants, Hotels und Campingplätze im Ort Radium Hot Springs.
Hinweis: Nicht nur für die First Nations war ein Bad in den mineralreichen heißen Quellen eine Wohltat. Vor allem in den frühen Jahrzehnten des 20. Jahrhunderts galten Bäder, die mit dem radioaktiven Erdalkalimetall Radium und dessen Zerfallsprodukt Radon versetzt sind, als äußerst gesund. In den Radium Hot Springs kommt das sehr selten existierende Zerfallsprodukt des Uran in geringen Mengen auf natürliche Weise vor. Die Quellen sind bis heute ein beliebtes Ausflugsziel (Radium Hot Springs: Tel. +1 800 767 1611, www.hotsprings.ca; www.pc.gc.ca/hotsprings).
Karten: 82K09 (NRC), Kootenay National Park (Gem Trek, 1:100.000).

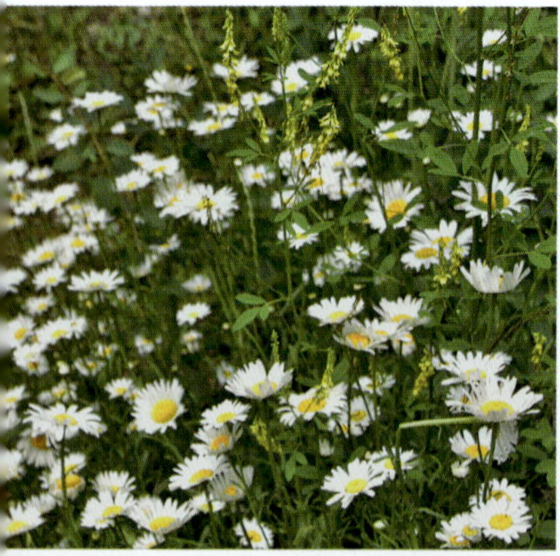

Am **Parkplatz** links vor dem **Sinclair Canyon (1)**, 920 m, steigen wir 5 Min. im kühlen Thuja-Wald zum Sinclair Creek hinab, in dem sich vor dem Bau der großen Staudämme am Columbia River die Lachse nur so tummelten. Ein kurzer interpretativer Stichpfad führt rechts in Richtung Wasserfall, der aber schlecht einsehbar bleibt. Wir halten uns schräg links und nehmen den Weg über die Brücke, auf dem wir im straffen Zickzack den trockenen, mit

Prachtvoll leuchten die Magerwiesenmargeriten am Wegesrand.

Wacholder und Gebirgsdouglasien bewachsenen Hang hinaufgelangen und bereits nach etwa 20 Min. oben am umzäunten Abgrund stehen. 10 Min. später können wir auf einer Bank unseren Blick ins Columbia Tal schweifen lassen.
Wir halten uns nach der Kurve rechts und stoßen 1 km weiter auf die Straße, die zum Parkplatzgelände führt. Wir biegen links in diese Straße ein und folgen ihr wenige Meter zur Gabelung geradeaus. Hier entscheiden wir uns für die alte, grasbewachsene Fahrspur rechts (rechts vom »Camping verboten«-Schild). Im hohen Gras umgehen wir ein zur ehemaligen Lodge gehörendes, von Pflanzen überwuchertes Gemäuer bis zur Hälfte und erreichen nach etwa 130 m rechts am Abhang die versteckt liegenden **roten Stühle (2)**, 1020 m, mit Blick auf die heißen Quellen. Um zu diesen zu gelangen, nehmen wir den rechts abzweigenden Pfad nach unten, biegen an der Straße rechts in die Unterführung ein und gehen links zum Eingang der **Radium Hot Springs (3)**, 1010 m.
Es folgt der Rückweg auf der anderen Seite des Tales. Im überdachten Außengelände, rechts hinter der Lobby, neben den öffentlichen Toiletten, führt der relativ verdeckt liegende Pfad über eine Brücke in wenigen Minuten zum Ort der Stille, einem im feuchten Wald gelegenen Friedenspark. 1,4 km weiter zweigen wir an der Gabelung zum Redstreak Campground rechts ab und erreichen über viele Stufen etwa 10 Min. später wieder den Highway 93. Auf der anderen Seite erwartet uns der rechts versetzte Aussichtspunkt auf den Canyon. Entlang des Gehweges an der Straße kehren wir zum 150 m entfernten **Parkplatz (1)** zurück.

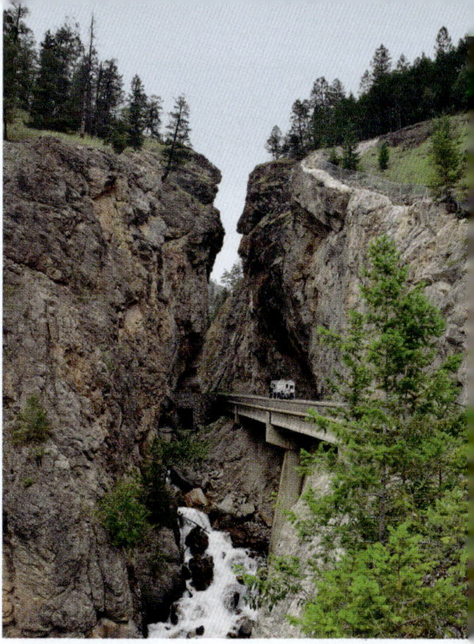

Zwischen der Stadt Radium Hot Springs und den heißen Quellen windet sich der Highway 93 durch diese enge Schlucht.

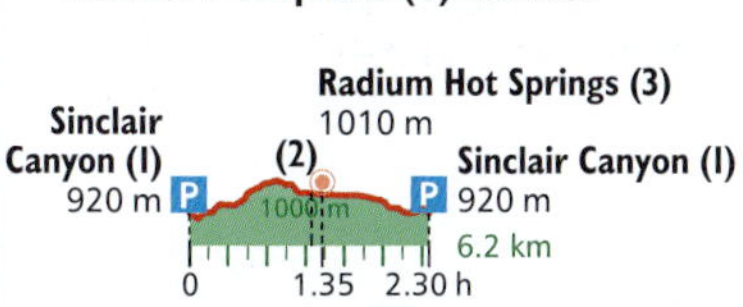

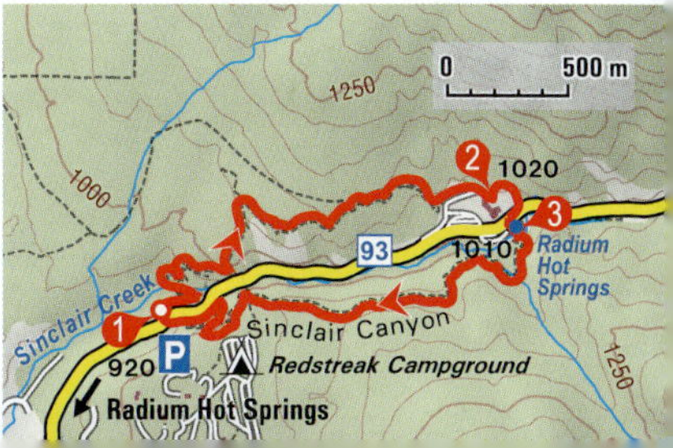

TOP **10** ## Rockwall

4 Tage

Spektakuläre Wildnis an rauen, unerbittlichen Felsflanken

Aufgrund des »Achterbahncharakters« über viele Pässe hinweg parallel zum Gebirgszug der Vermilion Range ist diese gnadenlose Mehrtageswanderung ungemein eindrucksvoll. Zusätzliche Highlights unterwegs sind die eisenhaltigen Ochre Beds, deren rostfarbene Tonerde zu Farbpigmenten verarbeitet wurde, sowie der beeindruckende Floe Lake im hoch gelegenen Kar eines von Weidenröschen erleuchteten, verbrannten Kerbtales.

Ausgangspunkt: Parkplatz Paint Pots, 1440 m, am Highway 93, 19 km westlich von Castle Junction.
Endpunkt: Parkplatz Floe Lake Trail, 1340 m, am Highway 93, 32 km westlich von Castle Junction, 72 km nordöstlich von Radium Hot Springs.
Transfer: Noch keine öffentlichen Verkehrsmittel auf dieser Strecke vorhanden, Rückfahrt deshalb im Voraus Planen (z. B. Taxi oder zwei Fahrzeuge.
Höhenunterschied: Anstieg: 2660 m, Abstieg: 2760 m.
Anforderungen: Relativ gemütliche Waldwanderung bis zu den Helmet Falls. Anschließend äußerst wadenbeißende und knieschindende Bergwanderung im permanenten Auf und Ab auf gut markierten Gebirgswegen. Sehr gute Kondition und Trittsicherheit sind hier notwendig.
Einkehr: Keine.
Unterkunft: 5 Backcountry Campingplätze (Parks Canada, Tel. +1 519 826 5391, www.pc.gc.ca/KNP-backcountry). Eine rechtzeitige Buchung ist bei diesem populären Track aufgrund der kurzen Saison zwingend erforderlich!
Varianten: (1) Das Seenjuwel Floe Lake ist auch in einem Tagesausflug vom angegebenen Endpunkt erreichbar.
(2) Numa Creek und Tumbling Creek sind zwei Zwischenzugänge, von denen man die Rockwall mittig erreichen oder verlassen kann. Oft sind sie jedoch geschlossen, weil Parks Canada die Brücken nicht dauerhaft instand setzt, deshalb rechtzeitig informieren.
(3) Vom Numa Pass kann man den Kamm Richtung Foster Peak ein ganzes Stück hinaufgehen, um das herrliche Panoramafenster zu vergrößern.
Hinweis: Die Saison beginnt hier erst ab Mitte Juli, sobald die Pässe nahezu schneefrei sind und die Lawinengefahr vorbei ist. Sie erstreckt sich bis in den September hinein.
Karten: 082N01 (NRC), The Rockwall (The Adventure Maps), Kootenay Nationalpark (Gem Trek, 1:100.000).

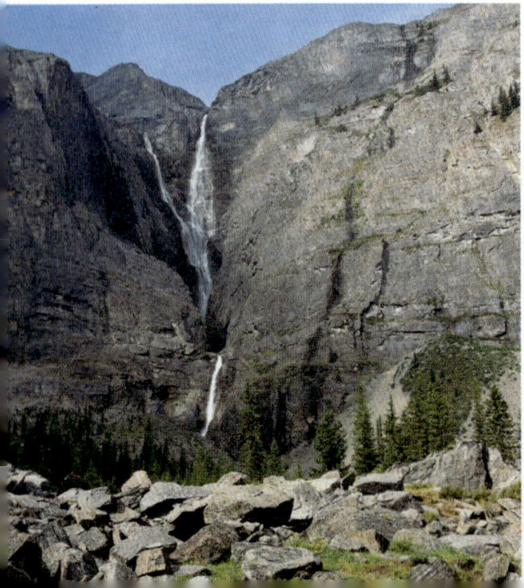

Die Helmet Falls zählen zu den größten frei fallenden Wasserfällen Kanadas.

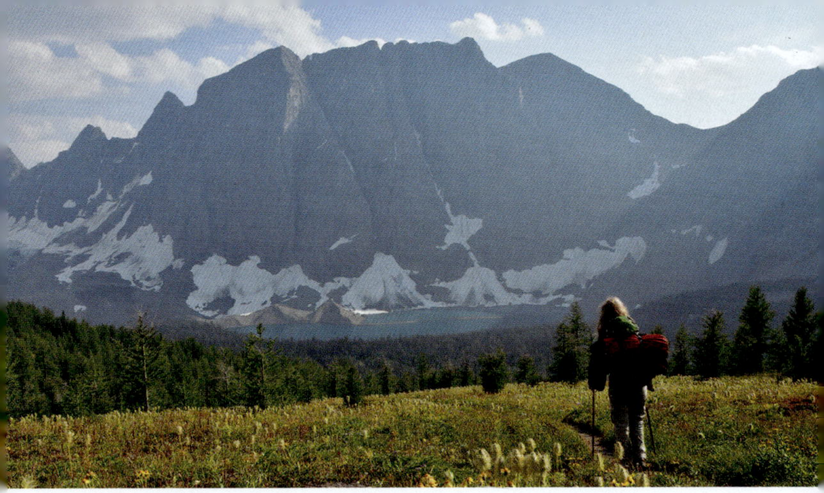

Oben: Der malerische Floe Lake ist bereits von Weitem eine Augenweide.
Unten: Ein neugieriges Columbia-Ziesel inmitten kleinwüchsiger Weideröschen.

Wir starten vom Parkplatz **Paint Pots (1)**, 1440 m, gehen an der Informationstafel vorbei, ein Stück durch den Wald, über die Brücke des Vermilion Rivers und an der Gabelung links zum wenige Minuten entfernt liegenden ehemaligen Abbaugebiet der rostroten Erde, den Ochre Beds. Ein kurzes Stück laufen wir direkt am eisenfarbenen Fluss zu drei kleinen Quellbecken, bevor es die kommenden 13 km durch einen schier endlos erscheinenden Wald zum felsigen Fuße der Rockwall geht. An der gleich nach den Quellen auftauchenden Kreuzung halten wir uns links und nehmen den an vielen

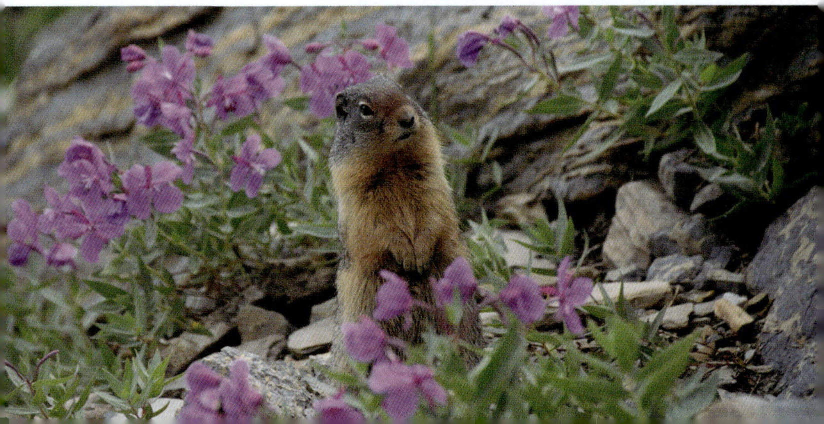

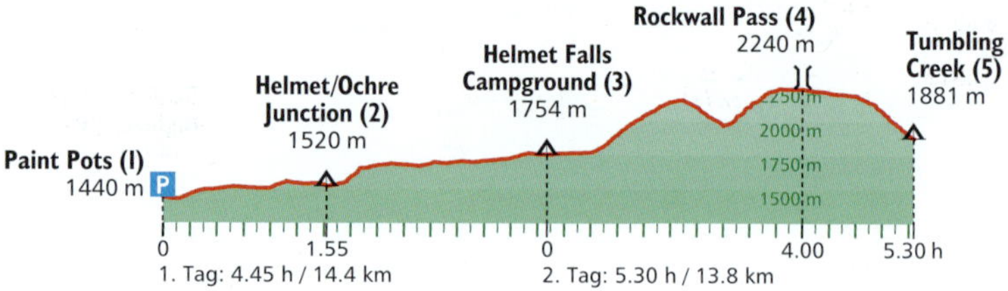

Beerenbüschen vorbeiführenden Waldpfad. 2,5 km später, beim abzweigenden, aber meist geschlossenen Tumbling Creek Trail bleiben wir jedoch rechts. Eine gute halbe Stunde später überqueren wir auf einer Brücke den Ochre Creek und erreichen den Campingplatz **Helmet/Ochre Junction (2)**, 1520 m. Weiter nach Westen steigen wir teilweise im Zickzack mitten an bewaldeten Hängen hinauf, bis der Weg etwa 4 km später direkt unten am Helmet Creek verläuft, den wir etwa eine halbe Stunde später auf einer Hängebrücke queren. Im zunehmend enger werdenden Kerbtal gelangen wir zum steilen Oberlauf des Baches und erreichen nach 2,3 km die Gabelung Richtung Goodsir Pass. Wir halten uns links, gehen an der Rangerhütte vorbei und über die Brücke zum **Helmet Falls Campground (3)**, 1754 m. Ohne schweres Gepäck bietet der Abstecher zu den berauschenden Helmet Falls einen spielerischen Tagesausklang: Vom Essplatz des Campingplatzes stie-

Morgenstimmung am zauberhaften Floe Lake.

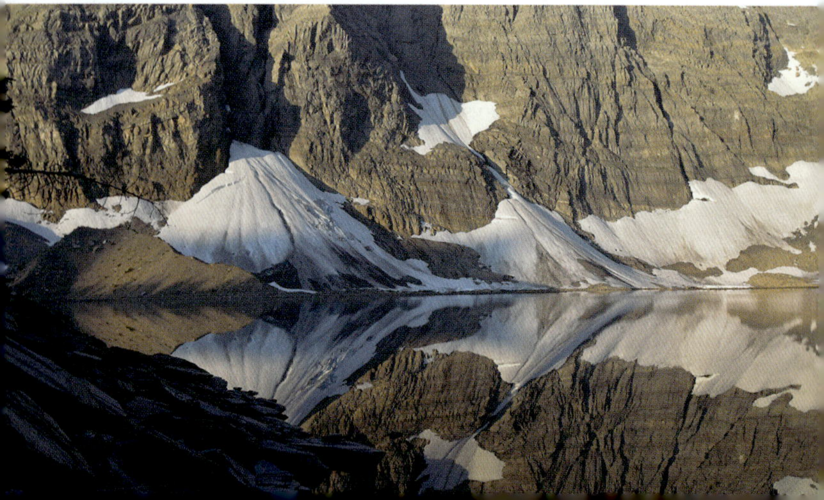

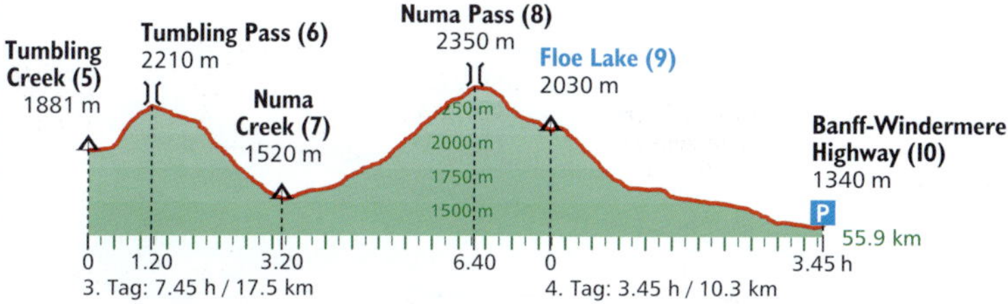

felt man geradeaus bis zum 400 m weiter gelegenen Abzweig. Geradeaus gelangt man auf schmalem Pfad zu den Wasserfällen, die mit 352 m freiem Fall zu den höchsten Kanadas zählen.

Am nächsten Morgen starten wir zur zweiten Etappe. Wir gehen wieder Richtung Helmet Falls, biegen jedoch am Abzweig links ab und queren einen kleinen Bach. Anschließend beginnt der »Achterbahnlauf« entlang der Steilwand der Ottertail-Kalksteinformation. Etwa 1.30 Std. im Zickzack durch märchenhaften Mooswald und 400 Hm später genießen wir die ersten Aussichten auf die Mauer aus teilweise über 900 m senkrecht aufragenden Felswänden. Unser Tagesziel, den wie überschäumende Glasur herabtropfenden Tumbling Glacier, in der Ferne vor Augen, steigen wir vom ersten Bergrücken auf 2160 m wieder hinab in den Wald. Über kleine Moränenterrassen und vorbei am hinter Schutthügeln verborgenen Eissee, gelangen wir hinauf zum lang gestreckten **Rockwall Pass (4)**, 2240 m. An dessen sanftem Südabgang schmiegen wir uns an die Flanke des Mt. Drysdale (2932 m) und zweigen an der Gabelung eine Viertelstunde später für einen 200 m langen Abstecher zum Wolverine Pass rechts ab. Zurück auf dem Rockwall Trail, endet der gemütliche Teil nach etwa 10 Min. und der knapp 3 km lange Waldabstieg hinab zum Zeltplatz am **Tumbling Creek (5)**, 1881 m, steht uns bevor.

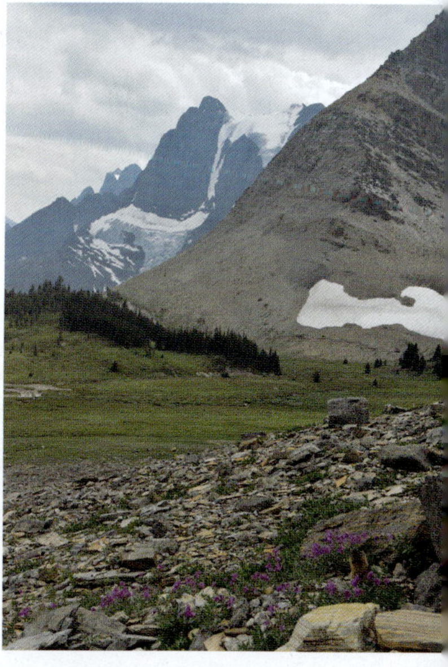

Oft belohnen sagenhaft schöne Ausblicke die Strapazen (hier: Tumbling Glacier).

Unseren dritten Tag auf dem Rockwall-Trail beginnen wir mit der Überquerung des Tumbling Creek. Dazu folgen wir dem Pfad am Zeltplatz talabwärts. An der Gabelung nach der Brücke biegen wir – dem Gletscher zugewandt – rechts zur massigen Seitenmoräne hinauf ab, der steil aufragenden Steinwand entgegen. Sichtversperrend eingequetscht zwischen Wald und Schuttkamm, erklimmt man binnen einer Stunde den spitzen, mit Lärchen und Anemonen bewachsenen **Tumbling Pass (6)**, 2210 m, welcher auf kurzem Stück einen erhabenen Blick ins 700 Hm tiefer gelegene Nachbartal gewährt.

Der heftigste Abstieg liegt jetzt vor uns: zuerst hinab und quer hinüber über den breiten Brockenbachlauf, dann in Serpentinen durch dichtes, hohes Buschwerk, bis das zunehmende Nadeldach die Ankunft am **Numa Creek (7)**, 1520 m, verkündet. Wir zweigen rechts ab, passieren 400 m später den Campingplatz, queren die Brücke und halten uns schräg links/geradeaus Richtung Floe Lake. Die folgenden 7 km sind ein vergleichsweise gemütlicher Anstieg und bis auf kleine Lichtungen und Lawinenfelder hauptsächlich bewaldet. Sobald jedoch die Baumgrenze erreicht ist, offenbart sich die kolossale Schönheit der Rockwall,

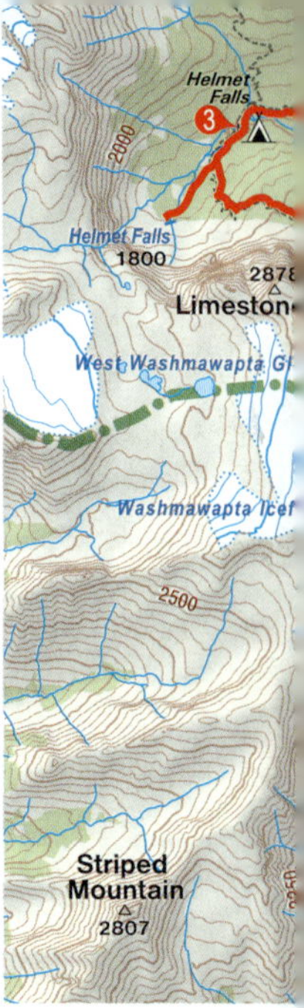

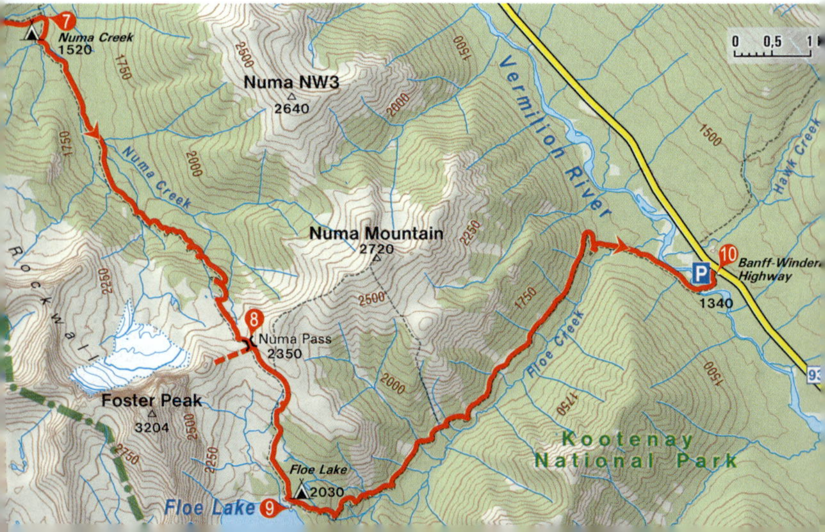

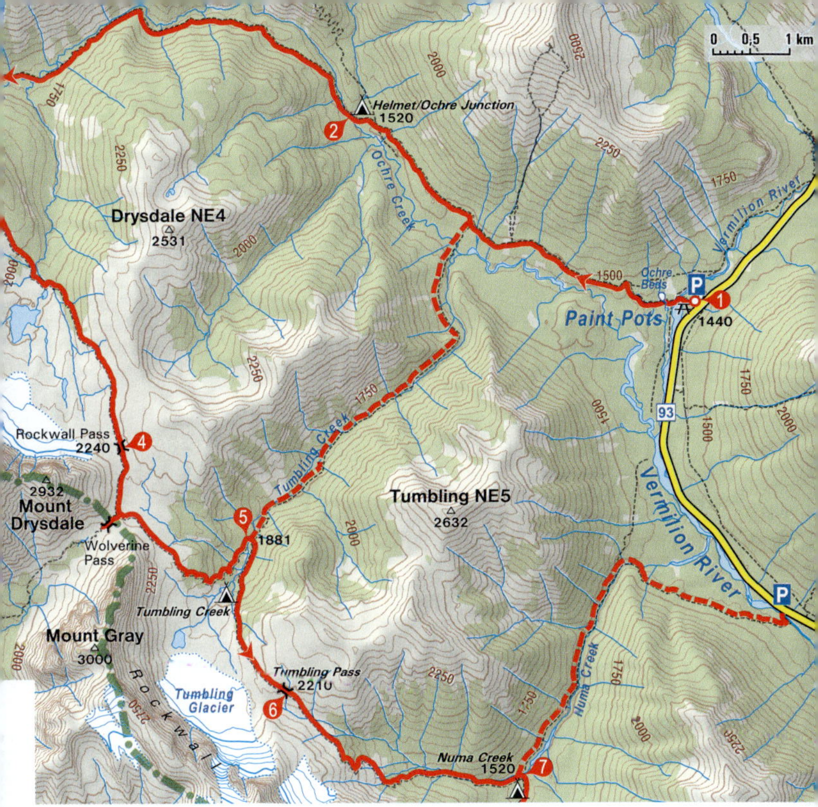

mit Schneefeldern übergossene Felswände zu beiden Seiten des **Numa Pass (8)**, 2350 m. Knappe 3 km entlang des Bilderbuchpfades mit beeindruckender Aussicht sind es hinab zum Rastplatz auf der Halbinsel am krönenden Höhepunkt, dem **Floe Lake (9)**, 2030 m. Ein wahrlich perfekter Ort für die dritte Übernachtung – der Sonnenaufgang am nächsten Morgen belohnt alle Frühaufsteher!

Für den vierten und letzten Abschnitt kehren wir dem Kammgebirge den Rücken, folgen dem ausgetretenen Waldweg etwa 10 Min. zur Karstufe, steigen knappe 2 km in Serpentinen hinab und wandern dann etwa 2 Std. im leichten Auf und Ab an der Südflanke des Numa Mountain zum Talausgang. Im kurzen Zickzack hinab, über den Bach und durch jungen Kiefernwald zur Brücke über den Vermilion River, kommen wir eine halbe Stunde später am **Banff-Windermere Highway (10)**, 1340 m, an.

11 Stanley Glacier

5.45 Std.

Massive Gletschergewalt zum Anfassen an bedeutender Fossillagerstätte

Eine aufregende Tour, die uns den Wandel der Zeit vor Augen hält. Wenn man direkt unter der Zunge des schrumpfenden Stanley Glacier steht, einem Überbleibsel der letzten Eiszeit, zeigen selbst die beeindruckenden Reste die Winzigkeit der Menschheit auf. 500 Höhenmeter tiefer, im ausgeschürften Tal, legte der Gletscher Teile der weltweit einzigen größeren Fundstelle fossil erhaltener Weichkörperfauna aus der Zeit kurz nach der kambrischen Explosion frei. Die Mitnahme von Fossilien ist jedoch strengstens verboten.

Ausgangspunkt: Parkplatz am Banff Windermere Highway 93, 1600 m, 13 km westlich der Castle Junction auf der südlichen Seite.
Höhenunterschied: 830 m.
Anforderungen: Bis zur Talsohle einfache Wanderung auf breitem, moderat ansteigendem Waldpfad, später schmalerer, relativ eben verlaufender Wurzel-Stein-Weg bis zum offiziellen Trailend. Anschließend sind gute Kondition sowie absolute Trittsicherheit für den gerölligen Anstieg zum Talende sowie den extrem steilen und rutschigen Aufstieg auf der sedimentverbackenen Seitenmoräne notwendig, die auch den Einsatz von Händen stellenweise unumgänglich macht. Schwindelfreiheit wird für den Aufstieg zur Gletscherzunge und für den Abstieg auf der Talwestseite vorausgesetzt.
Einkehr: Keine.
Hinweis: Parks Canada bietet geführte geologische Touren zum Thema Burgess-Schiefer im Stanley Glacier Tal an (Tel. +1 877 737 3783, Infos unter: www.pc.gc.ca/en/pn-np/bc/kootenay).
Karten: 082N01 (NRC), Kootenay Nationalpark (Gem Trek, 1:100.000).

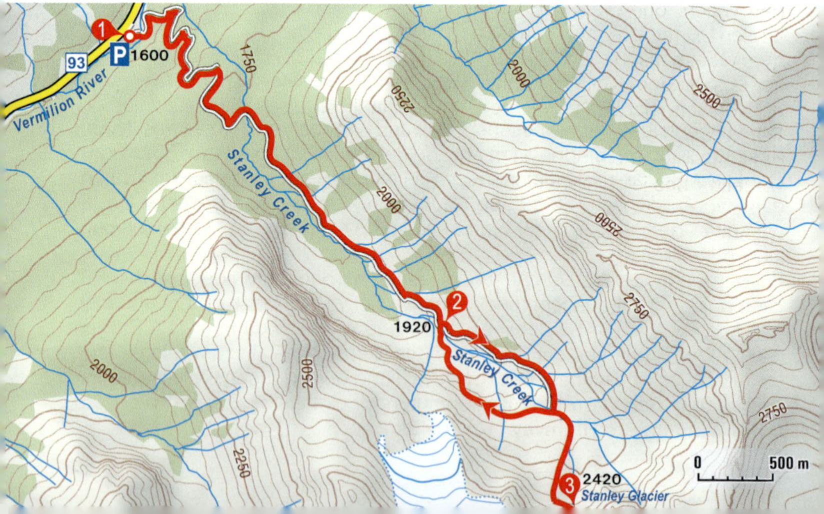

Vom Parkplatz am **Highway 93 (1)**, 1600 m, folgen wir dem breiten Weg rechts neben dem Toilettenhäuschen, vorbei am Hinweisschild zur sensationellen Burgess Shale und über die Brücke hinein in den jungen Kiefernwald. In Kehren wandern wir 2,5 km auf die erste Talstufe, wo sich der Pfad kurz nach der Bachüberquerung ebnet. Etwa 15 Min. lang geht es, Höhe haltend, ins Tal hinein, bevor wir wieder ansteigen und – uns an beiden Gabelungen stets links haltend – einen Kilometer später am offiziellen **Trailend (2)**, 1920 m, ankommen.

Hier beginnt nun das Alpinvergnügen im Moränenschutt. Der links abzweigende Pfad ist unserer und führt uns in etwa einer halben Stunde hinauf zum kleinen Hain im Talschluss, einem idyllischen Ort mitten in der sonst so kahlen Felslandschaft. Wir halten uns weiter ein kurzes Stück in Richtung Talkessel gen Osten, queren den Bach und erreichen nun rechts vom Bach querfeldein auf dickem Geröll die vor uns liegende Seitenmoräne, auf deren Kamm wir direkt auf Gletscherhöhe gelangen. Wir orientieren uns an Inukschuks, schwenken vor der Felswand links nach Westen ein und stehen schließlich direkt an der Zunge des **Stanley Glacier (3)**, 2420 m. Anschließend geht's zurück zum Bach, wobei wir uns jetzt vor der Überquerung vom Wäldchen ab nach links wenden, um auf der anderen Talseite hinabzusteigen. Etwa 15 Min. später passieren wir versteckte Wasserfälle im Fels und erreichen nach weiteren 5 Min. schroffe Höhlen. Der ausgetretene, steile Geröllpfad vor den Kavernen bringt uns nach 350 m zurück zum **Trailend (2)**, von dem aus wir den Rückweg antreten.

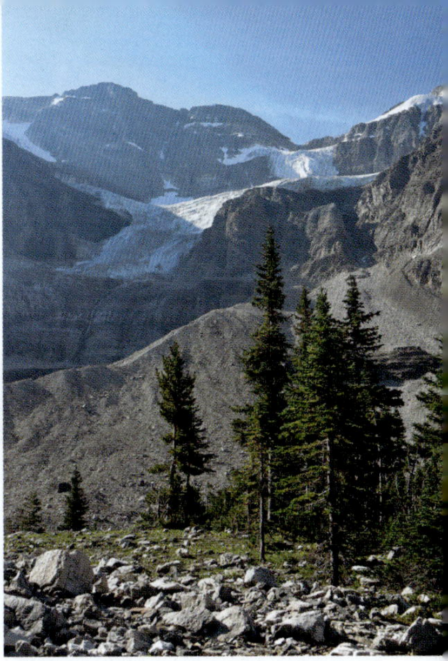

Auf dem Kamm der Seitenmoräne zum Fuße des Stanley Glacier.

Folgende Doppelseite: Yes! Das Gletschertal liegt uns bei strahlendem Wetter zu Füßen.

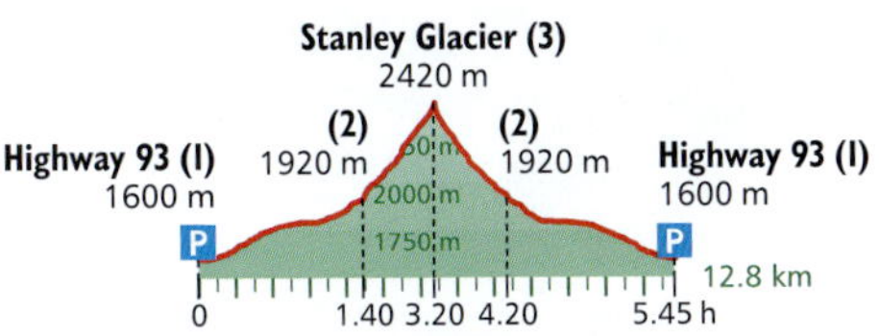

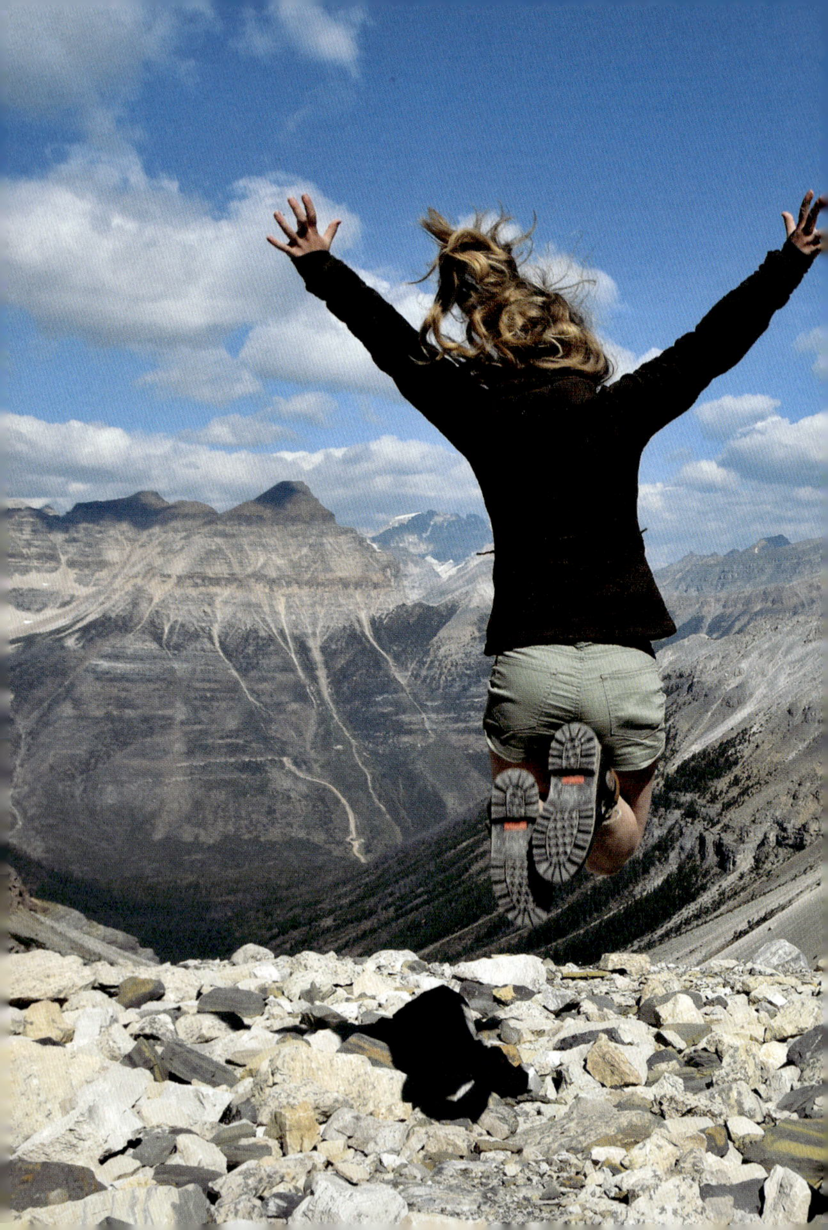

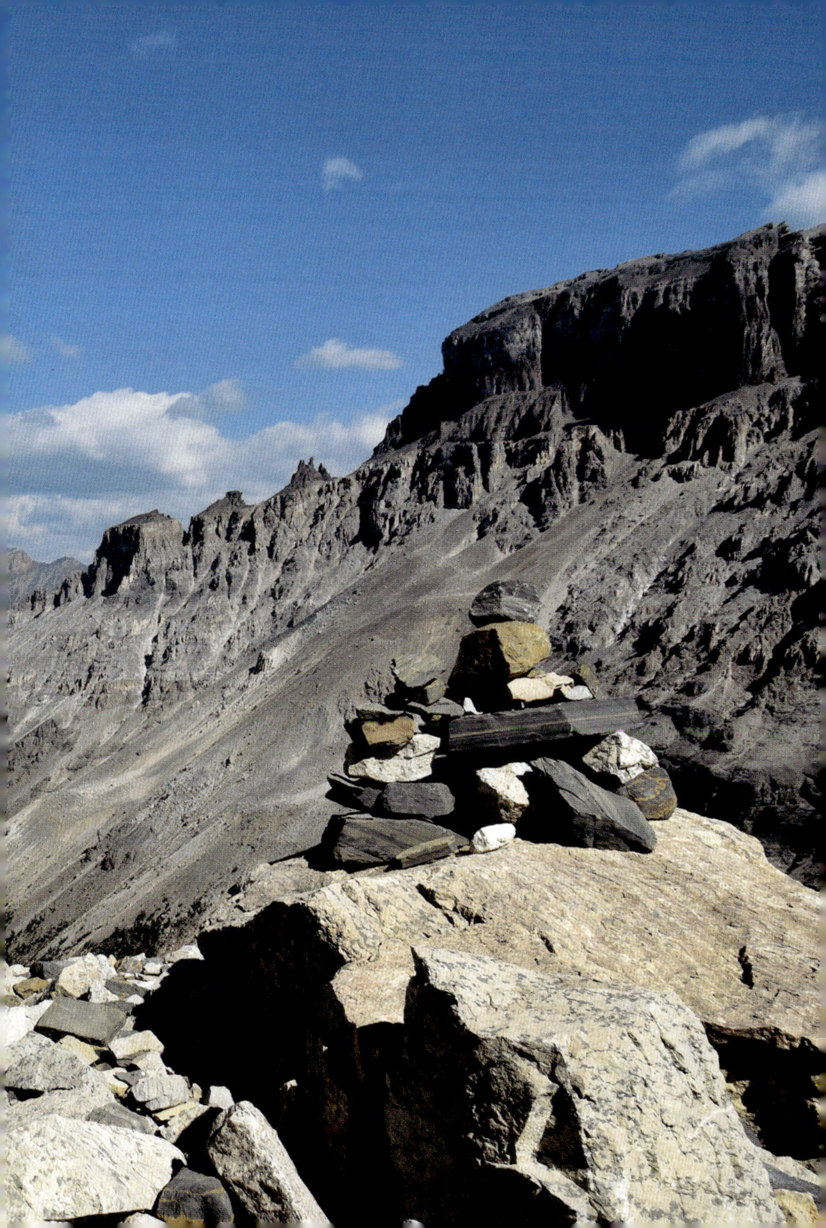

12 Bow Valley Highline Trail

4 Tage

Traumwanderung entlang der kontinentalen Wasserscheide

Im permanenten Auf und Ab führt dieser Track über mehrere von Lärchen bewachsene Pässe, die jeweils spektakuläre Aussichten auf die schneebedeckten Gipfel der Bergkette gewähren – vom markanten Mt. Assiniboine (3618 m) im Süden über den massiven Mt. Ball (3311 m) bis hin zum Storm Mountain (3161 m), an dessen Nordostflanke wir zurück in die »Zivilisation« gelangen. Zwischendurch verwöhnen uns Bergseen mit ihrer zauberhaften Kulisse.

Ausgangspunkt: Sunshine Ski Village, Gondel-Bergstation, 2200 m. Von der Talstation mit Gondel, Shuttlebus oder zu Fuß auf dem knapp 6 km langen, eintönigen Zufahrtsweg hinauf. Zur Talstation: 8 km westlich von Banff auf dem Transkanada Highway in die 9 km lange Sunshine Village Road abzweigen und ihr bis zum Ende folgen.
Endpunkt: Parkplatz Vista Lake Viewpoint am Highway 93, 8 km westlich von Castle Junction.
Transfer: Zum Ausgangspunkt: Von Banff zur Talstation fährt der kostenlose, reservierungsfreie Sunshine-Banff-Shuttlebus (Tel. +1 403 705 4000, www.banffsunshinemeadows.com/hours-directions). Vom Endpunkt gibt es keine öffentlichen Verkehrsmittel, Rückfahrt also im Voraus planen (z. B. Taxi oder zwei Fahrzeuge).
Höhenunterschied: Anstieg: 2060 m, Abstieg: 2570 m.
Anforderungen: Meist gut zu begehende Bergpfade durch bewaldete Täler und Hänge. Die Pässe liegen im alpinen Gelände, wobei der Pfad des Whistling Pass auf der Nordseite einer Geröllschlitterpartie gleicht und bis in den Sommer hinein mit einem abschüssigen Schneefeld bedeckt ist. Der steile Abstieg vom Arnica Lake zum Vista Lake durch Kiefernwald erweist sich als Knieschinder.
Einkehr: Restaurants und Cafés der Bergstation Sunshine Ski Village zu Beginn der Tour. Ansonsten nur bei Übernachtung in der Shadow Lake Lodge.
Unterkunft: Sunshine Mountain Lodge am Ausgangspunkt (Tel. +1 403 705 4000, www.sunshinemountainlodge.com). Egypt Lake Shelter (über Parks Canada, Tel. +1 519 826 5391, www.pc.gc.ca/en/pn-np/ab/banff/activ/arrierepays-backcountry/suggestions-ideas/egypt). Shadow Lake Lodge (Tel. +1 403 678 3200, www.shadowlakelodge.com). Backcountry Campingplätze (Parks Canada, Tel. +1 519 826 5391, www.pc.gc.ca/banff-backcountry).
Varianten: (1) Die Übernachtung am Healy Creek kann auch weggelassen werden (dann 3-tägige Tour). Mit Übernachtung bleibt aber mehr Zeit für die Sunshine Meadows und die Egypt Lakes. (2) Aufstieg auf den Copper Hill vom Gibbon Pass. (3) Es gibt drei weitere Zu-/Ausstiege, von Süden beginnend: (a) Healy Creek Trail, (b) Redearth Creek Trail vom Shadow Lake, (c) Altrude Creek Trail von den Twin Lakes. (4) Man kann die Runde erweitern und die Sunshine Meadows einschließen (Tour 13). (5) Zum hervorragenden 8-tägigen Treck in Verbindung mit Citadell Pass und Mt. Assiniboine verlängerbar (Tour 15). (6) Der Arnica Lake ist als anstrengende Tageswanderung ein schönes Ziel.
Hinweis: Während die Sunshine Meadows und Egypt Lakes sehr populäre Ziele sind, wird es in nördliche Richtung viel einsamer. Rechtzeitige Buchung der Backcountry Campingplätze empfiehlt sich.
Karten: 082N04 & 082N01 (NRC); Banff Egypt Lake (Gem Trek).

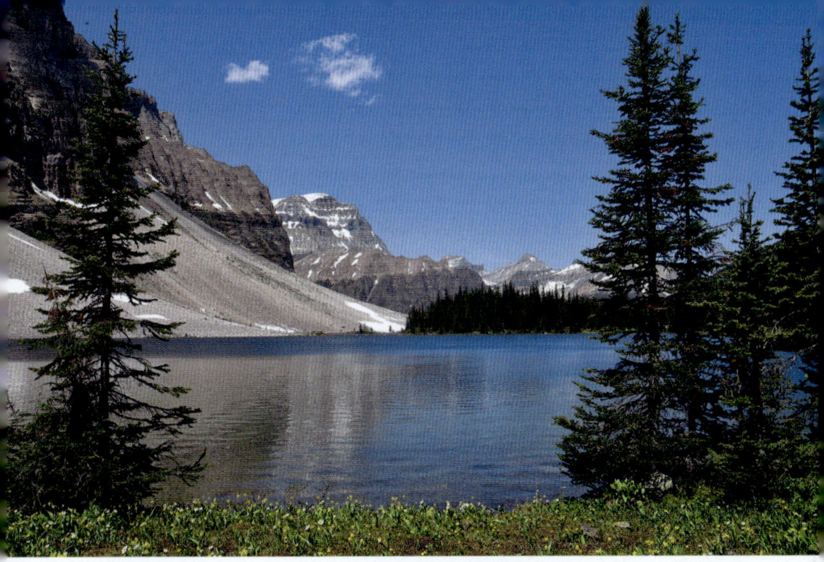

Malerisches Bergland am Haiduk Lake im Banff Nationalpark.

Vom Lift am **Sunshine Ski Village (1)**, 2200 m, starten wir neben dem kleinen Häuschen der Feuerwache auf dem breiten Twin Cairns Meadow Park Trail hinauf. Nach etwa einer halben Stunde halten wir nach der Liftstation an der Gabelung des Sunshine Loops geradeaus auf den Bergsattel zu. Richtung Norden steigen wir nun in mit Lärchen durchsetztem Wald bergab und wandern unterhalb der links aufragenden Felskante eine gute Stunde bis zum Grenzstein, an dem der Pfad rechts abknickt. Wenige Minuten später stehen wir auf der satten Bergwiese des **Simpson Pass (2)**, 2135 m, von bewaldeten Hängen umringt. Wer die nächste Übernachtung erst bei den Egypt Lakes geplant hat, kann an dieser Stelle den Schildern geradeaus folgen und gelangt nach 2 km auf die zusammenführende Wegscheide. Ansonsten hier scharf rechts abzweigen und auf wildem Waldpfad hinab Richtung Sunshine Village Talstation.

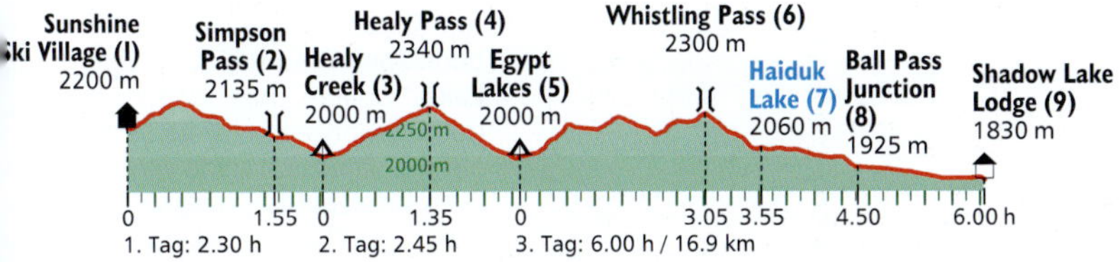

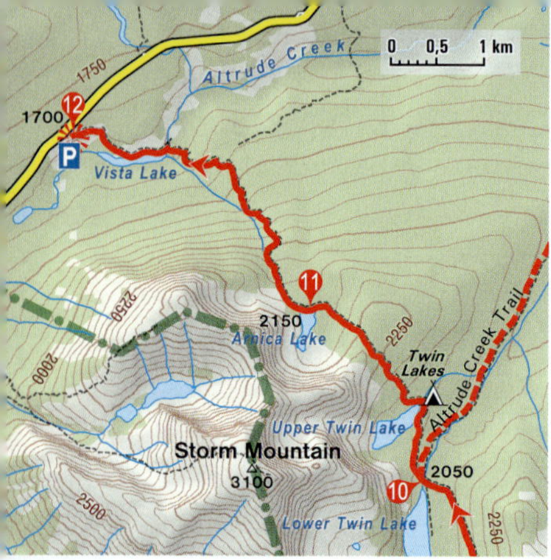

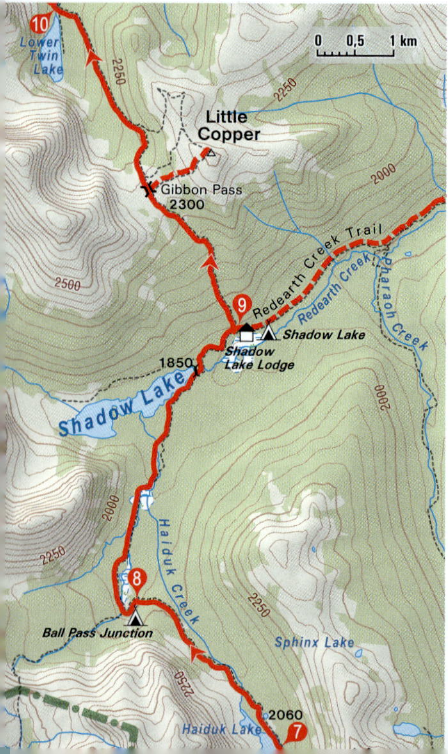

Eine halbe Stunde später steht man vor einem Bachlauf, der mit dem Weg zu verschmelzen scheint. Sich rechts haltend, findet man ihn wieder und gelangt zu einer Brücke. Diese überquerend, stoßen wir anschließend auf den breiten Healy Creek Trail. Knappe 500 m weiter rechts liegt der **Healy Creek Campground (3)**, 2000 m.

Diesen steilen Wurzelweg wandern wir am Folgetag hinauf. Nach 1,8 km, im Hochtal der pinkfarbenen Castelleja angelangt, biegen wir an der oben genannten Wegscheide rechts ein und schlängeln uns sacht zum **Healy Pass (4)**, 2340 m, hinauf. Vor uns liegen nun die Egypt Lakes eingebettet in die Gipfel der Ball Range. Kurz nachdem wir die Rangerhütte durch die Bäume erspähen, zweigen wir an der Gabelung links ab. An der darauffolgenden Brücke halten wir uns rechts, überqueren diese und kommen am **Egypt Lakes Campground (5)**, 2000 m, an. Nachmittags lohnt ein Abstecher zum Egypt Lake: Wir folgen dem Pfad am Campingplatz hinauf, von dem etwa 500 m später der Stichweg zum See links abzweigt.

Am dritten Morgen nehmen wir denselben Pfad Richtung Egypt Lake, halten uns jedoch auf dem Hauptweg und steigen im steilen Zickzack eine knappe Dreiviertelstunde bergan. Auf dem geröllige Plateau führt

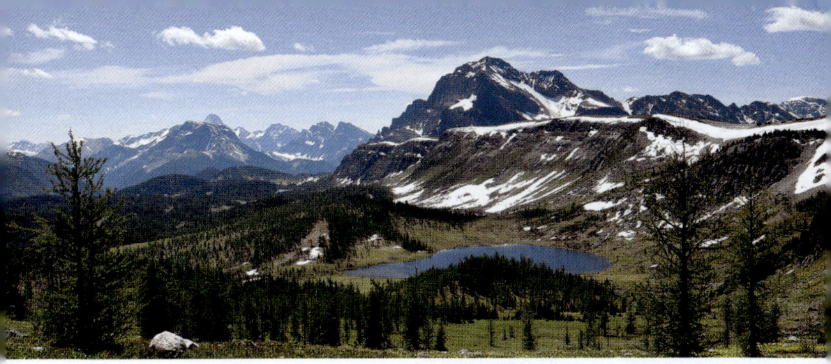

Das offene Hochtal der Sunshine Meadows beheimatet Lärchen und Grizzlys.

links ein schmaler Pfad hinab zum Scarab Lake und über dessen Ablauf weiter hinauf zum kargen Mummy Lake. Wieder zurück auf der Hauptroute, erreichen wir nach 1,5 km den **Whistling Pass (6)**, 2300 m, der seinen Namen den vielen hier lebenden Murmeltieren verdankt. Durch Geröll – und je nach Jahreszeit auch Schneefelder – steigen wir durch die Engstelle steil ins lärchenbewachsene Tal und von da an leicht abschüssig im Wald hinab. Nach etwa 1,6 km, wenn der Weg sich links um die Steilhänge des Haiduk Peak (2920 m) zu winden scheint, ist besondere Aufmerksamkeit erforderlich. Man kann den Trampelpfaden nach links durch mit Bächen durchzogene Feuchtwiesen bis ans geröllige Südende des **Haiduk Lake (7)**, 2060 m, folgen. Der zielführende Whistling Valley Trail aber, ein stellenweise schmaler

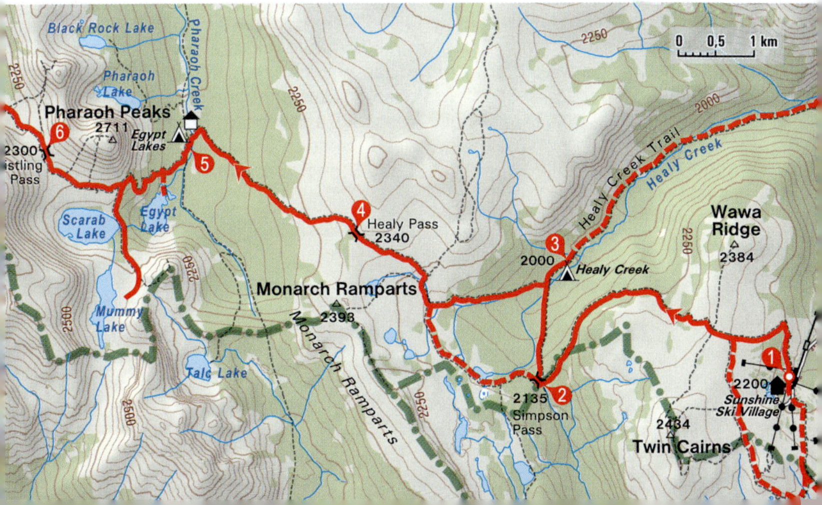

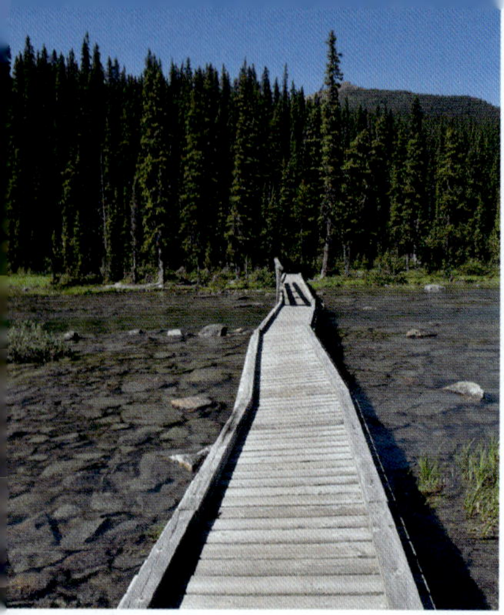

Oben: Auf dem Steg gelangt man trockenen Fußes über den Ablauf des Shadow Lake.
Rechts: Mount Ball thront strahlend über dem himmelfarbenen Shadow Lake.

und schwer erkennbarer Erdpfad, führt schräg rechts/geradeaus zum See und an seinem nassen Ostufer vorbei hinüber zur Feuchtwiese. Nach einer guten Stunde verlassen wir das bewaldete Whistling Valley auf dem nach Westen schwenkenden Pfad. Er führt direkt Richtung Ball Pass. Bereits wenige Hundert Meter später jedoch zweigen wir an der am Campingplatz liegenden **Ball Pass Junction (8)**, 1925 m, rechts nach Nordosten ab und wandern eine weitere gute Stunde zwischen Wald und Weiden zu Füßen des Mt. Ball zum beeindruckenden Shadow Lake, 1850 m. Wir halten uns rechts und folgen dem Erdweg einen Kilometer zur **Shadow Lake Lodge (9)**, 1830 m. Wenige Hundert Meter weiter in östlicher Richtung liegt ein Backcountry-Zeltplatz. Unser vierter Tag beginnt mit einem Steilanstieg, der direkt oberhalb der Lodge nach Norden abzweigt. Oben am Gibbon Pass angekommen, verläuft der weitere Pfad am Kamm im Wald entlang seicht hinab zum knapp 3 km entfernten **Lower Twin Lake (10)**, 2050 m. An der Gabelung halten wir uns geradeaus und gehen hinauf zum 800 m entfernten Zwilling. Nach einer etwa einstündigen Wanderung über die waldreiche, östliche Bergschulter des Storm Mountain (3161 m) erreichen wir den schönen **Arnica Lake (11)**, 2150 m. Es folgt der extrem steile Abstieg auf sandigem Pfad durch jungen Kiefernwald hinab zum 3,5 km nördlich liegenden Vista Lake. Da ist der letzte halbstündige Anstieg zum **Vista Lake Viewpoint (10)**, 1700 m, am Highway 93 wahrlich eine Wohltat.

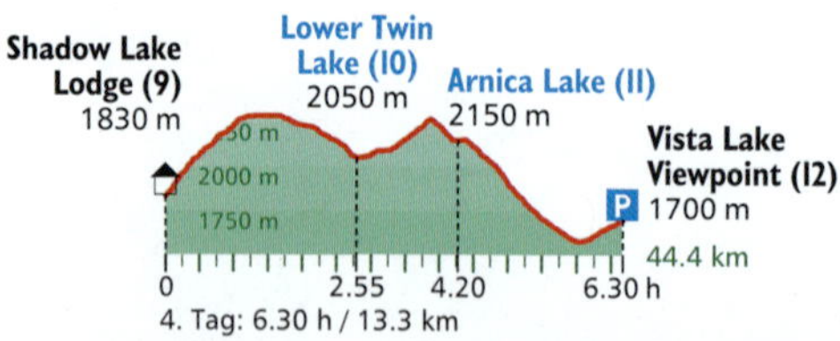

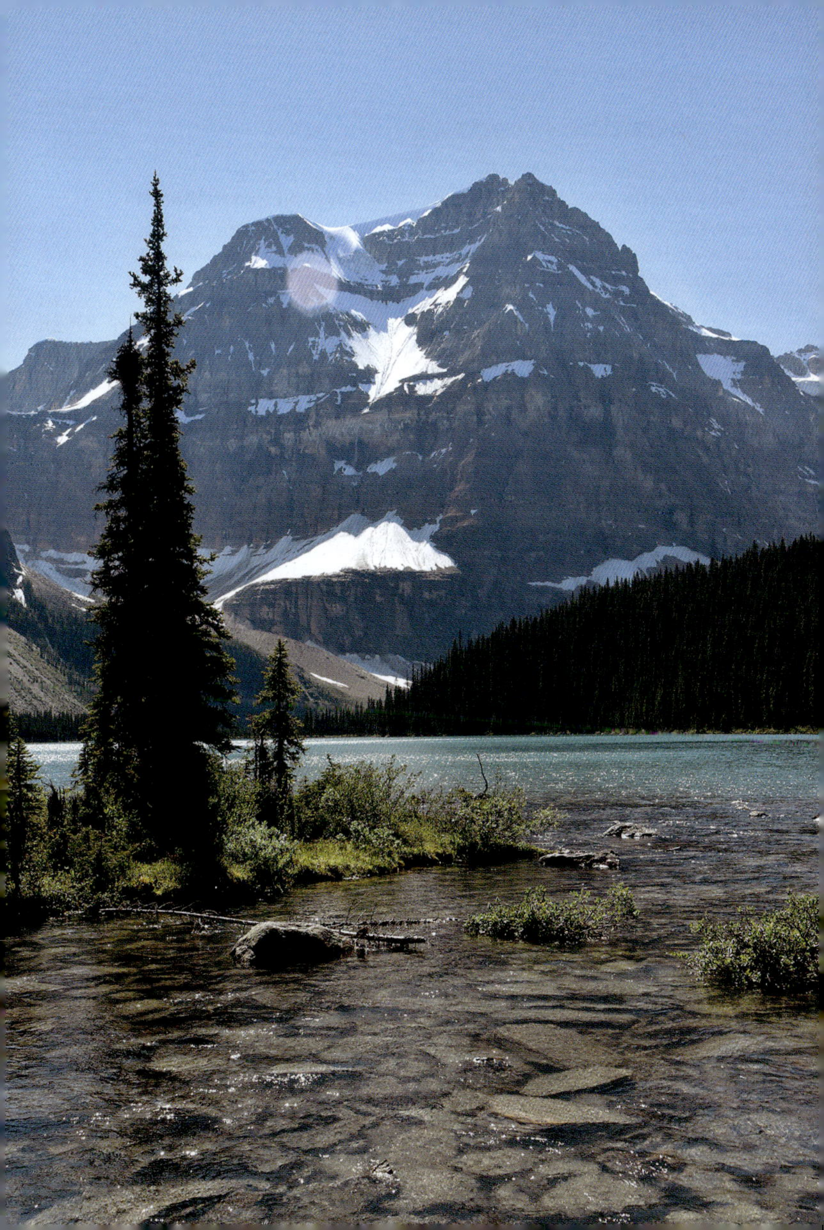

13 Sunshine Meadows

2.30 Std.

Spaziergang über weitläufige Tundrawiesen mit Panoramablick

Ein beliebter Tagesausflug in erstklassigem Bergpanorama zu zarten, subalpinen Höhenwiesen, die ohne alpine Geschicklichkeit oder zehrende Aufstiege einfach per Gondel erreicht und erlebt werden können.

Ausgangspunkt: Sunshine Ski Village, Gondel-Bergstation, 2200 m. Von der Talstation entweder mit Gondel, Shuttlebus oder zu Fuß auf dem knapp 6 km langen, eintönigen Zufahrtsweg. Zur Talstation: 8 km westlich von Banff auf dem Transkanada Highway in die 9 km lange Sunshine Village Road abzweigen und ihr bis zum Ende folgen.
Transfer: Von Banff zur Talstation fährt der kostenlose und reservierungsfreie Sunshine-Banff-Shuttlebus (Tel. +1 403 705 4000, www.banffsunshinemeadows.com/hours-directions).
Höhenunterschied: 270 m.
Anforderungen: Leichte Wanderung im subalpinen Terrain, teilweise morastig. Sehr viel begangen.
Einkehr: Restaurants & Cafés sowohl auf der Berg-, als auch in der Talstation.
Unterkunft: Sunshine Mountain Lodge (Tel. +1 403 705 4000, www.sunshinemountainlodge.com) am Ausgangspunkt.
Varianten: (1) Der Höhenrundweg kann erweitert werden über den Grizzly und Larix Lake (3,5 km). (2) Zur Ganztagestour erweiterbar, indem man am Nordabzweig links hinauf zum Bergsattel wandert und dem Simpson Pass Trail bis zum gleichnamigen Pass im Nachbartal folgt, dort hinab zum Healy Creek steigt und auf dem 6 km langen Waldweg zur Talstation Sunshine Village läuft (10 km länger).
Karten: 082N04 (NRC); Banff Egypt Lake (Gem Trek).

Der Rock Isle Lake lädt mit seiner besonderen Gestalt jede Kamera zum »Photoshoot« ein.

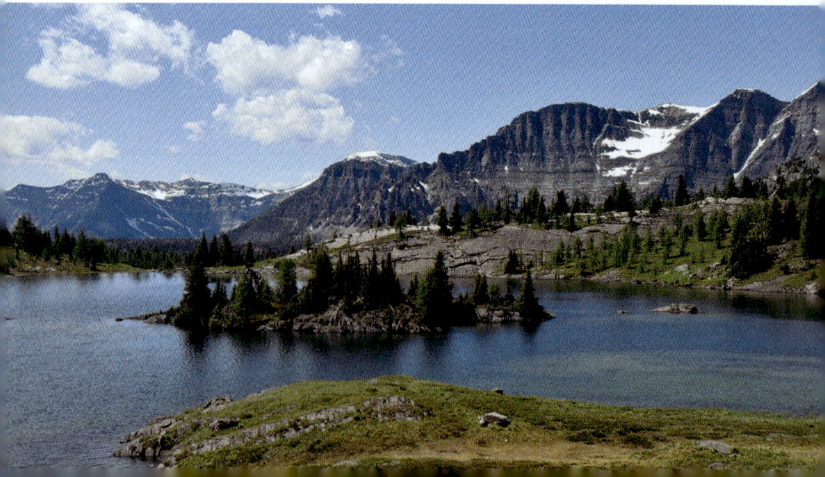

Vom Lift am **Sunshine Ski Village (1)**, 2200 m, links haltend auf dem breiten Pfad an der Mountain Lodge vorbei, wandern wir in einer knappen halben Stunde zur 100 m höher gelegenen, kontinentalen Wasserscheide und Parkgrenze. Nach einem kurzen Stück hinab, schwenken wir im weiten Tundra-Gelände an der Gabelung zum Citadel Pass rechts ein und erreichen 5 Min. später den Aussichtspunkt am malerischen **Rock Isle Lake (2)**, 2290 m. Folgen wir dem Höhenweg 250 m weiter, so zweigt links der separate Rundweg zum Grizzly und Larix Lake ab, welcher im Frühsommer oft zum Schutze der fragilen Flora geschlossen ist.
Wir steigen geradeaus 5 Min. hinauf, genießen den Weitblick in der Aussichtsnische links und gelangen über den sofort darauffolgenden rechten Abzweig zum steilen Abstecher hinauf auf die Standish Ridge. Zurück auf dem Rundweg bummeln wir durch lichten Lärchenwald und auf der hügeligen, weit ausgeschnittenen und mit subalpiner Blumenpracht versehenen Hochfläche 30 Min. nach Norden. Am Abzweig Richtung Healy Pass wenden wir uns rechts hinab zurück zum **Ausgangspunkt (1)**.

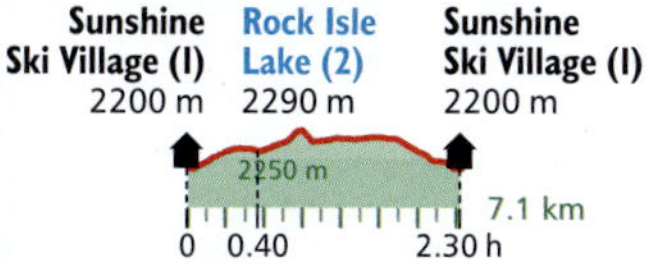

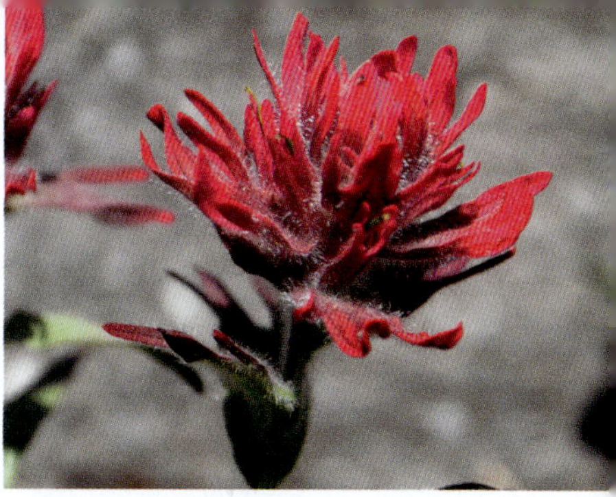

Castilleja-Arten sorgen für bunte Farbtupfer in der alpinen Landschaft.

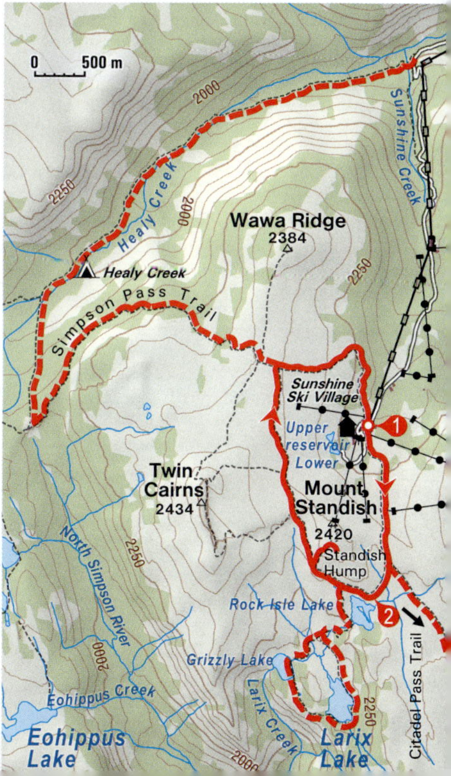

14 Mount Bourgeau, 2931 m

9.00 Std.

Über kleine Gebirgsseen zum großartigen Gipfelpanorama

Auf dieser ausgiebigen, unkomplizierten Tagestour durchwandert man fast alle Vegetationszonen der Rockies: vom montanen Drehkiefernwald über das in Tundra-Vegetation eingebettete Talende des Wolverine Creek hinauf bis zum gerölligen Gipfel. Er ist benannt nach dem Botaniker der Palliser-Expedition, Eugène Bourgeau, der lieber Pflanzen sammelte als auf dem Pferderücken das weitere Gebirge zu erkunden. Ein einfacher Gipfelaufstieg mit unvergleichlichem Weitblick über die Rockies.

Ausgangspunkt: Parkplatz »Bourgeau Lake« am Transkanada Highway, 1440 m. Knapp 12 km westlich von Banff auf der Westseite, kurz nach dem Exit zum Sunshine Village. Von beiden Seiten des Highways zugänglich.
Höhenunterschied: 1500 m.
Anforderungen: Bis zum Bourgeau Lake problemloser, gut markierter Wanderweg. Der Aufstieg zum Harvey Pass und Gipfel führt über schwach ausgeprägte Pfade in teilweise steilem, losem Geröll, sodass absolute Trittsicherheit und Schwindelfreiheit erforderlich sind.
Einkehr: Keine.
Karten: 082O04 (NRC); Banff Egypt Lake (Gem Trek).

Am Ende vom **Parkplatz Bourgeau Lake (1)**, 1440 m, gelangen wir über eine Treppe durch ein Metalltor auf den Wanderweg. Der Metallzaun in diesem Bereich des Trans-Canada-Highways sorgt dafür, dass die Tierwelt die Autobahn nur durch die sicheren Unter- und Überführungen kreuzt.

Dickhornschafe fühlen sich im alpinen Gelände des Harvey Passes pudelwohl.

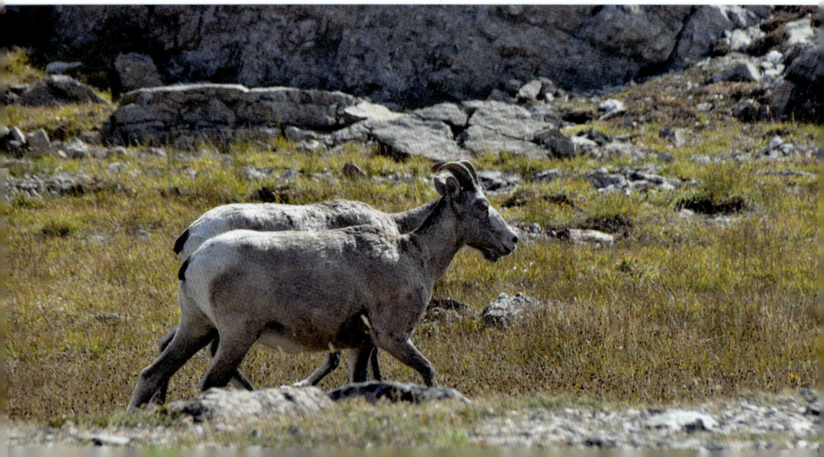

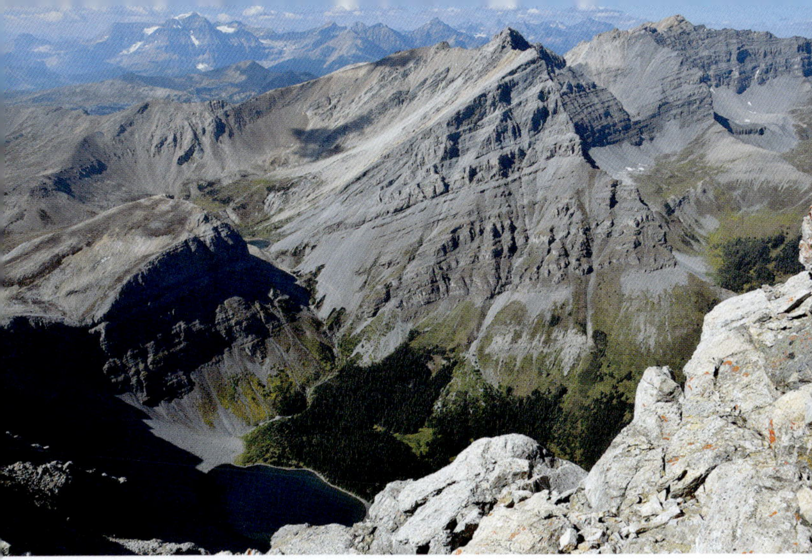

Der Aufstieg lohnt sich: Der Blick reicht vom Tal des Bourgeau Lake bis zum Gipfelpanorama der kontinentalen Wasserscheide am Horizont.

Der Weg windet sich 1,6 km langsam ansteigend durch den Wald. Sobald man das Bow Valley verlässt, verläuft der sich ebnende Waldweg links oberhalb des Wolverine Creek. Nach der Überquerung einer **Zulaufschneise (2)**, 1790 m, lichtet sich das Tal und gibt zunehmend Blicke auf die umliegenden Berge frei. Nach etwa 4,5 km stehen wir am kaskadenartigen Wasserfall, dem Ablauf des Bourgeau Lake an der Haupttalstufe. Diese wird nun rechter Hand in steilen Kehren erklommen. Oben angekommen, führt der ebene Pfad 700 m durch freies Gelände. Während der linke Pfad am Ab-

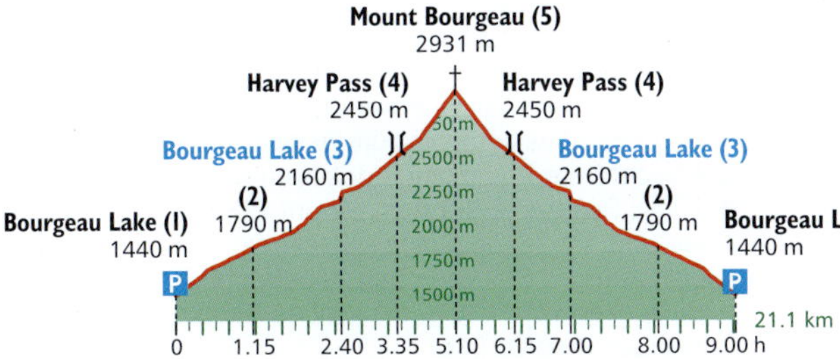

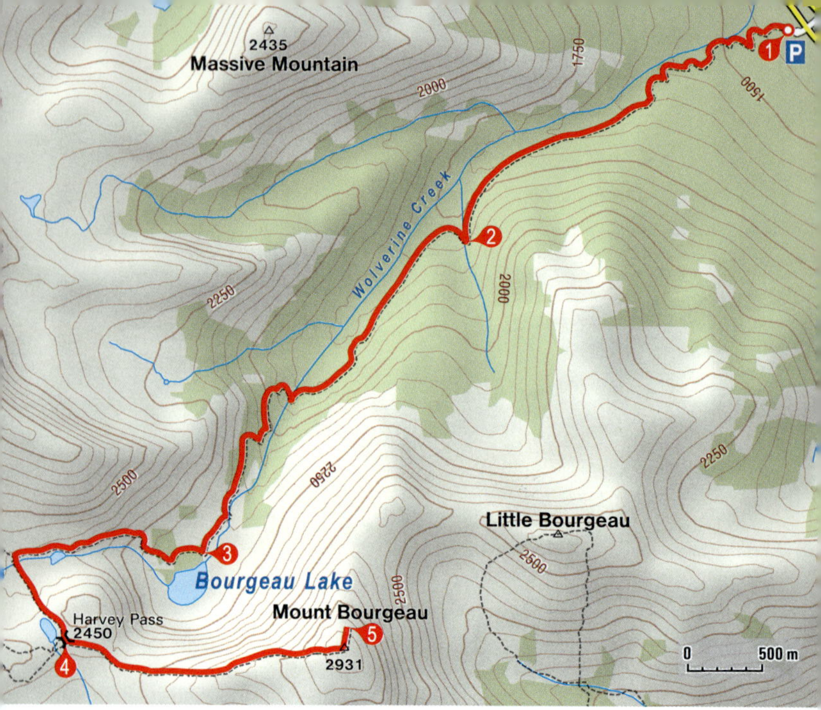

zweig zu einer Etappenpause direkt am **Bourgeau Lake (3)**, 2160 m, einlädt, führt der rechte Waldweg im Kargelände zu einer weiteren, zwischen Bergwänden eingeklemmten, schmalen Talschwelle, die auf einem engen Geröllpfad erstiegen wird. Anschließend gehen wir im kleinen Kesseltal rechts am See vorbei auf die dahinterliegende Schwelle in Richtung Talschluss und biegen nach Süden ab. Nach guten 10 Min. Aufstieg grüßt das klare Wasser des Harvey Lake, das sich in einer Mulde direkt am **Harvey Pass (4)**, 2450 m, gesammelt hat. Erste exzellente Aussichten auf die Sunshine Meadows und den Mt. Assiniboine eröffnen sich.
Für den Gipfelaufstieg folgen wir linker Hand dem ausgetretenen Schotterpfad am Hang entlang, über das Joch bis zum Beginn des Steiges. Von hier führen mehrere gut begehbare Pfade längs des Kammes im teilweise losen Geröll steil bergauf. Das Panorama auf dem **Mount Bourgeau (5)**, 2931 m, über das Bow Valley und schneebedeckte Gipfelmeer entschädigt für alle Mühen. Um den gleichnamigen See von oben zu betrachten, kraxelt man mit der Wetterstation im Rücken vom Gipfel ein kleines Stück direkt nach Norden herunter. – Denselben Weg zurück.

4 Tage

Mount Assiniboine und Citadel Pass

15

Erstklassiger Track zum außergewöhnlichsten Gipfel der Rockies

Der Mount Assiniboine ist bei Weitem der spektakulärste Berggipfel und gilt als Matterhorn der kanadischen Rockies. Da er außerhalb der Nationalparkgrenzen im für den Straßenverkehr unzugänglichen BC Provinzpark liegt, gelangt man nur per Helikopter oder per pedes im Zweitagesmarsch durch eine absolut reizvolle und unberührte Berglandschaft dorthin.

Ausgangspunkt: Mt. Shark Trailhead, 1760 m. Von Canmore knapp 40 km auf dem 742er Smith-Dorrien/Spray Trail bis zur Mt. Engadine Lodge und an der dortigen Kreuzung rechts in die Kiesstraße zum Ausgangspunkt weitere gut 5 km.
Endpunkt: Sunshine Ski Village, Gondel-Bergstation, 2200 m. Zur Talstation entweder per Gondel, Shuttlebus oder auf dem knapp 6 km langen eintönigen Zufahrtsweg.
Transfer: Kein ÖPNV vom End- zum Ausgangspunkt. (1) Zum Ausgangspunkt fährt kein ÖPNV, Taxi von Canmore möglich oder man plant mit 2 Fahrzeugen. (2) Von der Sunshine Village Talstation nach Banff fährt der kostenlose und reservierungsfreie Sunshine-Banff-Shuttlebus (Tel. +1 403 705 4000, www.banffsunshinemeadows.com/hours-directions). (3) Zur Assiniboine Lodge Helikoptereinflug (auch nur Gepäcktransport möglich): über Mt. Assiniboine Lodge.
Höhenunterschied: Anstieg: 1750 m, Abstieg: 1310 m.
Anforderungen: Tagesetappen können wegen des breiten Angebots an Backcountry-Campingplätzen verschieden variiert werden. Bis zu den ersten Campingplätzen Bryant Creek/Marvel Lake einfache Waldwanderung auf breiten Wegen. Der sanfte Zustieg zum Wonderpass erfolgt quer über einen Hang am Marvel Lake und erfordert Schwindelfreiheit. Der Aufstieg zum Wonder Pass gestaltet sich äußerst steil und ist mit schwerem Backpack ziemlich kräftezehrend. Im Tal des Mt. Assiniboine, über die Wiesen bis zum Og Lake erwarten uns schmale, oft sumpfige Pfade, teils über Holzbohlen. Der zweite schwierige Teil beginnt im Valley of the Rocks – eine kleine, lang gestreckte Achterbahn zwischen riesigen Felsbrocken –, führt quer über einen extrem abschüssigen Wiesen-

Die Ranger haben es äußerst komfortabel: eine bildschöne Blockhütte mit Kamin, Pferdekoppel und stets einer unvergleichlichen Aussicht.

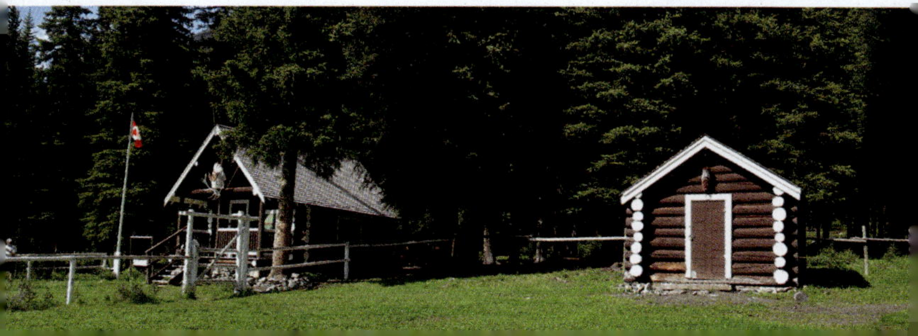

steilhang, der absolute Trittsicherheit und Schwindelfreiheit verlangt (Trekkingstöcke sind hier sehr vorteilhaft), und gipfelt im wadenbeißenden Aufstieg zum Citadell Pass. Die letzte Strecke über ausgetretene Erdpfade im Hochland ist wieder entspannt.
Einkehr: Assiniboine Lodge (s. u.).
Unterkunft: Mount Engadine Lodge (Tel. +1 587 807 0570, https://mountengadine.com) an der Zufahrtsstraße 5 km vor dem Ausgangspunkt. Assiniboine Lodge (Tel. +1 403 678 2883, www.assiniboinelodge.com). Naiset Huts (über Lodge). Backcountry Camping: (1) Im Assiniboine Provinzpark sind die Plätze am Og Lake and Magog Lake zwingend zu reservieren (www.env.gov.bc.ca/bcparks/explore/parkpgs/mt_assiniboine), (2) im Banff Nationalpark (Parks Canada) empfiehlt sich aufgrund hoher Nachfrage eine rechtzeitige Reservierung (Tel. +1 519 826 5391, www.pc.gc.ca/banff-backcountry).
Varianten: (1) Je nach Transferoptionen kann man diese Streckenwanderung zu einer Rundtour wandeln und zum Ausgangspunkt (Mount Shark Day Use Area) zurückkehren. Wenn man vom Sunshine Village startet, kann man auch dorthin zurückwandern. (2) Ein konditionell weniger fordernder, aber aussichtsarmer Zustieg aus südlicher Richtung ist der meist bewaldete Weg über den Assiniboine Pass. 4 km vor dem Pass umgeht der rechts abzweigende Hikers Bypass Trail den von Pferden stark benutzten Hauptweg bis zum Pass. (3) In Kombination mit der Besteigung des Nub Peak (Tour 16) und dem Bow Valley Highline Trail (Tour 12) zu einer 8-tägigen Traumtour ausbaubar.
Hinweis: Zwischen Og Lake und Howard Douglas Campground meist kein Frischwasser – entsprechend planen.
Tipp: Keinesfalls entgehen lassen sollte man sich den auch für Camper angebotenen nachmittäglichen Tee in der historischen Lodge. Sie liegt im Herzen des Parks zu Füßen des stolzen Karlings und wird seit Generationen von der Familie des charismatischen Schweizer Bergführers der ersten Stunde, Sepp Renner, geführt.
Karten: 082J13, 082J14 & 082N04 (NRC); Banff Egypt Lake & Canmore and Kananaskis Village (Gem Trek), Banff & Mt. Assiniboine (Gem Trek, 1:100.000).

Einsames Flusstal am Fuße des nach einem Kartografen benannten Mt. Cautley.

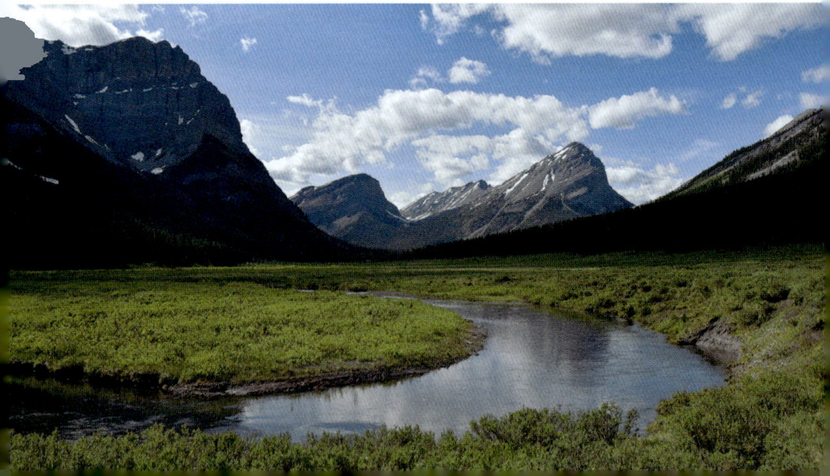

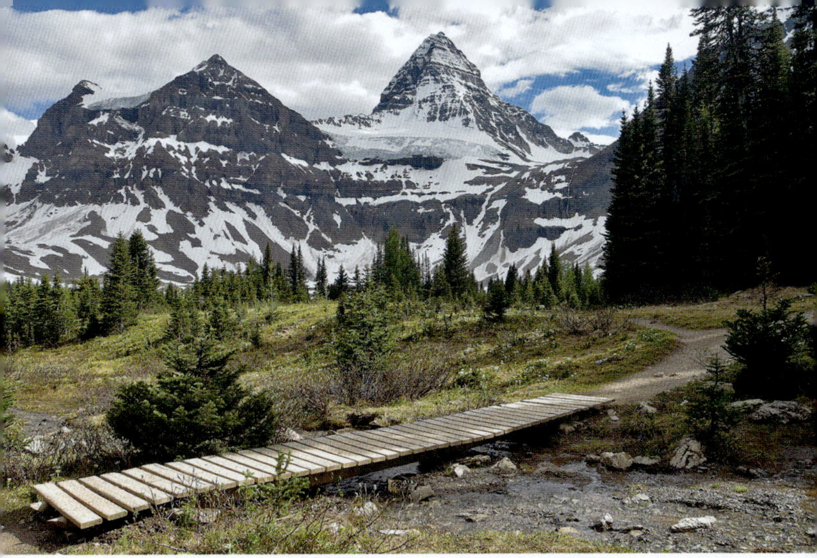

Auf Stegen gelangt man über Bäche und Feuchtwiesen am formschönen Mt. Assiniboine.

Vom großen Parkplatz am **Mount Shark Day Use (1)**, 1760 m, gehen wir – vorbei an der Informationstafel – hinab und schwenken gleich anschließend in den breiten Kiesweg ein. Im Gewirr sommerlicher Loipen bleiben wir auf dem relativ gleichmäßig nach Südwesten gerichteten Weg und folgen zu Beginn der Beschilderung zum Watridge Lake. Nach etwa einer Dreiviertelstunde bleiben wir jedoch am unmarkierten Abzweig auf dem Hauptwaldweg geradeaus und erreichen eine halbe Stunde später die Brücke über den Zulauf des **Spray Lakes Reservoir (2)**, 1720 m. Wir halten uns rechts und gelangen knapp 10 Min. später über die Brücke des Bryant Creek, nach der wir uns links auf den etwa 6 km langen, bis auf geringfügige Anstiege ebenen Waldweg begeben. Beim scharfkantigen Geröllfeld biegen wir am Abzweig Richtung Marvel Lake links ab. Es lohnt jedoch auf jeden Fall ein kurzer Abstecher geradeaus zur malerisch gelegenen Ranger Cabin im Tal des mäandernden Bryant Creek (von dort links durch die saftigen Matten und auf schmalem Waldpfad erreicht man den Wonder Pass Trail). Nach dem regulären Abzweig an der Steinhalde also links zum Campingplatz **BR13 Marvel Lake (3)**, 1800 m.

Am nächsten Morgen folgen wir dem Waldpfad weiter nach Westen. Etwa eine knappe halbe Stunde später stehen wir am Ufer des Marvel Lake, hinter dem der schneebedeckte Eon Mountain (3338 m) aufragt. Nun geht's rechts hinauf zum Wonder Pass Trail, auf den wir knapp 10 Min. später links ein-

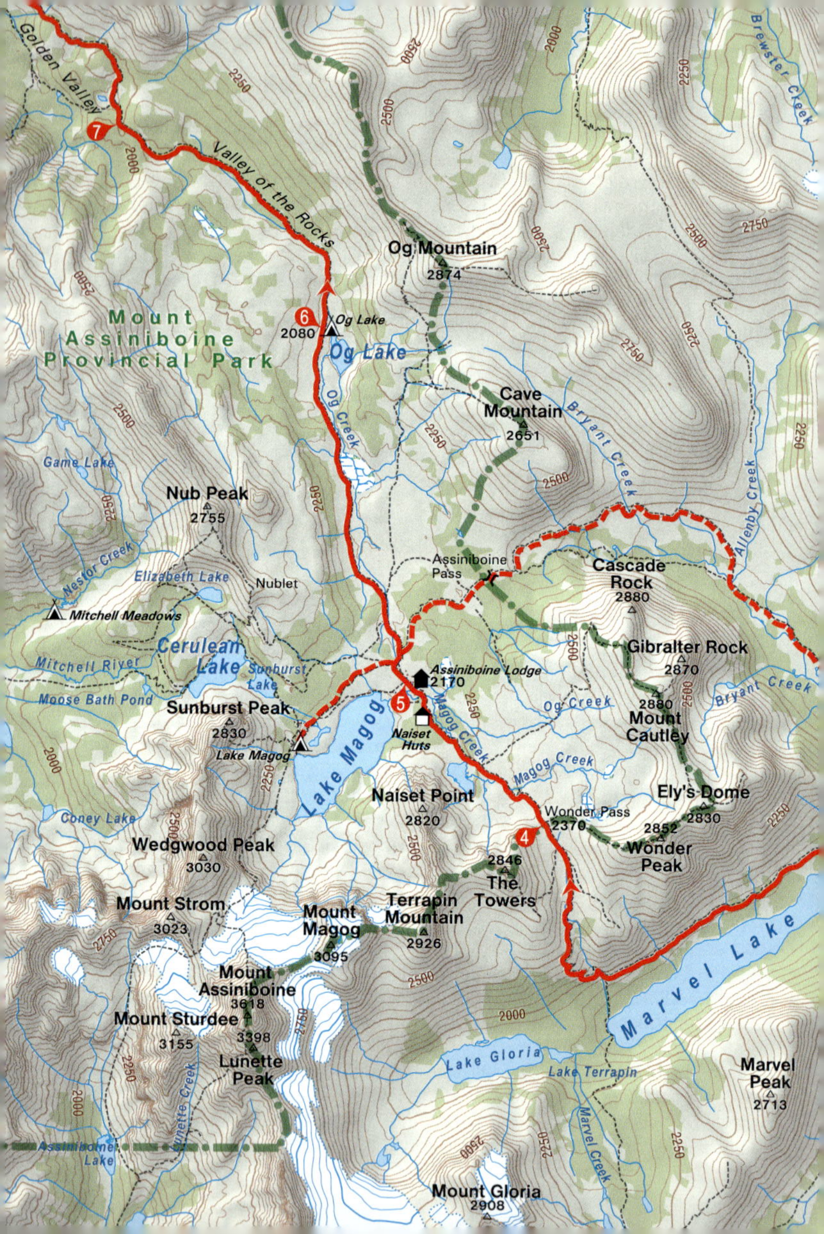

Golden Valley
Valley of the Rocks
Og Mountain
2874
Og Lake
2080
Mount Assiniboine Provincial Park
Og Creek
Cave Mountain
2651
Bryant Creek
Allenby Creek
Brewster Creek
Game Lake
Nub Peak
2755
Nestor Creek
Elizabeth Lake
Nublet
Mitchell Meadows
Assiniboine Pass
Cascade Rock
2880
Cerulean Lake
Mitchell River
Sunburst Lake
Moose Bath Pond
Gibralter Rock
2870
Assiniboine Lodge
2170
Magog Creek
Og Creek
Sunburst Peak
2830
Naiset Huts
2880
Mount Cautley
Lake Magog
Coney Lake
Naiset Point
2820
Ely's Dome
2830
Wonder Pass
2370
2852
Wonder Peak
Wedgwood Peak
3030
2846
The Towers
Mount Strom
3023
Terrapin Mountain
2926
Mount Magog
3095
Marvel Lake
Mount Assiniboine
3618
Mount Sturdee
3155
3398
Lunette Peak
Lunette Creek
Lake Gloria
Lake Terrapin
Marvel Peak
2713
Marvel Creek
Assiniboine Lake
Mount Gloria
2908

schwenken. 4,5 km verläuft der in leichtem Auf und Ab ansteigende Bergpfad am Südhang des Wonder Peak zwischen Wald und bunten Blumenwiesen, die herrliche Aussichten auf den Marvel Lake in traumhafter Bergkulisse eröffnen. Nach reichlich 1.30 Std. beginnt nun der atemberaubende Steilaufstieg zum **Wonder Pass (4)**, 2370 m. Und noch immer vom majestätischen Karling keine Spur! So geht's auf der anderen Seite durch einen lichten Lärchenwald ins von Seen und Bächen ausgefüllte, sagenhafte Hochtal hinab, am Gog Lake vorbei, auf Bohlenwegen durch weite Wiesen, bis man nach etwa einer Dreiviertelstunde die Naiset-Hütten mit ihren leuchtend roten Dächern erreicht. Wir zweigen rechts ab, gehen am großen Kochhaus vorbei und erreichen 600 m weiter die in Bilderbuchlage vor der Gipfelpyramide und dem Lake Magog positionierte **Assiniboine Lodge (5)**, 2170 m, in der man in urig-heimeligem Ambiente andächtig seinen Nachmittagstee genießen und vor gigantischem Panorama erstklassig nächtigen kann. Wer lieber zeltet, folgt den Hinweisschildern Richtung Lake Magog Campground und erreicht nach etwa 2 km den begehrten Platz im Wald.
Am dritten Tag halten wir uns im verzweigten Wegenetz dieser anmutigen Hochebene gen Norden an die gute Beschilderung Richtung Og Lake. Westlich der Lodge rechts abzweigen und jeweils an den Gabelungen zum Pass und zur Windy Ridge geradeaus, tendenziell links vorbei. Einen guten

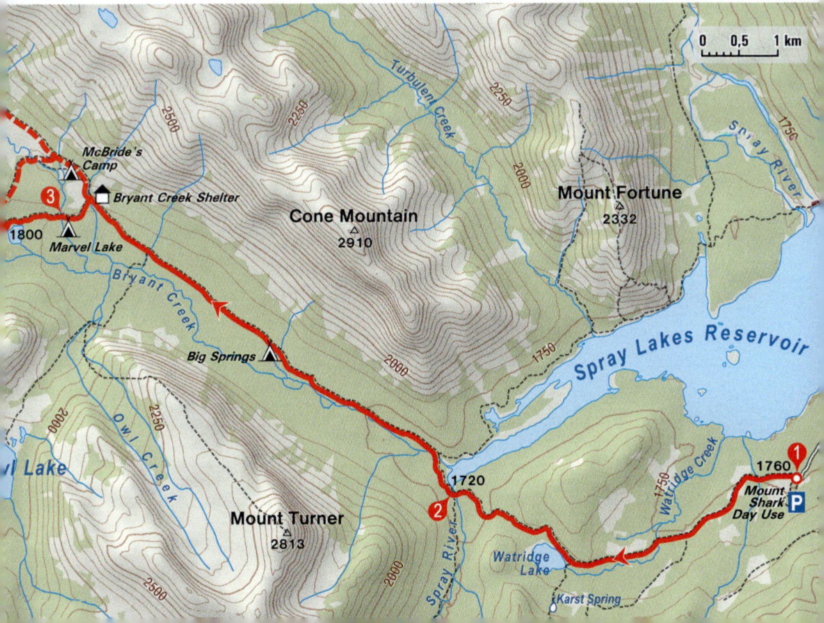

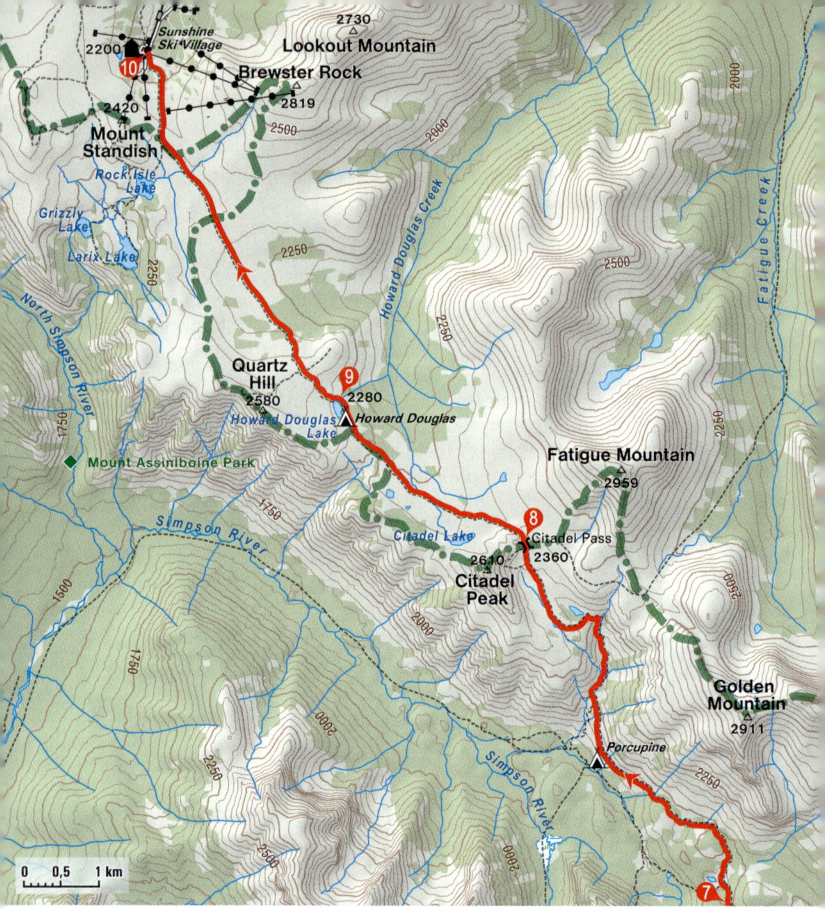
Sunshine Ski Village
2200
10
2730
Lookout Mountain
Brewster Rock
2819
2420
2500
Mount Standish
Rock Isle Lake
Grizzly Lake
Larix Lake
2250
2000
Howard Douglas Creek
Fatigue Creek
North Simpson River
2500
Quartz Hill
2580
9
2280
Howard Douglas Lake
Howard Douglas
1750
Mount Assiniboine Park
Fatigue Mountain
2959
8
Citadel Pass
2360
Citadel Lake
2610
Citadel Peak
Simpson River
1500
Golden Mountain
2911
Porcupine
7
0 0,5 1 km

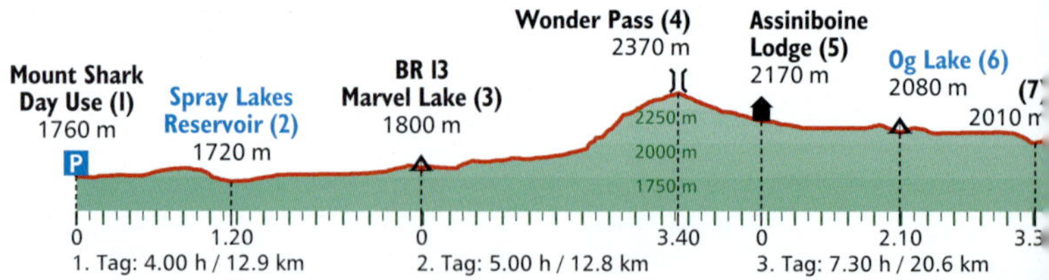
Mount Shark Day Use (1)
1760 m
Spray Lakes Reservoir (2)
1720 m
BR 13 Marvel Lake (3)
1800 m
Wonder Pass (4)
2370 m
Assiniboine Lodge (5)
2170 m
Og Lake (6)
2080 m
(7
2010 m
2250 m
2000 m
1750 m
0
1.20
0
3.40
0
2.10
3.3
1. Tag: 4.00 h / 12.9 km
2. Tag: 5.00 h / 12.8 km
3. Tag: 7.30 h / 20.6 km

Kilometer später wandern wir nach der Durchquerung einer kleinen Schlucht entspannt auf den riesigen O'Brien Meadows und erreichen über ein bewachsenes Geröllfeld nach 4 km den im Fluh eingebetteten **Og Lake (6)**, 2080 m. Hier ist die letzte Möglichkeit, vor der langen Durststrecke klares Wasser zu tanken. Anschließend schlängeln wir uns im permanenten Auf und Ab etwa 1.30 Std. durch das unwirtliche Valley of the Rocks, einen bewaldeten, steinigen Bergrutsch. Am **Abzweig im Golden Valley (7)**, 2010 m, wenden wir uns nach rechts und überqueren die kleine Bergschulter des Golden Mountain. An seiner steilen Westflanke wandern wir weiter, auf sehr schmalem, aussichtsreichen Wiesenpfad und beginnen nach einer reichlichen Stunde den schindenden Aufstieg zum **Citadel Pass (8)**, 2360 m. An der Gabelung unterwegs, die zum tiefer gelegenen Campingplatz führt, wenden wir uns rechts hinauf in die zum Pass leitende Schlucht. Über der Baumgrenze, oben im Kargelände am Joch angekommen, verläuft der 3,5 km lange, mehrteilige Rinnenpfad über die weite Hochebene zum idyllisch gelegenen Campingplatz am **Howard Douglas Lake (9)**, 2280 m.

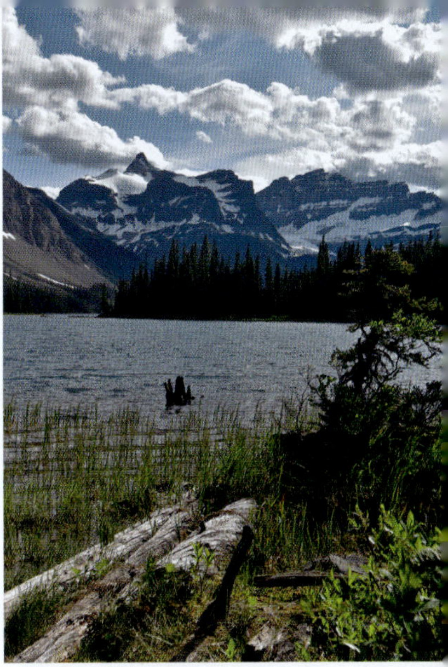

Das Ostufer des Marve Lake vor dem markanten Massiv des Eon Mountain.

Am letzten Tag dieser Traumtour schwingen wir uns am Ostufer entlang schräg links die Kuppe hinauf. An der Baumgrenze entlang, über bunte Alpenwiesen wandern wir reichliche 4 km über hügeliges Terrain zu den bei Tagesausflüglern beliebten Sunshine Meadows. Sobald linker Hand der Rock Isle Lake in der Ferne glitzert, ist die Kreuzung nicht mehr weit, an der wir geradeaus gehend binnen einer Viertelstunde hinab zur Gondelstation des **Sunshine Ski Village (10)**, 2200 m, gelangen.

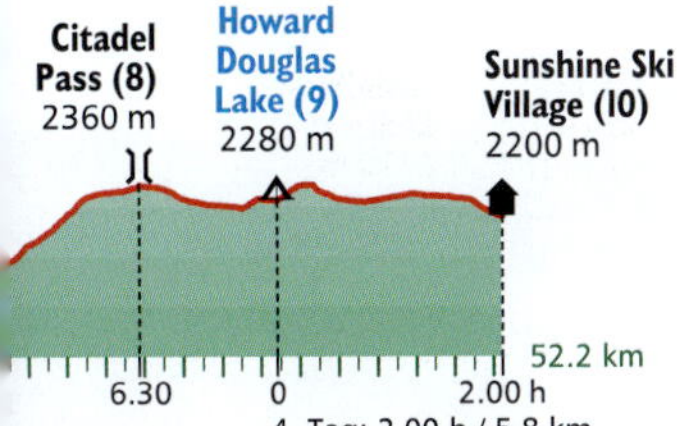

Folgende Seite: Der Mount Assiniboine im morgendlichen Spiegelbild des Lake Magog.

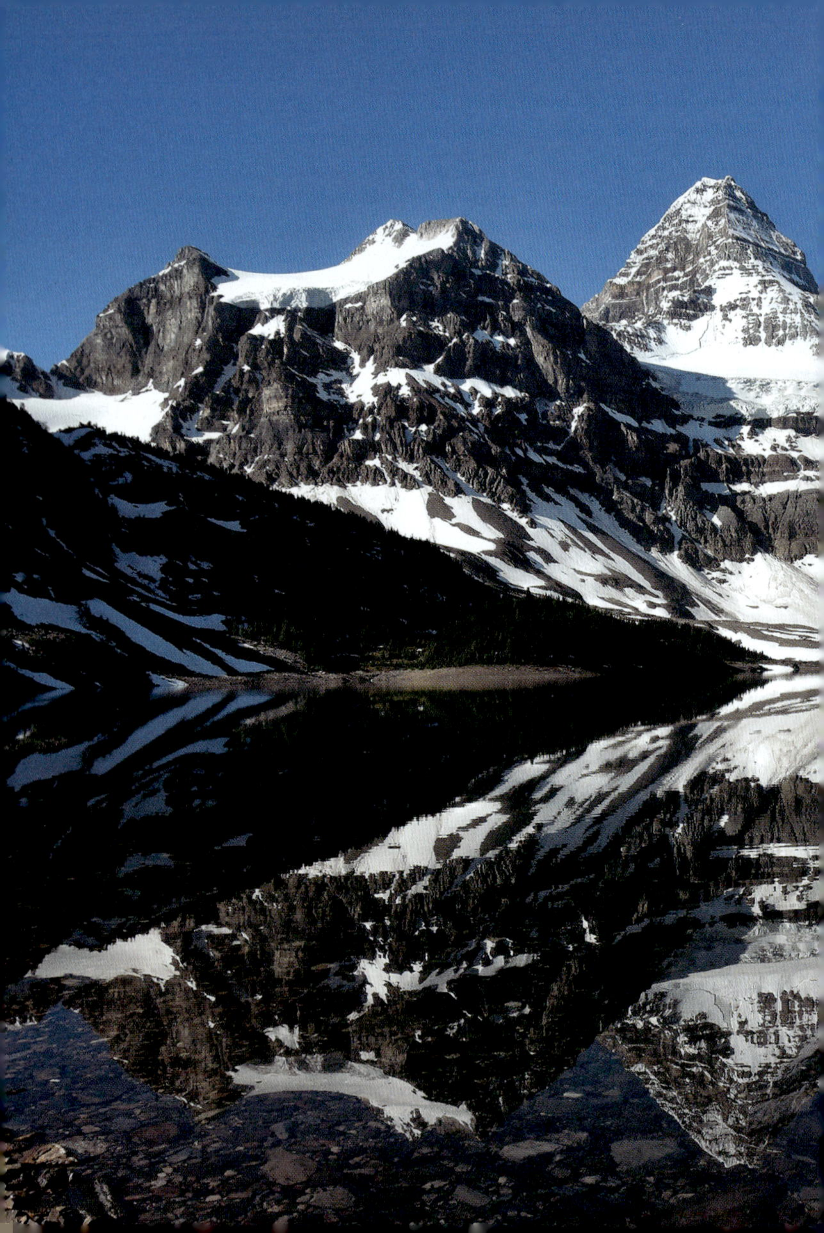

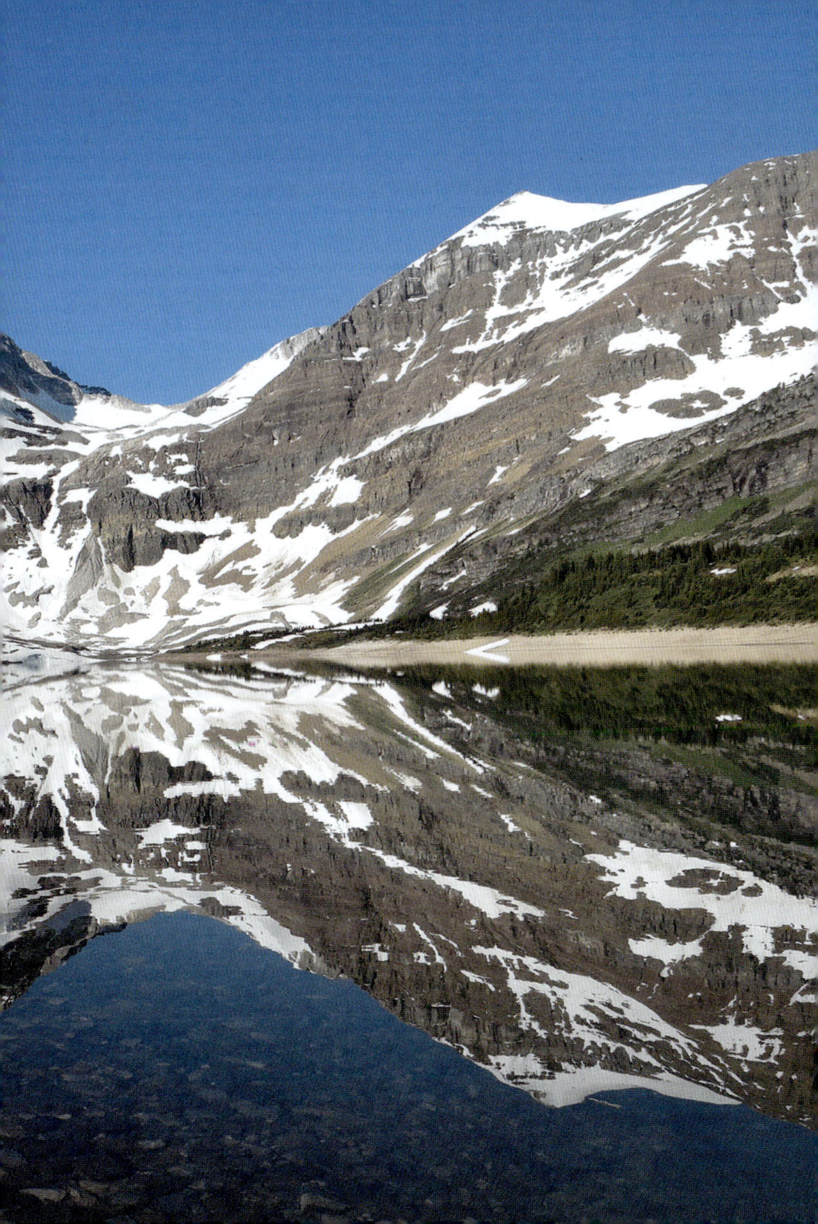

TOP **16** # *Nub Peak, 2755 m*

4.45 Std.

Fantastische Gipfelbesteigung mit Aussicht auf den schönsten Berg weit und breit

Eine absolut phänomenale Rundwanderung im Hochtal des Charakterkopfes Mt. Assiniboine. Beim Aufstieg zum Nachbargipfel kommt man dem Himmel ganz nah und erlebt eine grenzenlose Weitsicht über das schneebedeckte Meer aus Bergen und Tälern der Rockies, vor allem aber auf die aparte Seenlandschaft zu Fuße des majestätischen Karlings, durch die man soeben gekommen ist.

Ausgangspunkt: Assiniboine Lodge, 2170 m.
Transfer: Die Assiniboine Lodge erreicht man auf einem mehrtägigen Fußmarsch entweder über die Sunshine Meadows oder Mount Shark Trailhead (beides Tour 15). Die Lodge bietet für Personen und Gepäcktransfer Helikopterflüge von Canmore oder Mount Shark an (https://assiniboinelodge.com/where-are-we).
Höhenunterschied: 670 m.
Anforderungen: Orientierungssinn trotz meist gut markierter Pfade, der geröllige Anstieg zum Gipfel erfordert Trittsicherheit und Schwindelfreiheit. Je nach Witterung ist dieser in der frühen Saison noch von einem Schneefeld eingehüllt.
Einkehr: Assiniboine Lodge (s. u.).
Unterkunft: Assiniboine Lodge (Tel. +1 403 678 2883, www.assiniboinelodge.com). Naiset Huts (über Lodge). Backcountry Camping über BC Parks (www.env.gov.bc.ca/bcparks/explore/parkpgs/mt_assiniboine).
Karten: 082J13 (NRC), Banff & Mt. Assiniboine (Gem Trek, 1:100.000).

Die unbesiedelte Weite der kanadischen Rockies fasziniert jedes Mal aufs Neue.

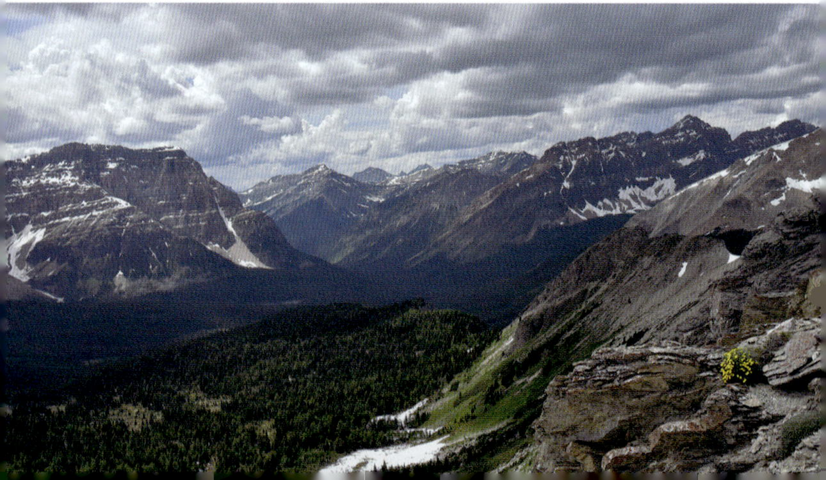

Die **Assiniboine Lodge (1)**, 2170 m, im Rücken und den gleichnamigen Berg vor uns, halten wir uns auf dem gepflegten Pfad rechts gen Nordwesten und zweigen wenige Minuten später an den nah beieinander liegenden zwei Gabelungen jeweils halb links ab. Nach einer knappen halben Stunde erreichen wir den **Lake Magog Campground (2)**, 2170 m. Hier wenden wir uns nach rechts. Wir steigen am Eingang an den ersten, oben gelegenen Zeltplätzen vorbei nach Nordwesten zum gut 10 Min. entfernt gelegenen Sunburst Lake, an dessen seichtem Ufer die Münchener Pionierin der ersten Stunde, Lizzie Rummel, in ihrer von Pat Brewster abgekauften, rustikalen Blockhütte lebte.

Am schmalen Uferweg entlang erreichen wir eine Viertelstunde später den Cerulean Lake in prächtiger Bergszenerie. Wir kehren dieser vorerst den Rücken und steigen am Abzweig rechts hinauf durch den Wald. An den kommenden Gabelungen halten wir uns links und gelangen etwa 10 Min. später zum **Elizabeth Lake (3)**, 2265 m.

Hier kehren wir um, gehen etwa 400 m denselben Weg bergan zurück und biegen an der ersten Gabelung links in den langen Aufstieg ein. Nach etwa 20 Min. stehen wir bereits oberhalb der Baumgrenze. Wir schwenken nach links und steigen mit erhabenem Ziel vor Augen die Berg-

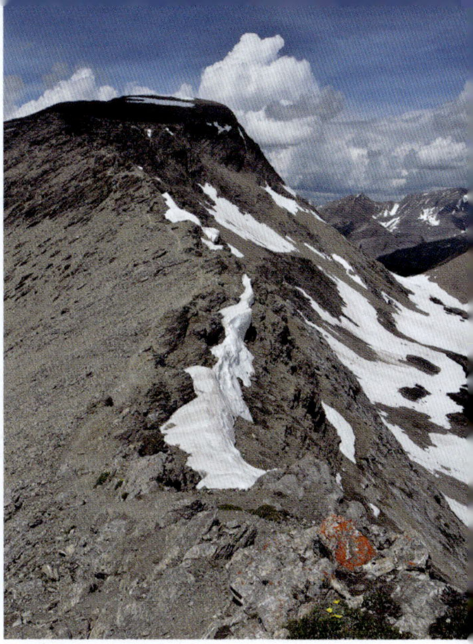

Entlang des Grates hinauf zum Aussichtsgipfel Nub Peak.

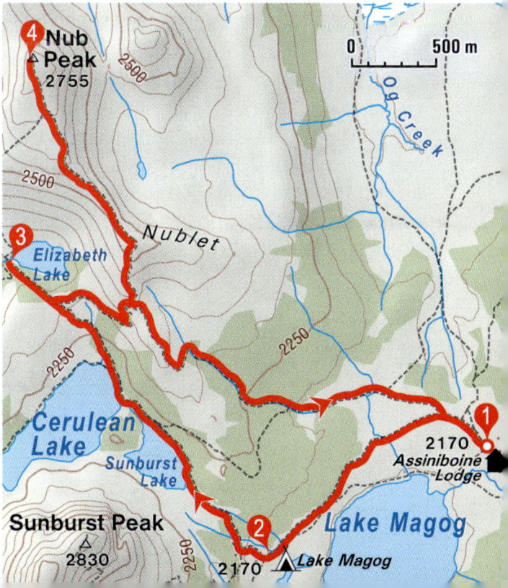

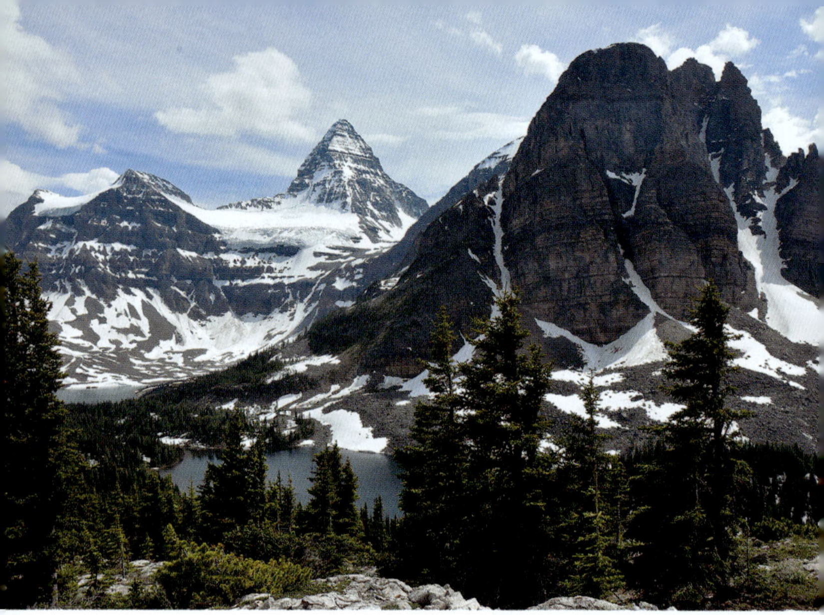

Legendärer Blick auf die Hochebene zu Füßen des Mount Assiniboine.

flanke hinauf. Während viele die breite Aussichtsloge auf dem knapp 500 m weiter gelegenen Nublet ansteuern, erklimmen wir im nun felsig-alpinen Gelände, über die Kammflanke hinweg, die steilen Schrofen hinauf zum Gipfel des 200 m höher gelegenen **Nub Peak (4)**, 2755 m, welcher uns einen unvergesslichen 360-Grad-Ausblick beschert.
Zurück geht's über den Nublet und von dort geradeaus auf der lang gestreckten Bergschulter Richtung Mt. Assiniboine zum letzten Aussichtspunkt, dem sogenannten Niblet. Die nächsten 2,5 km steigen wir zuerst im Wald bergab und wandern dann, den Schildern folgend, durch frische Alpenwiesen (an beiden Kreuzungen geradeaus) in einer Dreiviertelstunde zur **Assiniboine Lodge (1)**, 2170 m.

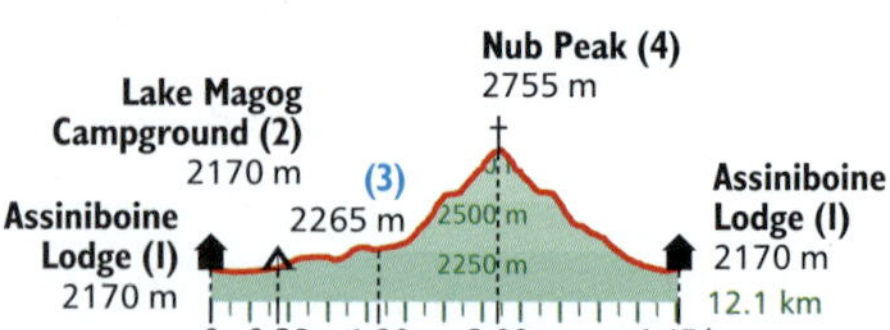

5.30 Std.

Burstall Pass 17

Blumenreicher, alpiner Pass in herrlicher Aussichtslage

Spätestens beim Übergang durch die Schmelzwasserbäche zeigt die zu Beginn eher gemütliche, im montanen Wald verlaufende, klassische Tour ihr abenteuerliches Gesicht. Über Stock (auf schmalen, sich windenden Wurzelwegen) und über Stein (im alpinen Passgelände) geht's hinauf zum aussichtsreichen Hain.

Ausgangspunkt: Burstall Day Use Area, 1900 m, 45 km südlich von Canmore auf dem Smith-Dorrien Trail. Die Kiesstraße wird auch als Highway 742 bezeichnet.
Höhenunterschied: 570 m.
Anforderungen: Solide Wanderung auf nur teilweise gekennzeichnetem Weg. Für die Durchquerung des Schmelzwasserabflusses vom Robertson Glacier sind wasserfeste Schuhe und ein guter Orientierungssinn ein Muss.
Einkehr: Keine.
Variante: Der Snow Peak (2789 m) kann vom Burstall Pass aus in 1,7 km auf dem Bergkamm erklommen werden (Kraxelkenntnisse notwendig).
Karten: 082J14 (NRC), Kananaskis Lakes (Gem Trek).

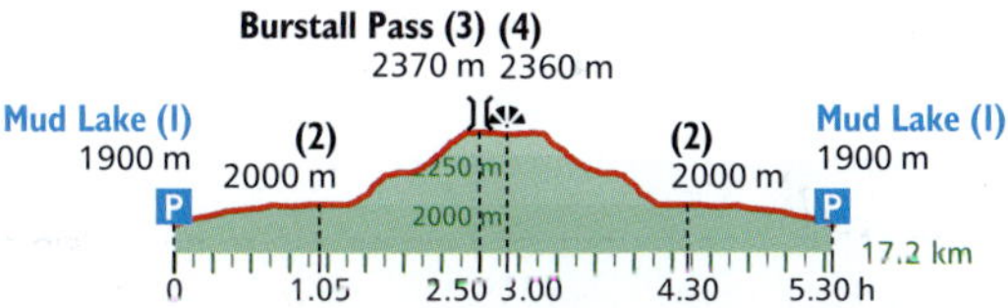

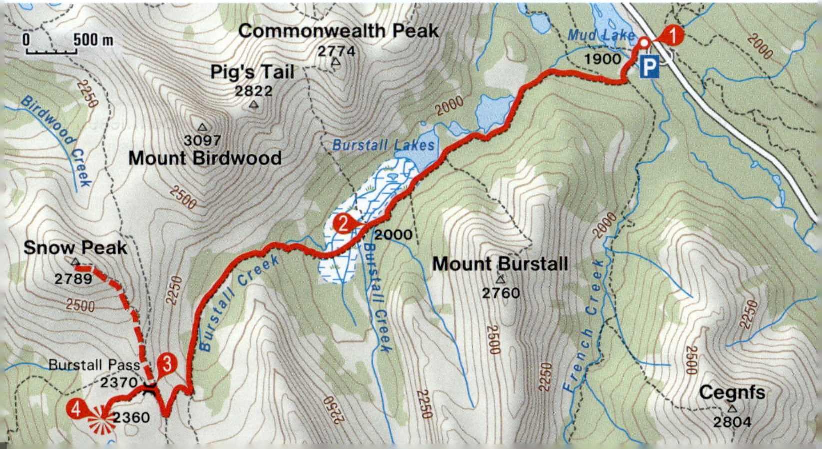

Vom Parkplatz der Day Use Area gehen wir auf dem Damm des **Mud Lake (1)**, 1900 m, nach Westen und halten uns etwa 150 m später rechts, dem Hiker-Symbol folgend. Zwischen dem südlich gelegenen Mt. Burstall (2760 m) und den nördlich gelegenen gleichnamigen Seen wandern wir nun auf breitem Waldweg sanft ansteigend eine knappe Stunde gen Westen, bis sich vor uns eine offene, mit flachen Weiden bewachsene Ebene erstreckt. Zur treffsicheren Überquerung dieser gut 600 m breiten, von etlichen Bächen durchzogenen **Schmelzwasserbahn (2)**, 2000 m, wurden Pfähle als Wandermarkierungen postiert. Hier gilt es, Orientierung und Überblick zu bewahren und trockenen Fußes die – je nach vorangegangener Witterung – teilweise reißenden Ströme zu queren. Auch wenn der linker Hand in dramatischer Bergszenerie liegende Robertson Glacier, der eisige Quell der Alluvialebene, uns in seinen Bann zieht, halten wir zielbewusst geradeaus auf den Wald zu. Sobald wir in den Nadelwald eintauchen, steigen wir etwa einen Kilometer zur ersten Talstufe hinauf, durchqueren das kleine subalpine Hochtal und erreichen etwa eine halbe Stunde später den im Sommer prächtig blühenden **Burstall Pass (3)**, 2370 m. Diese lang gezogene Bergschulter kann man noch ein ganzes Stück hinaufwandern. Scharfzähnig reihen sich hier beim rückwärtsgewandten Blick die Gipfel des Mt. Birdwood (3097 m), Shark's Tooth und Commonwealth Peak aneinander. Hier liegt die Grenze zum Banff Nationalpark.

Der spiegelglatte Mud Lake am Smith-Dorrien Spray Trail ist künstlich aufgestaut.

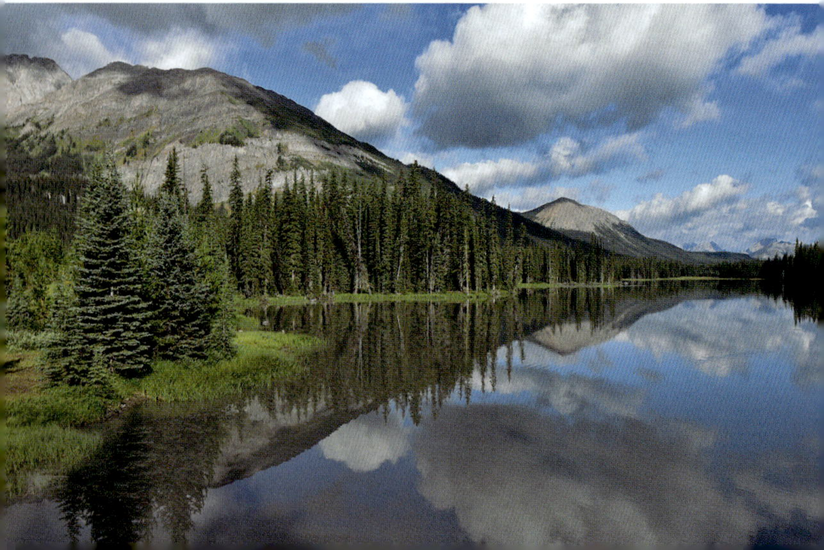

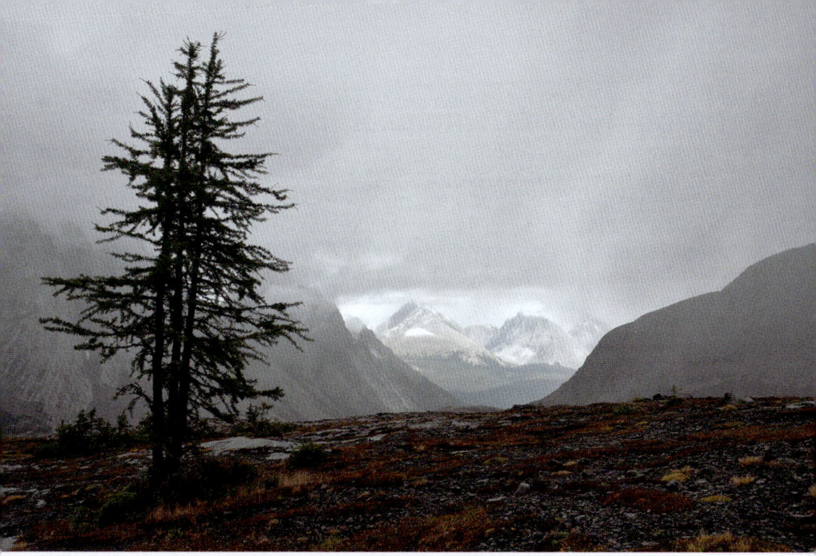

Blick vom Pass zurück ins Tal des Burstall Creek, aus dem wir gekommen sind.

Unbestreitbar ein schöner Platz für eine Rast, aber zum weitreichenden Einblick in die weltberühmte Naturschutzzone lohnt es sich, dem offiziellen Bergpfad weitere 600 m zu folgen und an der schlichten Gabelung den linken Pfad im Anemonenfeld einzuschlagen. Dieser mündet nach wenigen Minuten in einem kleinen Hain mit prächtiger **Aussicht (4)**, 2360 m, auf das lange Spray River Tal, das vom Straßenverkehr verschont und zivilisationsmäßig isoliert geblieben ist.
Selber Weg zurück.

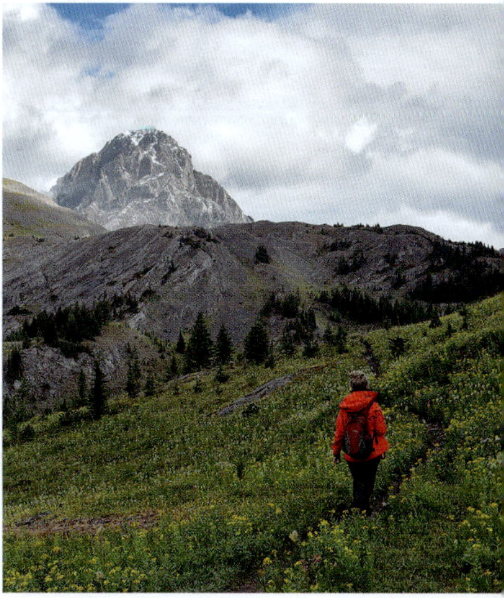

In einer Wiese voller Anemonen und Arnika weist uns der Mt. Birdwood den Weg zurück zum Burstall Pass.

18 *Mount Allan Centennial Trail*

8.30 Std.

Sagenhafte Gratwanderung entlang des höchstgelegenen Wanderwegs der kanadischen Rockies

Auf dieser Waden und Knie strapazierenden Kammtraverse gelangen wir vom montanen Wald in alpines Gelände, das die Sinne mit allen Mitteln zu rauben versucht: weite Ausblicke ins Bow Valley über ungezähmte Felsmassive hinweg, Kraxelpartien durch Felsengärten, die Wind und Eis standgehalten haben, schreiende, perfekt getarnte Pikas und zarte Blumenpracht auf kargem Steinboden. Einfach atemberaubend.

Ausgangspunkt: Parkplatz »Mt. Lougheed Viewpoint«, 1420 m, 350 m südlich des Banff Gate Mountain Resort, zu erreichen über den Transkanada Highway, von Norden kommend, Exit 98 Dead Man's Flats.
Endpunkt: Ribbon Creek Day Use Area, 1500 m, 1,7 km westlich des Kananaskis Trail (Highway 40) im Kananaskis Village.
Transfer: Kein ÖPNV. Rückfahrt im Voraus planen (z. B. Taxi oder zwei Fahrzeuge).
Höhenunterschied: Anstieg: 1510 m, Abstieg: 1440 m.
Anforderungen: Extrem fordernde Tagestour über einen felsigen Bergkamm in exponierter Lage. Sehr gute Kondition, Trittsicherheit und Orientierungssinn aufgrund der steilen Auf- sowie langen Abstiege unabdingbar. Zu Beginn breiter, stetig steigender Waldpfad, der alsbald in alpines Terrain übergeht, an steilen Abbrüchen vorbei, durch Felsengärten hindurch und über schroffe Bergschultern hinwegführt. Kurze Kraxeleinheiten inbegriffen. Abstieg auf extrem steilem Erdpfad.
Einkehr/Unterkunft: Banff Gate Mountain Resort (Tel. +1 403 609 9229, https://banffgatemountainresort.com); Restaurants und Lodges in und um Kananaskis Village.
Hinweis: Sperrung des Weges bis Ende Juni zum Schutze der lammenden Dickhornschafe.
Varianten: (1) Als Stichwegtour mit selbem Ausgangs- und Endpunkt von beiden Zustiegen aus möglich. Der südliche Zustieg ist kürzer, aber wesentlich steiler. (2) Als Rundweg von Norden kommend: vom Mt. Allen direkt nördlich an der Felskante hinab und hinauf über die Mt. Collembola Traverse zurück zum Hauptweg (Kraxelerfahrung unbedingt erforderlich).
Karten: 082O03 sowie 082J14 (NRC), Canmore and Kananaskis Village (Gem Trek).

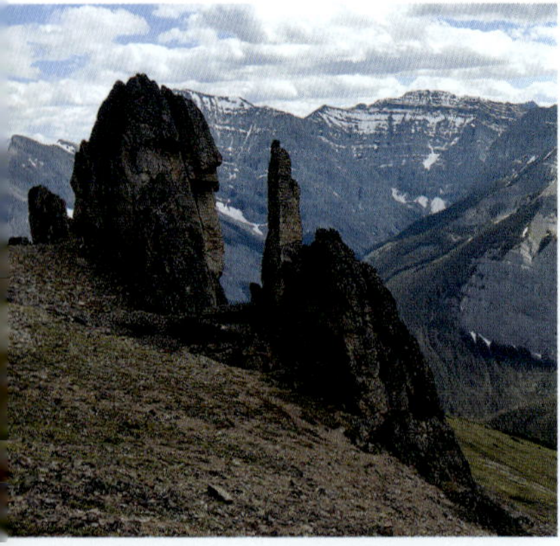

Durch die bizarre Steingartenallee geht's hinab ins Tal.

Direkt neben dem Parkplatz befindet sich ein beschildertes Rondell namens **Mt. Lougheed View Point (1)**, 1420 m. Wir folgen dem dahinterliegenden Pfad direkt in den Wald hinein, geradeaus über die Lichtung einer Hochspannungsleitung und über eine Holzbrücke bis zur etwa 750 m weiter liegenden Kreuzung. Hier schwenken wir links in den langen, bewaldeten Nordzugang ein. Nach etwa 1.30 Std. erreichen wir die nördliche Bergschulter der **Mt. Collembola Traverse (2)**, 2060 m, die mit der Nordschulter des Mt. Allan ein nach Norden geöffnetes Hufeisen bildet. Der nun schmale Waldpfad windet sich etwa 1 km am Hang entlang und mündet in eine alpine Wiese. An einigen Stellen helfen Marker, den Weg zum westlichen Kamm zu

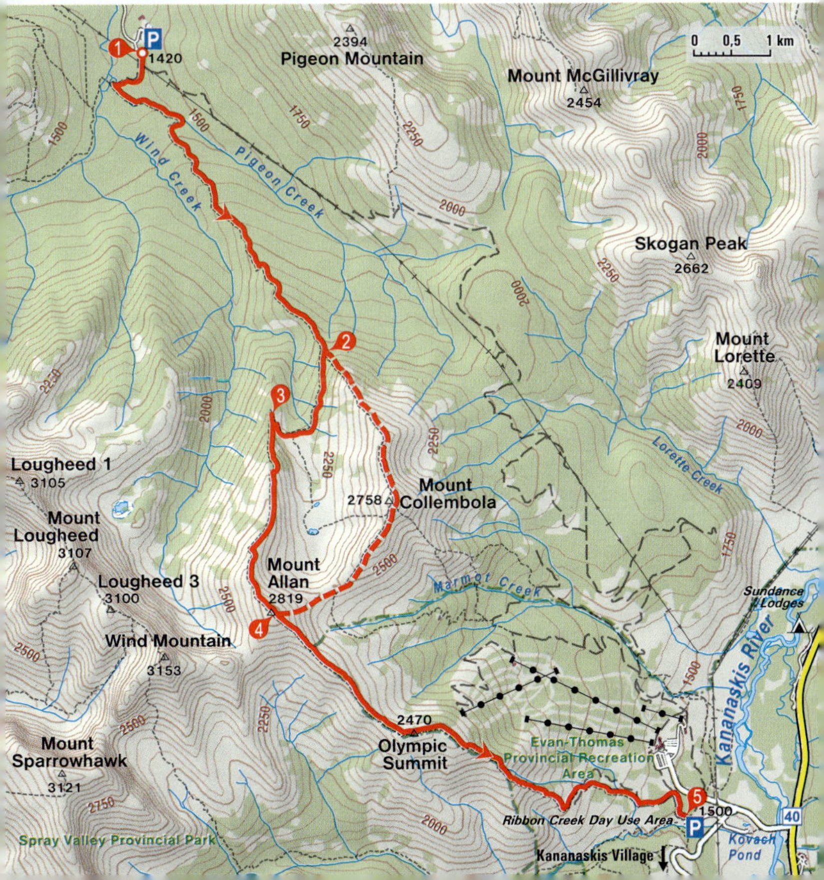

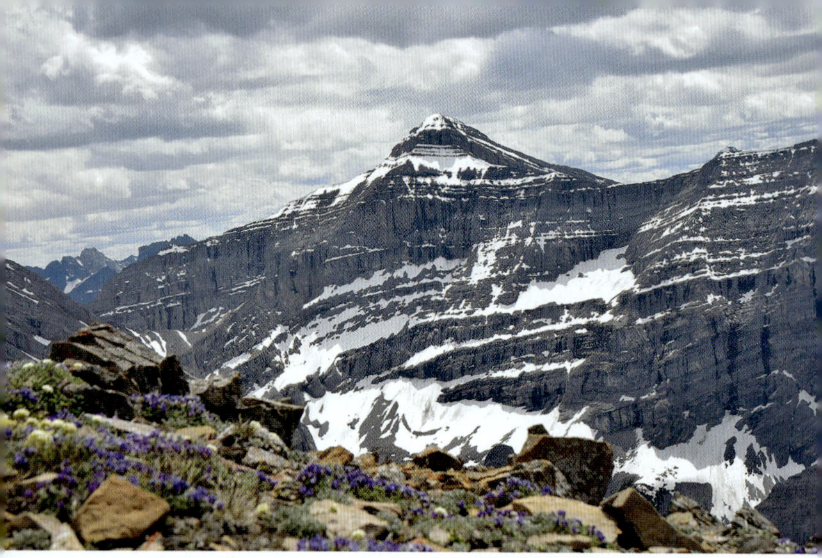

Der Wind Mountain vom Kammweg der Mt. Allan Centennial Ridge aus gesehen.

finden, den wir an dessen Innenflanke im steilen Zickzack erklimmen. Auf dem **Grat (3)**, 2240 m, beginnt endlich die spannende Kammwanderung. Wir halten direkt auf den oben vor uns liegenden, mächtigen Felssporn zu und kraxeln, dort angekommen, links unter seiner Spitze vorbei. Nun ist die Sicht frei auf den Gipfel. Um ihn zu besteigen, dürfen wir zuvor durch einen Märchengarten an schroffen Felsformationen sowie über einen wie von Zauberhand in ein Blumenmeer verwandelten Frostschutthang, bis wir nach einem letzten Anstieg den Gipfel des **Mt. Allan (4)**, 2819 m, erreichen.
Von nun an steigen wir bergab. Lediglich der sogenannte »Garden of the Rocks«, eine Allee aus Felsen, auf die wir zuerst an der Markierung links ein

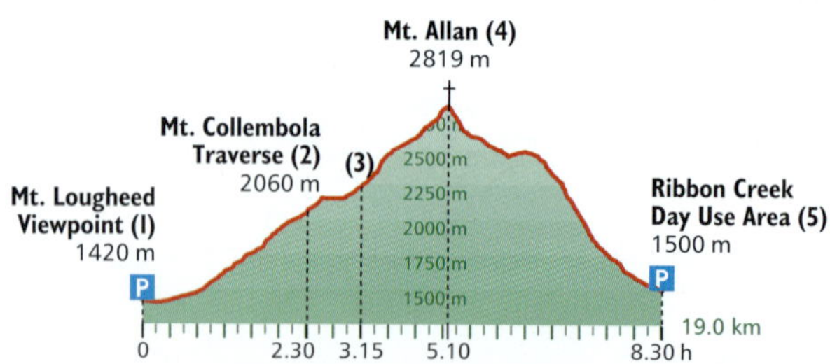

kleines Stück hinaufkraxeln müssen, um sie anschließend in voller Länge zu durchschreiten, sowie der Höhenzug des Olympic Summit bieten ein knieschonendes Vorankommen. Reichliche 3 km südöstlich des Gipfels beginnt der krasse, durch offene Wiesen führende Steilabstieg. Die am Wegesrand gedeihende, seidenhaarige Phazelie lädt beim näheren Betrachten zur Verschnaufpause ein. An zwei Wetterstationen vorbei, führt der Weg weitere 3,5 km hinab, bis wir auf einen ersten breiten Querweg stoßen, den wir leicht rechts haltend geradewegs überqueren. Beim zweiten Weg folgen wir dem Schild auf der Straße hinab und halten uns an der T-Kreuzung rechts, um zum Parkplatz an der **Ribbon Creek Day Use Area (5)**, 1500 m, zu gelangen.

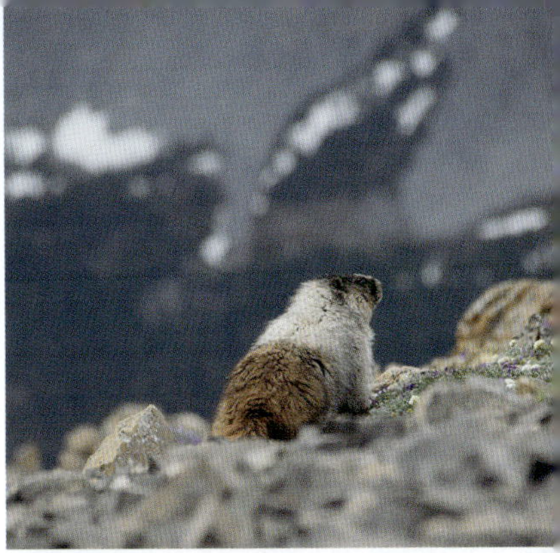

Die Bewohner dieser wunderschön rauen Alpenlandschaft: Murmeltiere.

Blick vom grasbewachsenen Steilhang ins Trogtal des Ribbon Creek.

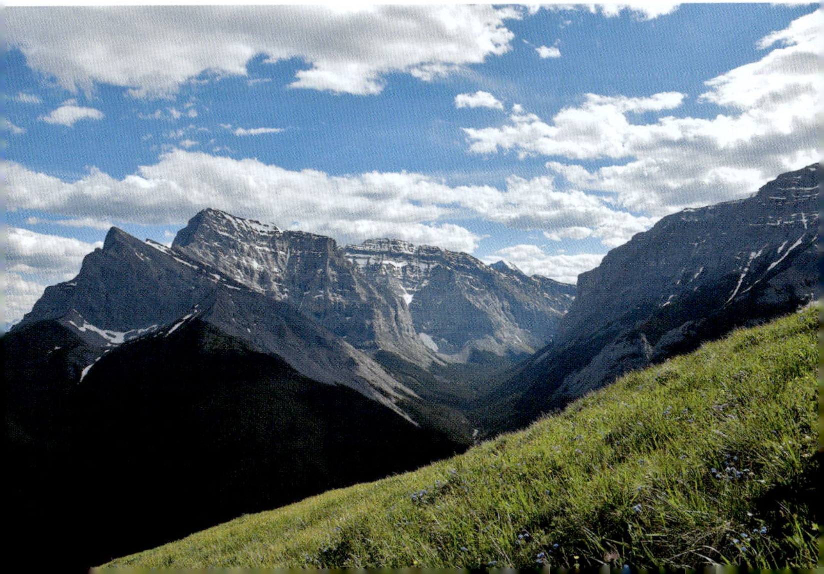

19 Grotto Canyon

2.45 Std.

Steinige Flussbettwanderung durch beeindruckende Schlucht

Ein abenteuerlicher Ausflug in der nahen Umgebung von Canmore, auf der man sich durch steile, bei Kletterern beliebte Felsmauern schlängelt, über 500 bis 1000 Jahre alte Petroglyphen suchen kann, in einem wilden Flussbett taleinwärts kraxelt und bizarre Hoodoos erkundet. Der Zugang durch ein recht uncharmantes Industriegebiet ist doch erkenntnisreich, denn wer weiß schon, dass Magnesiumoxid so vielseitig verwendbar ist: von Gewässerreinigung über Tierfutter bis Materialfestiger?

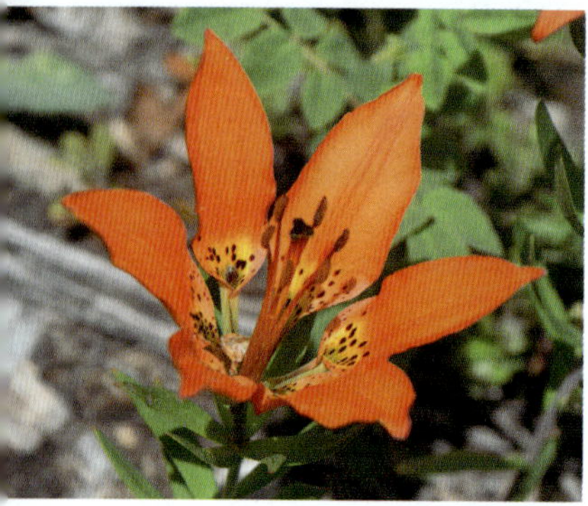

Die Wurzeln der genießbaren Waldlilien goss man in voreuropäischer Zeit zu einem medizinischen Tee auf.

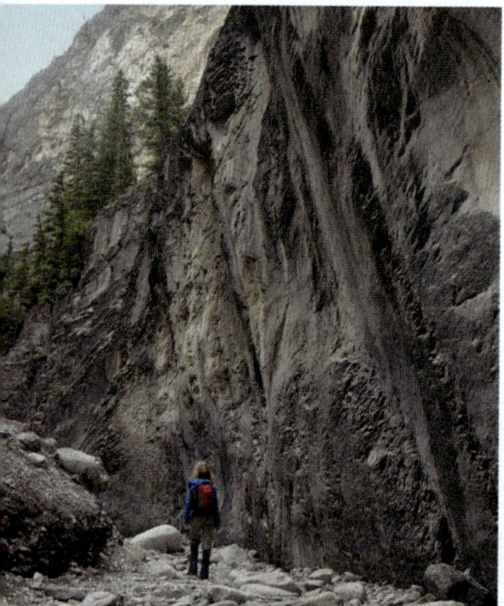

Ausgangspunkt: Parkplatz der Grotto Mountain Day Use Area am Grotto Pond, 1310 m, 11 km südlich von Canmore auf dem Bow Valley Trail (Highway A1).
Höhenunterschied: 190 m.
Anforderungen: Breiter Wanderweg bis zum Fluss, anschließend im kiesigen Flussbett bis zur 90-Grad-Kurve, später teilweise mit größeren Geröllbrocken versehen, über die man kraxeln muss.
Einkehr: Keine.
Wichtiger Hinweis: Wanderung im Sturzflutbereich der Front Ranges. Sturzfluten können jederzeit durch schnelle Schneeschmelze oder Gewitter ausgelöst werden. Unbedingt im Vorfeld die Wettervorhersage beachten.
Karten: 082O03 (NRC), Canmore and Kananaskis Village (Gem Trek).

Unter der beeindruckenden Steilwand der Schlucht zwängt sich das Bachtal und damit der Weg entlang.

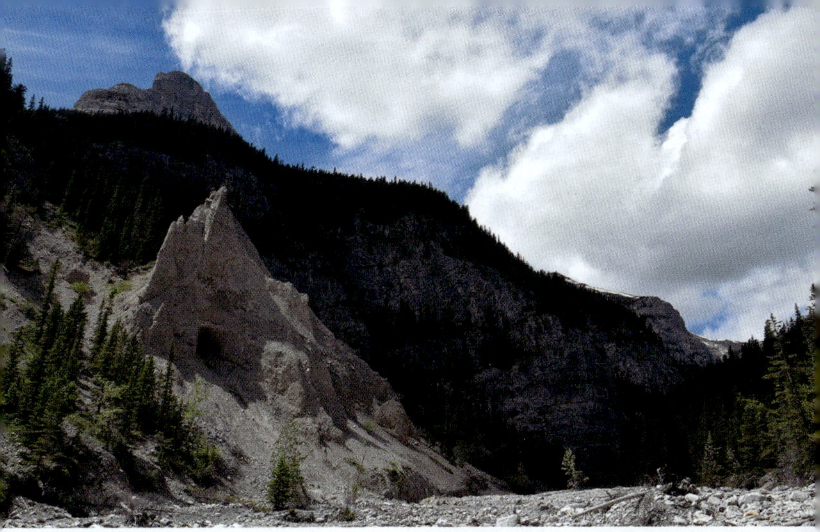

Bizarre Hoodos im breiter werdenden Bachtal des Canyons.

Auf der gegenüberliegenden Seeseite vom Parkplatz am **Grotto Pond (1)**, 1310 m, biegen wir am Schild in den kleinen unscheinbaren Kiespfad in den Wald ein. Das untere Wegstück verläuft den ersten reichlichen Kilometer recht unharmonisch, an einem alten Steinbruch und dem lauten Industriekomplex der Baymag vorbei. Dabei folgen wir stets den gut positionierten Wanderwegweisern geradeaus gen Westen, ohne auf die kleinen, meist rechts abzweigenden Pfade einzugehen. Nichtsdestotrotz erheitert am Wegesrand eine bunte Blüten-

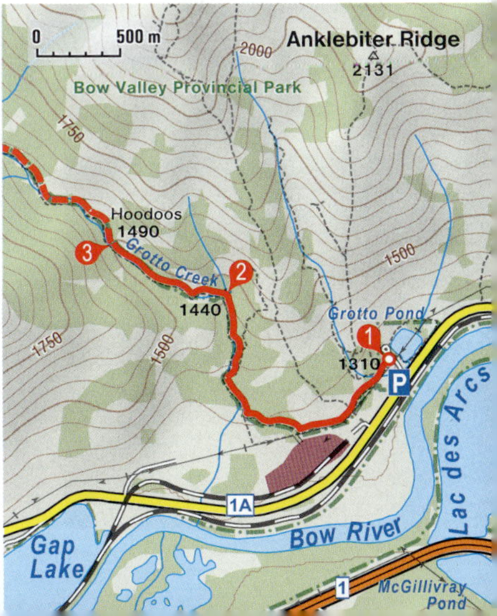

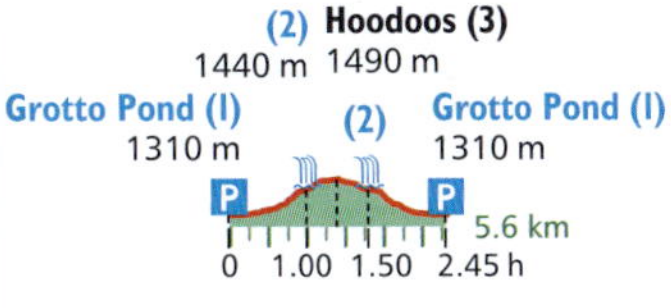

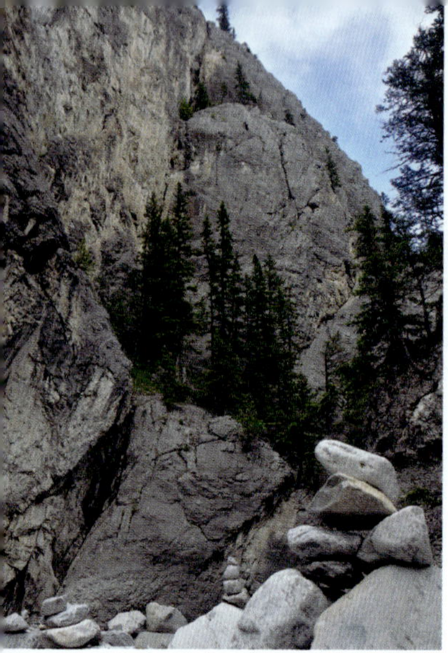

Eine enge Schluchtpassage wird von unzähligen Inukschuks markiert.

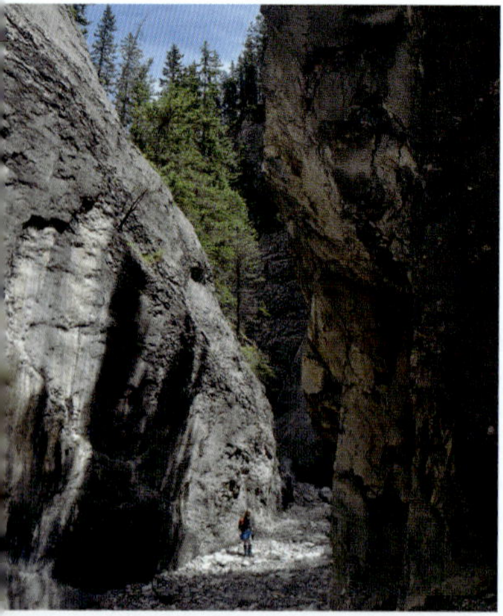

pracht aus rosaroten Wildrosen und fleischigen Waldlilien, zudem geben die Informationsschilder erhellende Einblicke über die Nutzung der Anlagen. Kurz nach der Magnesiumfabrik schwenken wir rechts ab und genießen 5 Min. später eine weite Aussicht auf das Bow Valley Tal und die Berggipfel der drei Schwestern.

Anschließend steigt der Pfad ein Stück im Wald bergan, bevor man kurz darauf direkt vor dem Grotto Creek steht. Das ist der Beginn der Bachbettwanderung. Das geröllige Flussbett schlängelt sich an steilen Felswänden vorbei, die versteckt mit Petroglyphen verziert sind (etwa 350 m vor der frontalen Steilwand). Durch dieses bemerkenswerte Stück erreichen wir etwa eine Viertelstunde später den **Wasserfall (2)**, 1440 m. Am Knick des Weges biegen wir links in die enge, von hohen Felsmauern beidseitig zusammengepresste Schlucht ein, die sich nach etwa 10 Min. langsam wieder öffnet. Ein kurzes Stück Weg leitet alsdann links durch das kleine Wäldchen, bevor man wieder direkt im Bachbett, nun jedoch teilweise über abgeschliffene Steinbrocken, leicht kraxelnd ins Talinnere gelangt. Eine Überraschung halten die 20 Min. später erreichten, an sich schon bizarren Erdpfeiler bereit. Im Größten der aus Gletschersediment bestehenden **Hoodoos (3)**, 1490 m, hat sich eine Höhle gebildet. Von hier aus kann man weitere drei Kilometer das schmaler werdende Tal erkunden. – Selber Weg zurück.

Faszinierend und gefährlich: Steile Wände ragen zu beiden Seiten senkrecht empor.

2 Tage

Aylmer Lookout 20

Am Lake Minnewanka entlang zur Aussichtskuppe mit Seeblick

Der größte See im Banff Nationalpark ist durch einen Damm um 8 km verlängert und 25 m vertieft worden. Die bereits 1912 gebaute Anlage versorgte die damalige Kohlestadt Bankhead mit Elektrizität und es heißt, dass Teile des Dorfes Minnewanka Landing noch heute unter dem Wasser vorhanden sind. Der mit wohlgestalteten Aussichten gespickte und durch lauschige Wälder führende Weg entlang des bei Anglern beliebten Minnewanka Lakes lässt sich als anspruchsvolle Tagestour oder einfache Mehrtageswanderung erleben.

Ausgangspunkt: Parkplatz am Lake Minnewanka, 1480 m. Von Banff mit dem Pkw auf dem Lake Minnewanka Scenic Drive bis zum See.
Transfer: Mit dem öffentlichen ROAM Bus (blaue Linie 6 »Lake Minnewanka Road«) zur Endhaltestelle fahren.
Höhenunterschied: 1080 m.
Anforderungen: Einfache Wanderung auf gut ausgebauten, jedoch schmalen Wegen. Sehr gut geeignet für Backcountry-Anfänger. Das Wegstück entlang des Sees verläuft nach der Brücke über einen gerölligen Steinlawinenhang und generell in Hanglage, sodass grundlegende Trittsicherheit erforderlich ist.
Einkehr: Im Black Anchor Snack Shop gegenüber der Bootsanlegestelle (https://www.banffjaspercollection.com/attractions/lake-minnewanka-cruise/location-

Windgepeitschter Aussichtspunkt über dem türkis schimmernden Lake Minnewanka.

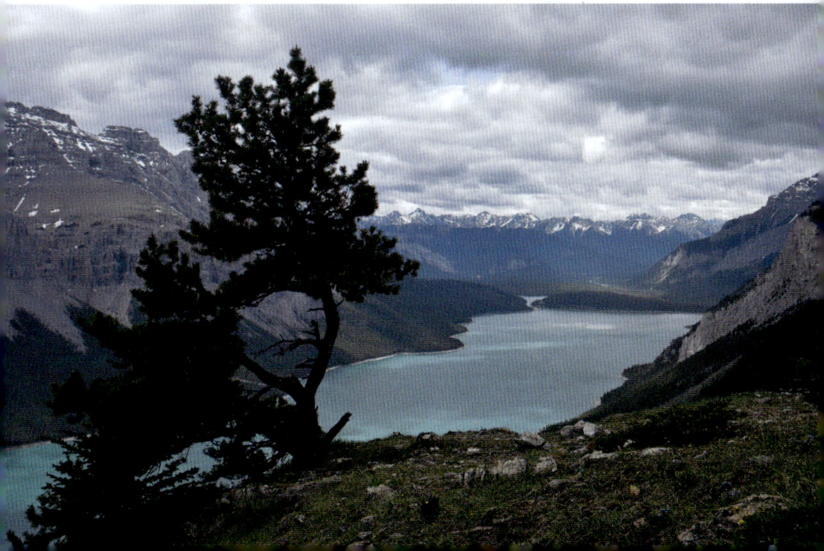

hours/#tab_black_anchor_snack_shop).

Unterkunft: Backcountry Campingplätze (Parks Canada, Tel. +1 519 826 5391, www.pc.gc.ca/banff-backcountry).

Wichtiger Hinweis: Die umliegenden Berge sind tiefstes Bärengebiet, weshalb es jährlich zwischen Mitte Juli und Mitte September Restriktionen hinsichtlich der Personenanzahl gibt und die Campingplätze geschlossen werden. Hier besonders »bärenbewusst« wandern!

Tipp: Für konditionsstarke Wanderer auch als Tageswanderung durchführbar.

Variante: Möglichkeit zum Aufstieg auf den 3,4 km weiter gelegenen Aylmer Pass (2285 m). Dazu an der letzten Kreuzung geradeaus halten.

Karten: 082O06 (NRC), Banff & Mt. Assiniboine (Gem Trek, 1:100.000).

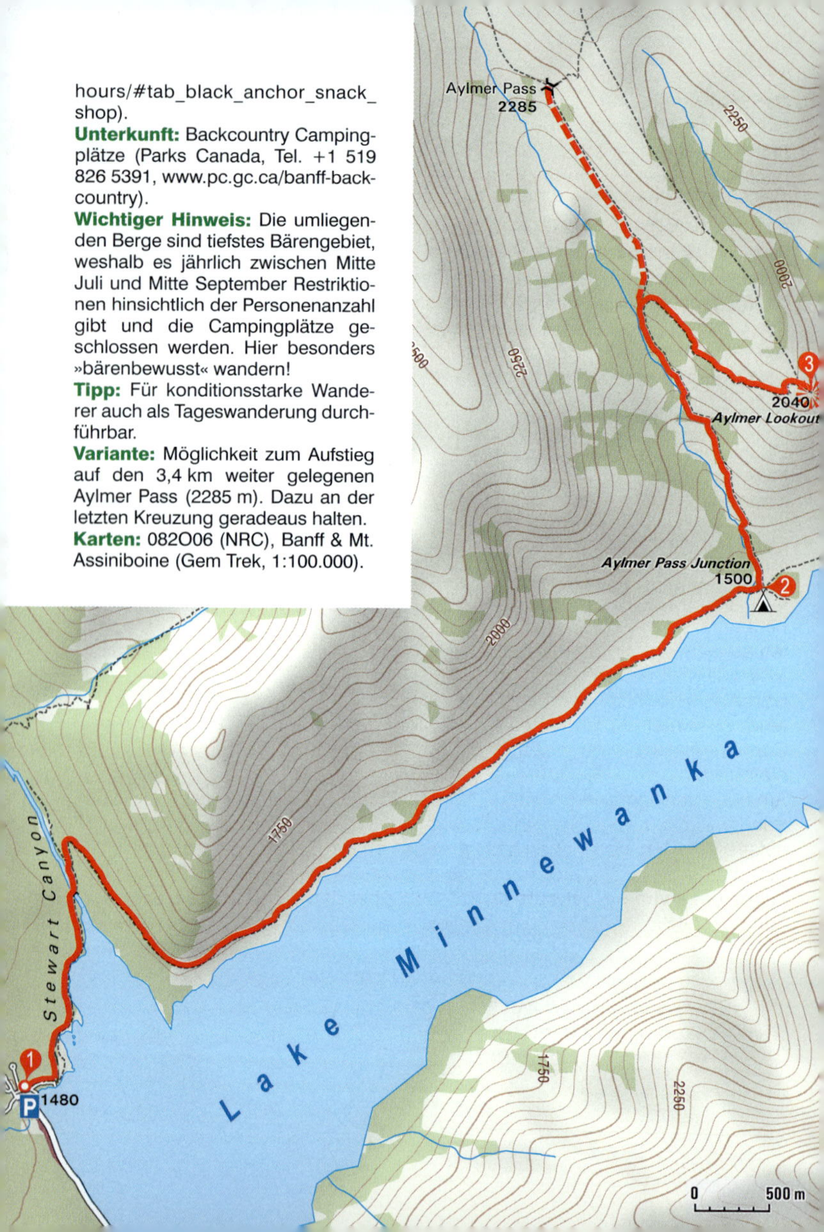

Der Einstieg entlang des Freizeitgebietes um den **Lake Minnewanka (1)**, 1480 m, ist einfacher, als es zunächst aussieht. Zwischen Bootsanlegestelle und Shop laufen wir auf dem Teerweg geradewegs nach hinten, halten uns an den beiden Schleifen jeweils rechts und biegen nach der Picnic Day Use Area wieder rechts in den breiten Wanderweg ein. Dieser bringt uns am Seeufer und an der Mündung des Cascade Rivers entlang zur massiven Holzbrücke, auf der wir das kiesige Flussbett überqueren und links ins Flusstal hinaufgehen. Nach 5 Min. biegen wir an der Kreuzung rechts ab. In einem guten Kilometer sanften Bergaufs erreichen wir das Nordufer des Lake Minnewanka und überqueren einen Steinlawinenhang, sobald wir Kurs nach Osten setzen. Nachdem wir wieder tiefer in Ufernähe hinabgestiegen sind, wandern wir über 4 km, Höhe haltend, in leichtem Ab und Auf bis zur **Aylmer Pass Junction (2)**, 1500 m. Das Campingplatzgelände im Espenhain rechter Hand lädt zur Pause ein und bietet einen optimalen Übernachtungsplatz.

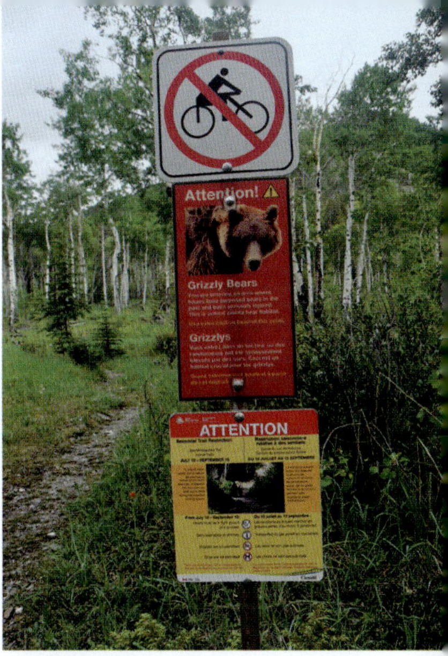

Warnschilder verweisen auf Achtsamkeit im Bärenhabitat.

Am nächsten Tag queren wir die Aylmer Pass Junction geradeaus, mit dem See im Rücken. Am Bären-Warnschild vorbei, beginnt nun der steile Waldaufstieg. 2,2 km weiter oben halten wir uns an der Gabelung rechts, um eine gute halbe Stunde später auf der windigen, wildblumenreichen Aussichtskuppe des **Aylmer Lookouts (3)**, 2040 m, über den Lake Minnewanka in die Ferne zu blicken. – Selber Weg zurück.

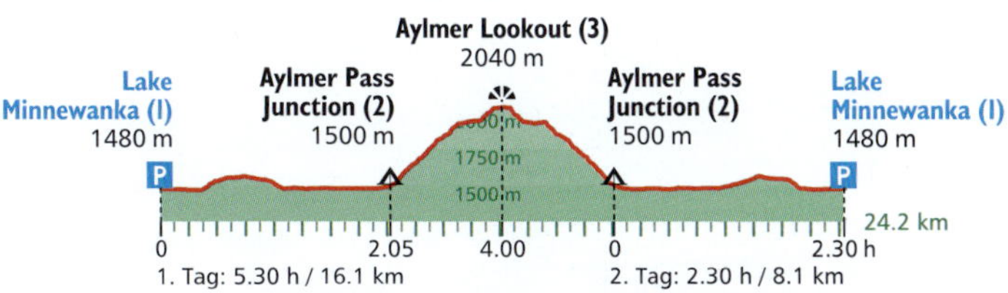

21 C-Level Cirque

4.00 Std.

Alpiner Spielplatz mit versteckten Schätzen und exquisitem Panorama

Der langatmige Aufstieg im Wald lohnt sich, die Spielplätze liegen höher! Zum einen gibt's klasse Aussichten auf den Lake Minnewanka und die umliegenden Täler, zum anderen bieten ein versteckt liegender See, ein Schneefeld im kleinen Talkessel sowie viele Geröllhänge ausreichend Möglichkeiten, um sich auszutoben. Nicht zuletzt wandert man über löchrigen Fels: Zu Beginn des 19. Jahrhunderts wurde unter der Ostflanke des Cascade Mountain Kohle abgebaut.

Ausgangspunkt: Upper Bankhead Parking Lot and Picnic Area, 1490 m. Vom Transkanada Highway aus nördlicher Richtung kommend bei Banff auf den Lake Minnewanka Scenic Drive abbiegen und 3,5 km Richtung Lake Minnewanka fahren, Parkplatz links.

Höhenunterschied: 720 m.

Anforderungen: Bis zum Gletscher erfolgt der Anstieg auf breitem Weg. Anschließend felsiger, sehr steiler Pfad über Geröllawinen-Abgänge zum obersten Aussichtspunkt – hier sind Trittsicherheit und Orientierungssinn unbedingt notwendig, damit der Kraxelspaß gelingt.

Einkehr: Keine.

Hinweis: Aufgrund von Einsturzgefahr unbedingt auf dem offiziellen Weg bleiben. Die Route führt entlang eines alten Kohlebergbaus mit teilweise frei liegenden Luftschächten.

Karten: 082O04 (NRC), Banff Egypt Lake (Gem Trek), Banff Up-Close (Gem Trek, 1:35.000).

Das kleine Kar am Cascade Mountain bietet einen unvergesslichen Ausblick ins breite Gletschertal des Bow River.

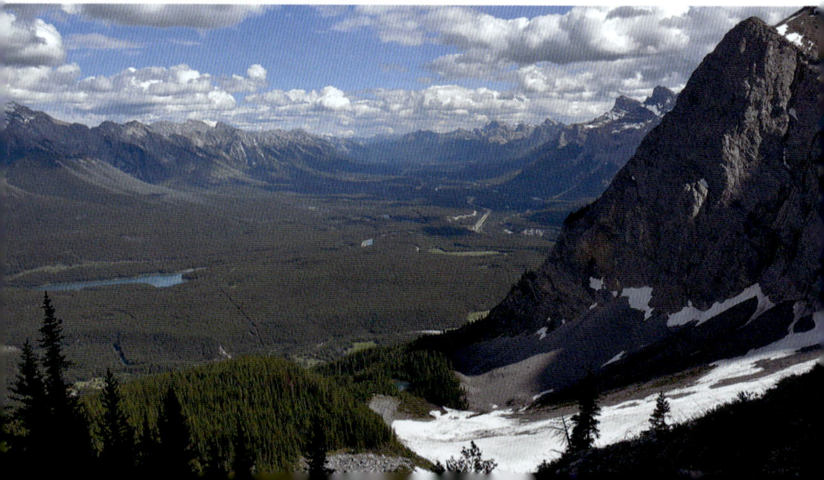

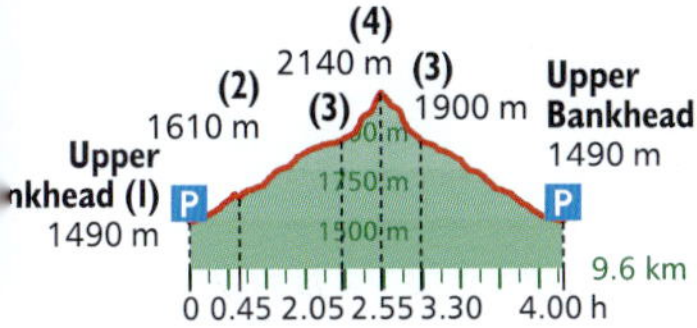

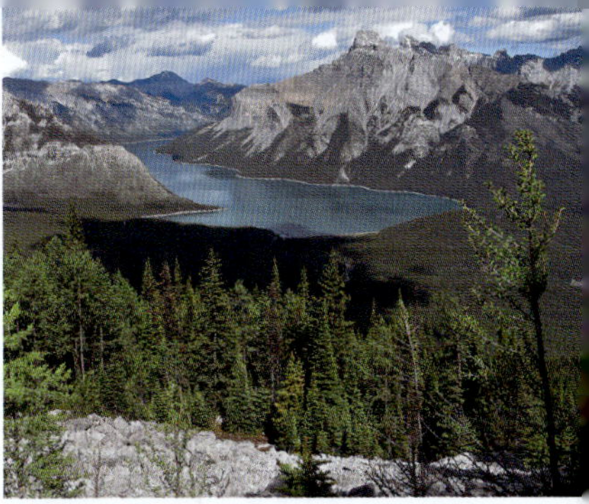

Der über 20 km lange Lake Minnewanka aus westlicher Perspektive.

Am Parkplatz des **Upper Bankhead (1)**, 1490 m, nehmen wir den breiten Kieselweg am westlichen Waldrand, der direkt auf die Cascade Mt. Range zuhält. Nach einer knappen halben Stunde gelangen wir an ein zerfallenes Bergbaugebäude der alten Kohlemine. In dieser Gegend befinden sich viele teilweise abgesperrte Schächte, die ins Berginnere führen. Kurz nach dem Rechtsschwenk des Weges, 1,2 km nach Wanderbeginn, zweigen wir rechts auf den unscheinbaren, schmalen Pfad ins lauschige Unterholz ab. Bereits 50 m weiter stehen wir auf einem **Wall (2)** Kohleschutt, 1610 m, an dessen Spitze wir die ersten tollen Aussichten auf den Lake Minnewanka genießen.

Zurück auf dem Hauptweg wandern wir eine Dreiviertelstunde im Drehkiefernwald bergan, bis wir direkt vor dem schnuckeligen **Gletscherkessel (3)**, 1900 m, stehen, in dessen Senke der Schnee selten komplett schmilzt. Ein toller Spielplatz! Links liegt ganz versteckt im Wäldchen ein türkisfarbener Miniatursee, welcher definitiv einen Abstecher wert ist, auch wenn – oder gerade weil – der Pfad sehr zugewuchert ist.

Doch nun lockt das Ziel. Wir folgen rechts dem schmalen Pfad zwischen Talkessel und Wald, steigen etwa 300 m später auf das rechte Geröllfeld hinauf und halten links auf den Wald zu, in dem wir weiter bergauf steigen. Den folgenden Schutthang überwinden wir quer am unteren Rand bis zum Wäldchen. Beim darauffolgenden Geröllfeld orientieren wir uns an der schmaler werdenden Spur, die sich an dessen Nordrand sehr steil links durch die Lärchen bis hinauf an den nackten **Felsrand (4)**, 2140 m, schlängelt. Mit dem Rücken zum Fels kann nun der Blick zurück weit in drei Himmelsrichtungen schweifen: ins Cascade Tal, zum Lake Minnewanka sowie ins Bow Valley.

Es folgt der Abstieg auf demselben Weg.

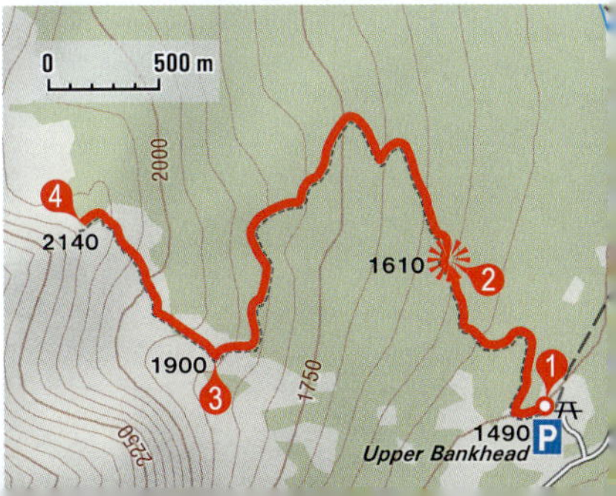

22 Cascade Mountain, 2298 m, und Amphitheatre

9.00 Std.

Auf den Hausberg hoch über Banff

Eine anspruchsvolle Gipfeltour auf das elegante Wellenmassiv des über Banff thronenden Cascade Mountain. Sie führt über scharfkantige Frostschutthänge und Blockfelsen, an abgrundtiefen Steilflanken vorbei und hinauf zum krönenden Panoramagipfel. Hier spürt man leibhaftig die steinigen Rocky Mountains, wozu auch die anheimelnde Felsarena zählt, in der man die Seele nach der Besteigung geruhsam baumeln lassen kann. Grandiose Ausblicke auf Banff und das Tal des Bow River sind garantiert.

Ausgangspunkt: Parkplatz an der im Sommer geöffneten Sesselliftstation des Mt. Norquay, 1690 m, wenige Hundert Meter nach der Zufahrt zur Lodge. Von Banff auf der Mt. Norquay Road den Highway 1 überqueren und auf dem Mt. Norquay Scenic Drive zur Liftstation hinauffahren oder den öffentlichen Bus benutzen.

Transfer: Norquay Shuttle Bus vom Bahnhof Banff (Tel. +1 403 762 4421, https://banffnorquay.com/plan-your-visit/getting-here/shuttle-service).

Höhenunterschied: 1640 m.

Anforderungen: Anstrengende Gipfeltour mit exponierten Stellen sowie steilen Aufstiegen im Hangschutt inklusive leichten Kraxeleinheiten. Der Weg im Wald und der Pfad zum Gipfel sind jeweils nur teilweise markiert, sodass ein sehr guter Orientierungssinn notwendig ist, ebenso absolute Schwindelfreiheit (vor allem beim schmalen Pfad entlang der Felsabbruchkante im alpinen Bereich hinter dem »falschen Gipfel«). Gute Kondition und absolute Trittsicherheit werden vorausgesetzt, vor allem beim sehr steilen Gipfelanstieg auf losem Gesteinsschutt und Sand.

Einkehr: Nur am Ausgangspunkt.

Karten: 082O04 (NRC), Banff – Egypt Lakes (Gem Trek), Broschüre »A Scambler's Guide to Cascade Mountain« beim Visitor Center in Banff erhältlich.

Die Vermilion Range erhebt sich aus tiefem Koniferenwald.

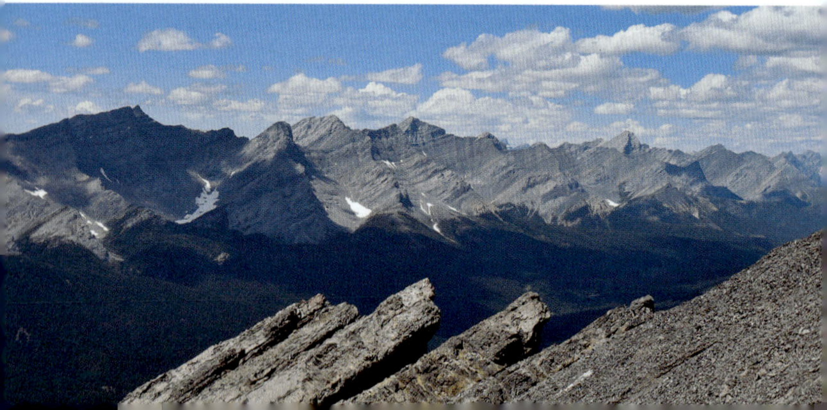

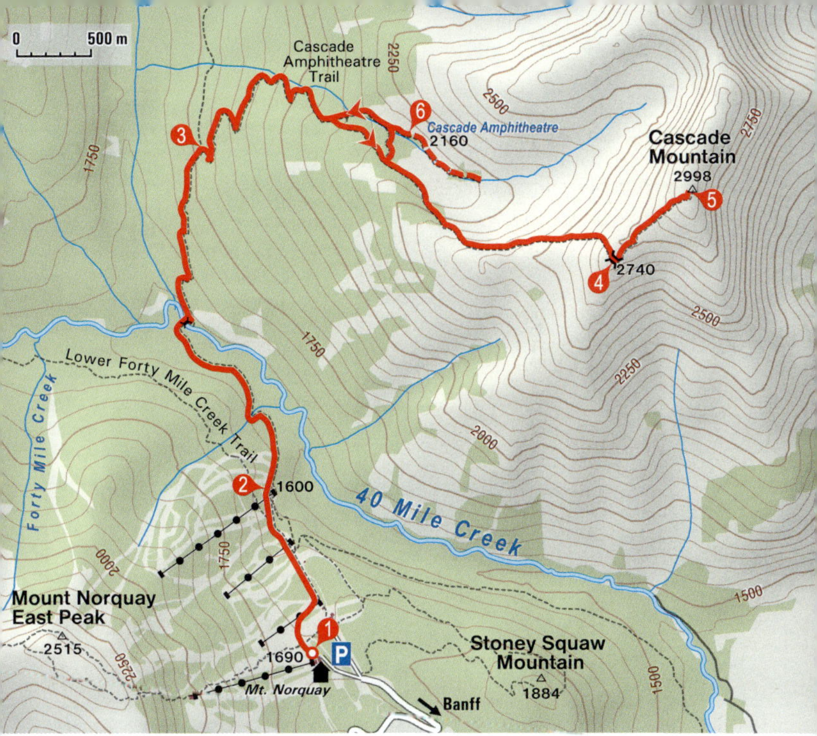

Den Sessellift und das **Restaurant Mt. Norquay (1)**, 1690 m, links liegen lassend, wandern wir auf der kiesigen Versorgungsstraße im Gelände des Skigebietes an weiteren Liftstationen vorbei ins Tal des Fourty Mile Creek. Hinter dem Aufwärmhäuschen des Mystic Express, nach ca. 1,2 km, zweigt rechts unser **Zustieg (2)**, 1600 m, ab, ein unscheinbarer, schmaler Pfad in den Wald. Etwa 1,5 km später biegen wir an der Gabelung am Forty Mile Creek rechts Richtung Elk Lakes ab und gelangen nach weiteren 1,5 km an eine unmarkierte **Waldkreuzung (3)**, 1755 m. Wir wollen hoch hinaus, weshalb wir den Aufstieg rechts wählen, der uns schon bald an die Baumgrenze bringt, mit Blick ins Amphitheatre und zum Gipfel.
Auf dem steinigen Pfad im Schrofengelände nahe der Abbruchkante kommen wir zum ersten Bergsporn (hier nach versteinerten Muscheln im Fels Ausschau halten!) und sehen vor uns den zweiten, auch »falschen Gipfel« benannt, den wir aufgrund eines Kliffs auf der uneinsehbaren Seite nicht erklimmen, sondern umgehen. Dafür halten wir uns zuerst weiterhin am Gratrand entlang nach oben, sobald jedoch die hauchdünne Bodenvegetation

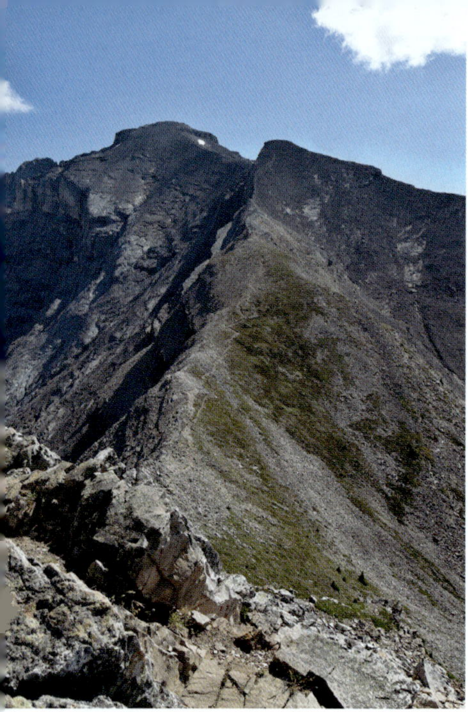

Der Weg zum Gipfel des Cascade Mountain: steinig und aussichtsreich.

verebbt (vom ersten Bergsporn gut erkennbar), folgen wir einem der vielen Pfade rechts abbiegend am Frostschutthang schräg hinauf zur kleinen **Scharte (4)** am Südkamm, 2740 m. Sie ist zugleich eine tolle Aussichtskanzel mit Blick auf das im Tal ruhende Banff.

Sanft ansteigend, gefühlt Höhe haltend, umrunden wir auf dem eng an die hohe Steilflanke geschmiegten Steinpfad den zweiten Felssporn und sehen etwa 5 Min. später den wahren Gipfel vor uns. Der letzte, 250 m lange, stark konditionsfordernde Steilanstieg bringt uns in schwindelerregende Höhe zum Gipfel des **Cascade Mountain (5)**, 2998 m.

Den Tag kann man in seiner entzückenden Felsarena ausklingen lassen, indem man beim Abstieg im Wald den ersten rechten Abzweig wählt und im **Cascade Amphitheatre (6)**, 2160 m, so weit hineingeht, wie es das Herz begehrt.

Der ausgetretene Hauptpfad führt auf bekanntem Weg zurück zum **Ausgangspunkt (1)**.

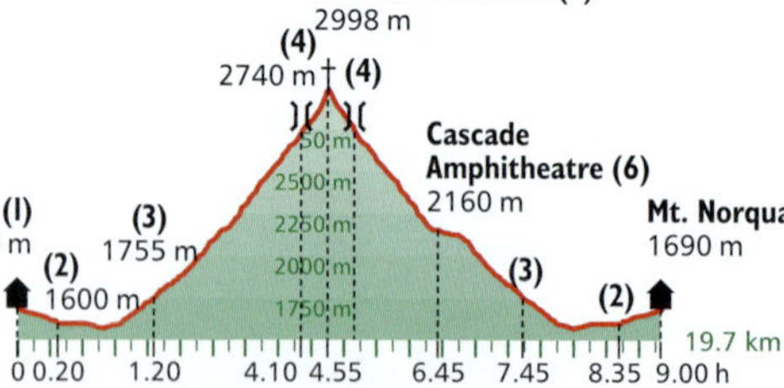

3.00 Std.

Sundance Canyon 23

Gemütlicher Aussichtsspaziergang zum Ursprung des Nationalparks und zu den »Letzten ihrer Art«

1885 begann der Gründungsprozess des dritten Nationalparks der Welt mit einem Disput dreier Eisenbahnarbeiter, die hier zwei Jahre zuvor unverhofft auf begehrtes heißes Quellwasser gestoßen waren. Ihr Streit um die Nutzungsrechte endete damit, dass sich die Landesregierung das Gebiet sicherte und kurz darauf unter Schutz stellte. Heute steht der Artenschutz für die gefährdete Banff Spring Snail an erster Stelle, eine luftatmende Süßwasserschnecke, kleiner als ein Fingernagel. Neben diesen Einblicken glänzt diese entspannte Tour mit ihren Aussichten auf das breite intramontane Tal des türkisfarbenen Bow River, den umgebenden Feuchtwiesen sowie einer von Baumstämmen zugeschleuderten Schlucht im kühlen Wald.

Ausgangspunkt: Parkplatz der Cave and Basin National Historic Site, 311 Cave Avenue in Banff, 1400 m.
Transfer: Mit dem öffentlichen ROAM Bus, gelbe Linie 4 »Cave and Basin NHS«, zur gleichnamigen Haltestelle.
Höhenunterschied: 190 m.
Anforderungen: Einfache Wanderung auf gut ausgebauten und markierten Wegen, teilweise etwas schlammig.
Einkehr: Im Café der Cave and Basin NHS (Tel. +1 403 762 1566).
Tipp: Ein Muss ist der Besuch der Cave and Basin National Historic Site, in der sich früher das alte Bad befand und heute die einmaligen Schnecken bewundert werden können (Tel. +1 403 762 1566, www.pc.gc.ca/en/lhn-nhs/ab/caveandbasin).
Karten: 082O04 (NRC), Banff Egypt Lake (Gem Trek), Banff Up-Close (Gem Trek, 1:35.000).

Im feuchten Unterholz gedeihen Pilze prächtig.

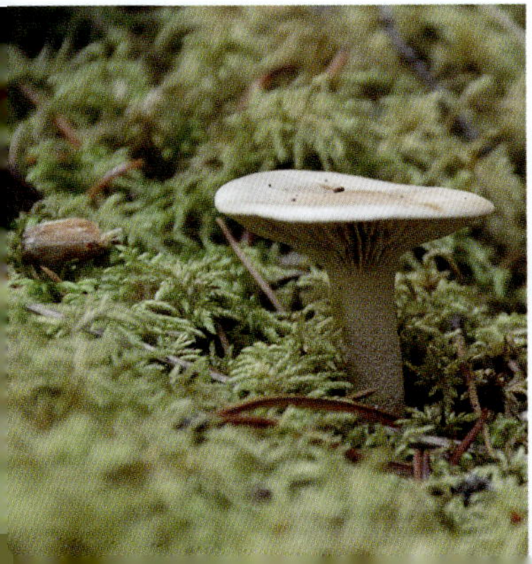

Wapitis begegnet man relativ häufig im Schutz des städtischen Umfeldes.

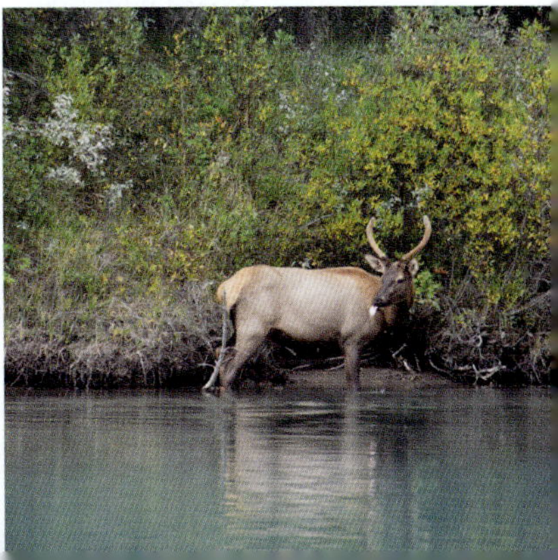

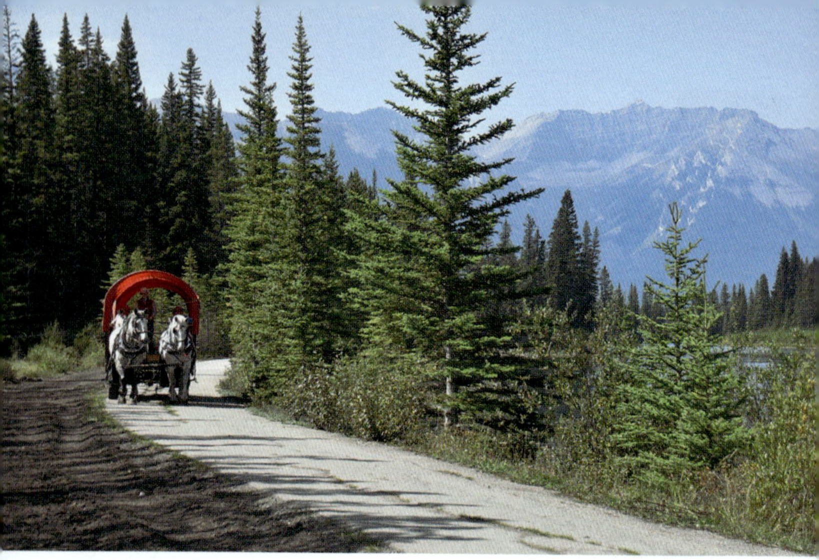

Das Tal des Bow River bietet ein herrliches Ambiente für Ausflüge aller Art.

Von der Mitte des Parkplatzes 300 m östlich der **Cave and Basin National Historic Site (1)**, 1400 m, queren wir im Nordwesten die Zufahrtsstraße Cave Ave sowie den kleinen Waldgürtel und stehen am Beginn des »Marsh Loops«. Geradeaus gelangen wir auf dem erdigen Pferdeweg bereits in 5 Min. zum eisblauen Bow River mit herrlichen Aussichten auf die umliegende Bergwelt. Zwischen Marschland links und seinem wilden Uferverlauf rechts kommen wir nach einem abwechslungsreichen Kilometer auf den geteerten, auch für Skater und Fahrradfahrer ausgebauten **Sundance Canyon Trail (2)**, 1400 m. Etwa 15 Min. später befinden wir uns in herrlicher Seenlandschaft mit Blick auf Mt. Edith (2554 m) und damit an der Wendung des Weges nach Süden. An der folgenden Kreuzung gehen wir geradeaus in südlicher Richtung weiter und erreichen nach einem reichlichen Kilometer, vorbei an einem Picknickhäuschen, den Schleifenbeginn des **Sundance Canyon (3)**, 1480 m.

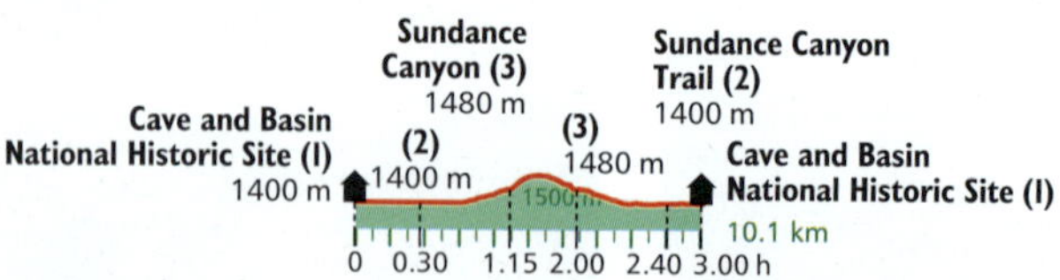

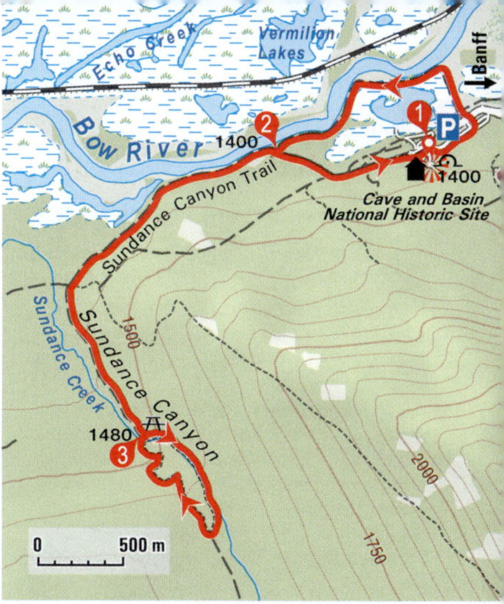

Am Fahrradparkplatz begeben wir uns auf den Erdpfad und folgen ihm links an der Infotafel vorbei über die erste Brücke, über die Steinstufen hinauf zur zweiten Brücke und in die kleine Klamm hinein. Nach diesem kurzen, spannenden Wegstück wandern wir eine Viertelstunde weiter bergauf entlang des Sundance Creek, bis der Weg sich auf die andere Seite der Anhöhe schlägt und wir nach 1,2 km bergab im Zickzack am Beginn der Schleife herauskommen.

Der Rückweg erfolgt entlang des ausgebauten Teerwegs, danach geradeaus über die Kreuzung, rechts haltend beim »Marsh Loop«, am Schutzgebiet für Wildtiere vorbei direkt zur Historic Site. Von hier aus gerade weiter zum **Parkplatz (1)**.

In der weiten Ebene der Vermilion Lakes kommt Mount Louis mit seiner charakteristischen Spitze wunderbar zur Geltung.

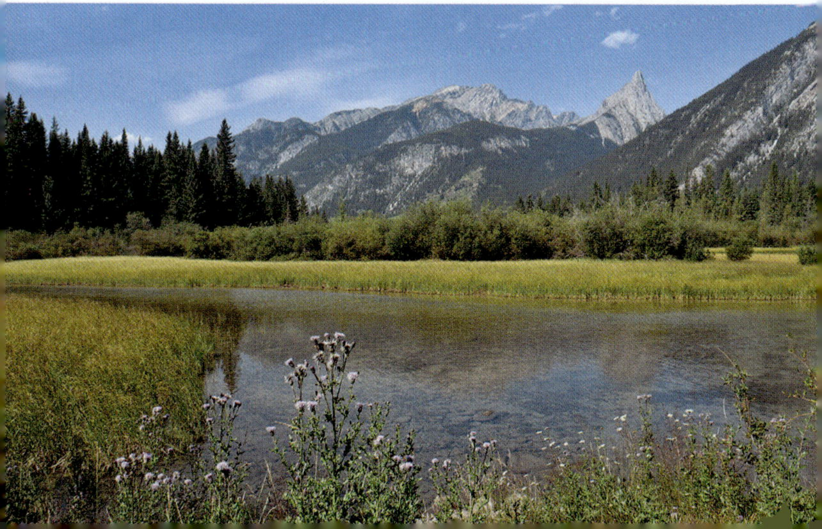

24 Cory Pass Loop

6.00 Std.

Alpines Wandervergnügen zwischen schroffen Gipfeln

Ein irres Gefühl, zwischen Gesteinszinnen und drei Gipfeln – Mt. Edith (2554 m), Mt. Cory (2800 m), Mt. Louis (2667 m) – vor dem Abhang zu stehen. Eine Bergumrundung, die durch Espenhaine, Kiefern- und Schwarzfichtenwälder, über alpine Schutthänge und Kraxelfelsen hinauf in steinige Höhen führt, und das alles nah bei Banff.

Ausgangspunkt: Parkplatz »Fireside« am Bow Valley Parkway, 1440 m. Von Banff auf dem Transkanada Highway kommend, nach etwa 5 km in den Bow Valley Parkway einbiegen und sofort rechts abbiegen. Am Ende dieses Zufahrtsweges (ca. 900 m) befindet sich der Parkplatz.
Höhenunterschied: 1060 m.
Anforderungen: Wanderungsverlauf mit steilen Anstiegen im alpinen Gelände. Eine Kraxelpartie ist enthalten, die den Handeinsatz erfordert. Ausreichend Wasser und Sonnenschutz sollte für diese anstrengende Tour mitgenommen werden. Orientierungssinn und Trittsicherheit sind für manch knifflige Stellen auf jeden Fall notwendig.
Einkehr: Keine.
Karten: 082O04 (NRC), Banff Egypt Lake (Gem Trek), Banff Up-Close (Gem Trek, 1:35.000).

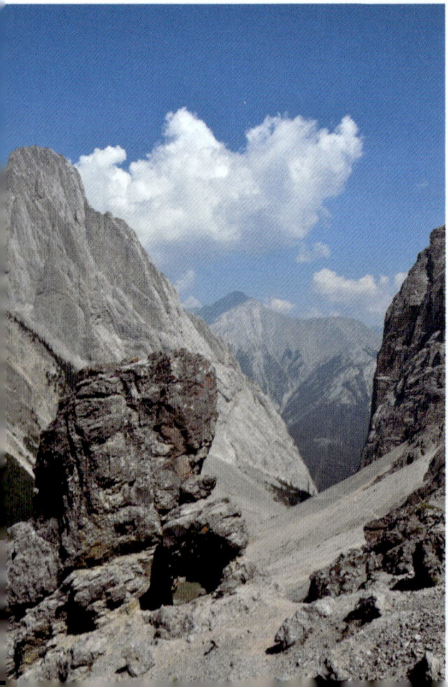

Am **Parkplatz »Fireside« (1)**, 1440 m, überqueren wir die Brücke und folgen dem Waldweg rechts durch die Seifenbeerenbüsche für 200 m, bevor wir links in den Wanderweg einbiegen. Er geleitet uns binnen 10 Min. parallel zum Highway durch einen Espenhain, am eindrucksvollen Solitär einer Gebirgsdouglasie vorbei, zu einem **Abzweig (2)**, 1470 m. Hier beginnt links hinauf der etwa zweieinhalbstündige Aufstieg.
In den ersten 1,3 km erklimmen wir auf einem teils sandigen, teils felsigen Steig im teilweise engen Zickzack den südlichen Bergrücken des Mt. Edith, benannt nach Edith Orde, der Assistentin der Frau des ersten

Vom steinigen Cory Pass geht's durch dieses geröllige Kerbtal hinab.

kanadischen Premierministers. Kurz vor Erreichen der Bergschulter, sobald wir im steilen Felsgelände stehen, halten wir uns scharf links und gleich wieder rechts im Zickzack. Teilweise teilt sich der Weg, führt aber anschließend wieder zusammen. Nun können wir einen Kilometer entspannt auf dem breiten Kamm im Wacholder-gespickten Kiefernwald wandern, bis wir direkt vor einem Felsband stehen. Diesen **Kraxelfels (3)**, 2030 m, geht es hinauf, auf ihm entlang und beim Schild wieder hinunter. Schnell geht der Pfad in alpines Terrain über. Die folgenden 2 km zum zwischen Gipfeln eingequetschten **Cory Pass (4)**, 2350 m, verlaufen entlang der felsigen Westflanke des Mt. Edith.

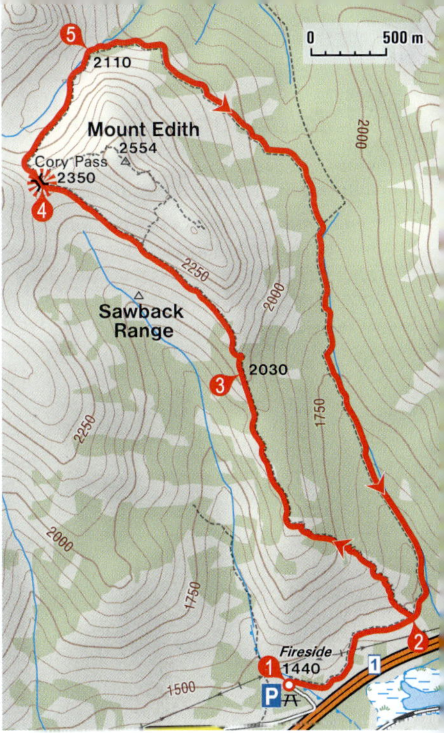

Auf der anderen Seite des Jochs steigen wir ein kurzes Stück losen Kieswegs steil bergab und biegen unter dem Felssporn rechts auf den Hangweg ein, der an der Nordflanke unseres zu umrundenden Berges unter imposanten Felswänden liegt. An der **Talschwelle (5)**, 2110 m, zwischen Mt. Louis und Mt. Edith zweigen wir rechts ab und halten uns südlich, eng an der Ostflanke des Mt. Edith. Durch steiles, loses Geröllgelände geht es 400 m Richtung Wald. Kurz vor Eintritt knickt der Weg im 90-Grad-Winkel rechts ab, steigt steil bergauf und kehrt schließlich links in den Wald hinein.

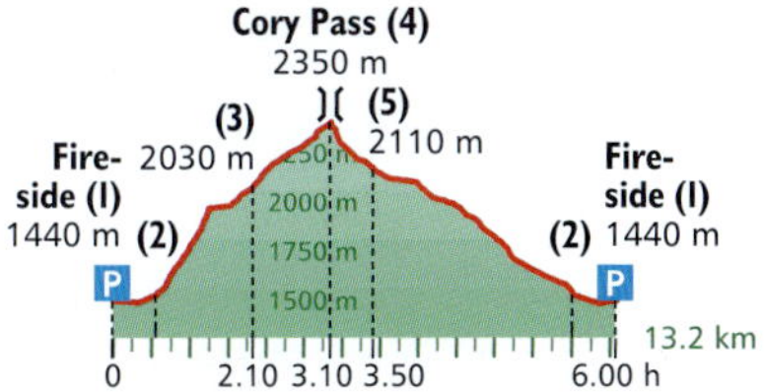

Etwa 1.30 Std. steigen wir unter einem Nadelbaumdach bergab. An der Gabelung zum Mt. Norquay halten wir uns rechts und gelangen entlang des Baches nach einer Rechtskurve zum **Aufstiegsbeginn (2)**.
Geradeaus zurück zum **Parkplatz »Fireside« (1)**.

25 Johnston Canyon und Inkpots

4.00 Std.

Durch eine fantastische Klamm hinauf zu schimmernden Quellseen

Die im subalpinen Hochtal der Sawback Range eingebetteten, etwa 4° C kühlen, pastellfarbenen Quellseen verzaubern nach der Durchquerung der von einschneidender Erosionsgewalt geformten Klamm. Eine abwechslungsreiche Tour, die für Tierfreunde und Orchideenbegeisterte ebenso Überraschungen bereithält wie für Landschaftsfans. Aufgrund der großen Bekanntheit ist es ratsam, die morgendlichen oder abendlichen Stunden zu nutzen.

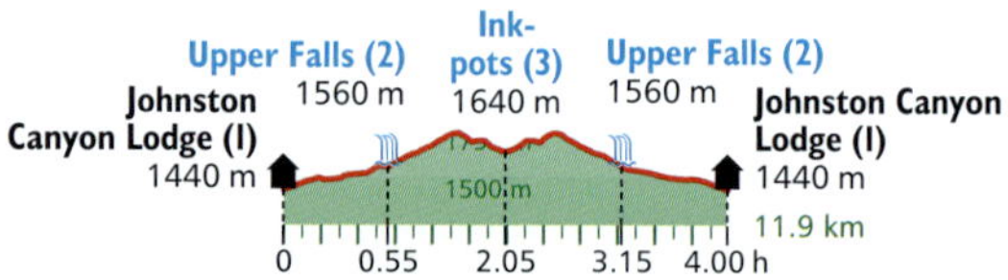

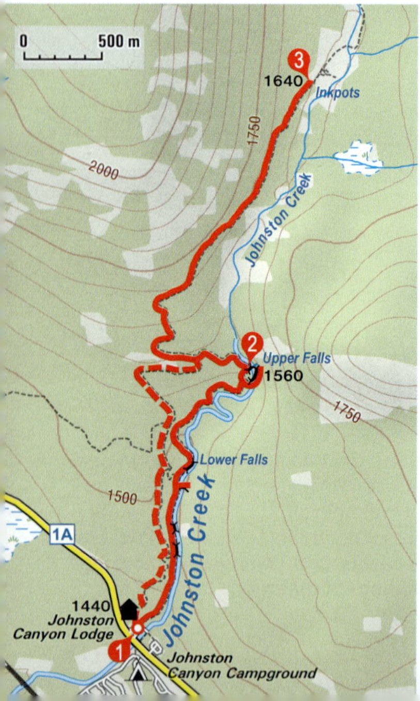

Ausgangspunkt: Parkplatz Johnston Canyon am Bow Valley Parkway (Highway 1A), 1440 m, 22 km westlich von Banff (ausgeschildert).
Transfer: Mit dem öffentlichen ROAM Bus (Linie 9 »Johnston Canyon«) oder dem zwischen Canmore und Lake Louise operierenden Hop-On/Hop-Off-Bus (Tel. +1 403 609 5242, www.hoponbanff.com).
Höhenunterschied: 560 m.
Anforderungen: Breiter, ausgebauter und sehr gut ausgeschilderter Waldweg. Entlang der Klammwand kurze Holzpanel-Stege, die bei Nässe rutschig sein können.
Einkehr/Unterkunft: Johnston Canyon Lodge (Tel. +1 403 762 2971, www.johnstoncanyon.com). Campingplatz auf der gegenüberliegenden Straßenseite (Parks Canada, Tel. +1 519 826 5391, www.pc.gc.ca/en/pn-np/ab/banff/activ).
Variante: Möchte man auf dem Rückweg eine Teilstrecke auf weniger begangenem Pfad im Wald zurücklegen, dann bei der Wegscheide vor den Upper Falls bergab geradeaus weitergehen.
Karten: 082O04 & 082O5 (NRC); Banff Egypt Lake (Gem Trek).

An den Toilettenhäuschen des Parkplatzes überqueren wir links im Wald die Brücke hinüber zur **Johnston Canyon Lodge (1)**, 1440 m. Hier schwenken wir rechts in die Schlucht ein, die bereits 500 m später mit dem ersten »Catwalk« aufwartet: eine schmale, in den Felsen gehauene Wegkonstruktion, die direkt über dem Steilufer des glasklaren Flusses verläuft. An Informationstafeln vorbei, schlängeln wir uns weiter in die Klamm hinein. Etwa 15 Min. später gönnt uns der Johnston Creek eine Gischtdusche, sofern wir den rechter Hand abzweigenden Abstecher über die kleine Brücke und durch den Tunnel zum Lower Fall wagen. Nach einem reichlichen Kilometer aufwärts führt der rechte Gabelzweig zum unteren Aussichtspunkt des großen **Upper Falls (2)**, 1560 m. Weiter bergan über den linken Pfad erreicht man in wenigen Minuten die Kopfzone des schäumenden Pferdeschwanz-Wasserfalles.
Entlang des Geländers oder parallel auf dem ausgetretenen Erdpfad führt uns nun die Wanderung in den trockeneren Wald hinein. An der 500 m westlich gelegenen Wegscheide halten wir uns rechts, folgen den Biegungen des breiten Weges und erreichen nach etwa einstündiger Wanderung (zuerst Auf-, später Abstieg) im Orchideenwald die pastellfarbenen **Inkpots (3)**, 1640 m. Die Farbpalette der etwa konstant 4° C kühlen Quellseen changiert aufgrund der Fließfüllgeschwindigkeit zwischen den schillerndsten Grün- und Blautönen. Ein besonderer Ort im Hochtal des Johnston Creek, der zum Verweilen einlädt.
Selber Weg zurück.

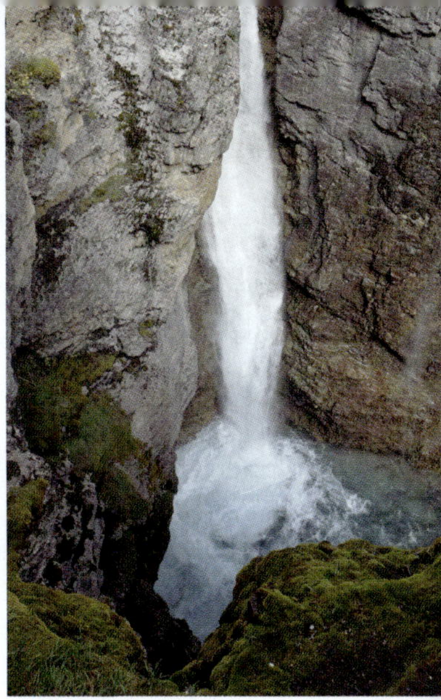

Die Upper Falls in ihrem selbst geschürften Canyon.

Äußerst lebhafte Wegbegleiter sind die Chickarees. Bitte nicht füttern!

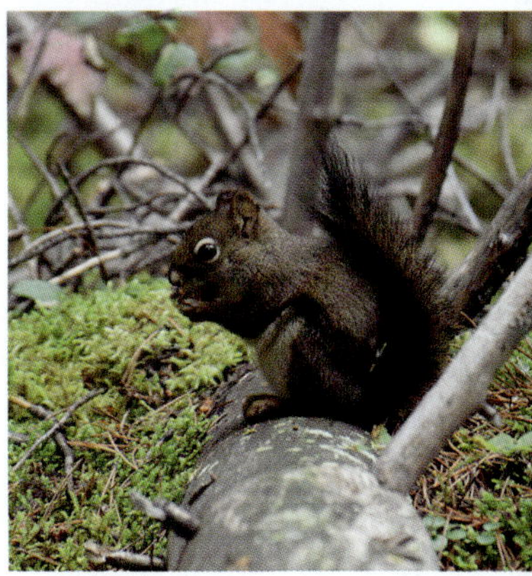

26 Rockbound Lake

6.00 Std.

Von Felsmauern eingeschlossener Bergsee

Der Castle Mountain begleitet als Wahrzeichen nördlich von Banff über viele Kilometer den Transkanada Highway; wir steigen dahinter. Der lange Weg durch den Wald führt in das vom Eisenhower Peak dominierte, subalpine Tal zweier ungleicher Seen. Der scharfkantige Gipfel ist einer von sieben; sein Name ist ein Überbleibsel aus den 1940er-Jahren, als zu Ehren Dwight Eisenhowers (Befehlshaber der alliierten Streitkräfte im 2. Weltkrieg) der Castle Mountain umbenannt wurde. Eisenhower selbst erschien zu dieser Ehrung nicht, weil ein Golfspiel seine Präsenz verlangte. »Eisenhowers Golfplatz« ist nun der Spitzname der Grünfläche unterhalb der Felstürme an der Westseite des Massivs.

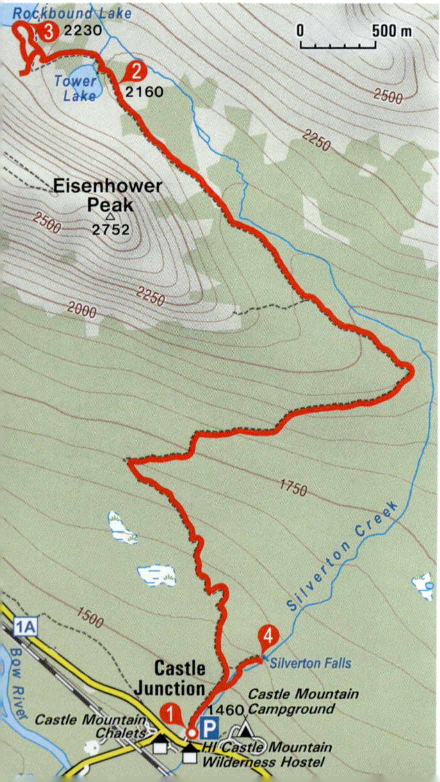

Ausgangspunkt: Parkplatz Rockbound Lake bei Castle Junction (Kreuzung Highway 93 und Hwy. 1), 1460 m, knappe 200 m südlich am Bow Valley Parkway (Highway 1A), Ostseite.
Höhenunterschied: 910 m.
Anforderungen: Gut ausgebauter Waldweg mit kurzem Anstieg auf die Talschwelle und Blockhalde am Rockbound Lake. Etwas Blockhaldenkletterei notwendig, um direkt zum See zu gelangen.
Einkehr/Unterkunft: Castle Mountain Chalets (Tel. +1 403 762 3868, www.castlemountain.com).
Unterkunft: HI Castle Mountain Wilderness Hostel (Tel. +1 778 328 2220, www.hihostels.ca/en/destinations/alberta/hi-castle-mountain). Campingplatz 250 m neben dem Ausgangspunkt (Parks Canada, Tel. +1 519 826 5391, www.pc.gc.ca/en/pn-np/ab/banff/activ/camping).
Karten: 082O05 (NRC); Banff Egypt Lake (Gem Trek).

Am Wanderparkplatz der nahe gelegenen **Castle Junction (1)**, 1460 m, folgen wir dem breiten Schotterweg in den Wald und halten uns an der Gabelung

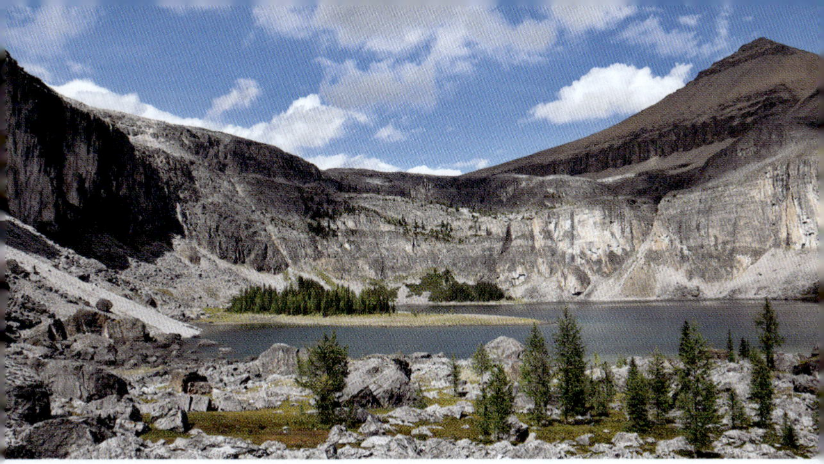

Der Rockbound Lake, umsäumt von Fels, Schutt und Geröll.

5 Min. darauf erst einmal links. Nach den ersten 1.30 Std. bergauf im bemoosten Wald, stets auf dem Hauptweg bleibend, biegen wir ins kurze Tal des Silverton Creek ein. Etwa eine Viertelstunde später queren wir auf Holzstegen ein Bäche-Netzwerk und gelangen nach etwa 20 Min. durch sich öffnenden, subalpinen Wald an eine Blockhalde. Die Idylle beginnt nun mit einer lauschigen Wildblumenwiese, die kurz darauf den Blick auf den grüntürkis leuchtenden **Tower Lake (2)**, 2160 m, direkt zu Füßen des imposant aufragenden Eisenhower Peak freigibt. Am heimeligen See vorbei, steigen wir anschließend ca. 400 m die Steilwand zum felsigen Talschluss hinauf. Oben im Lärchenwald angekommen, erkennen wir den links abzweigenden Pfad: ein Abstecher zum überragenden, von Pikas und Murmeltieren bewohnten Aussichtspunkt. Wir zielen geradeaus direkt auf das Felsbrocken-Feld zu, das den treffend bezeichneten **Rockbound Lake (3)**, 2230 m, an die schwarz-melierte Kalksteinwand zu pressen scheint. Über diese Blockhalde kann der See erreicht werden. Zurück zur Talschwelle und hinab bis zur allerersten Gabelung. Wer noch Kraft und Muße hat, sollte sich den 500 m langen Abstecher zu den etwa 50 m hohen **Silverton Falls (4)**, 1550 m, keinesfalls entgehen lassen. Denselben Weg zurück zum **Parkplatz (1)**.

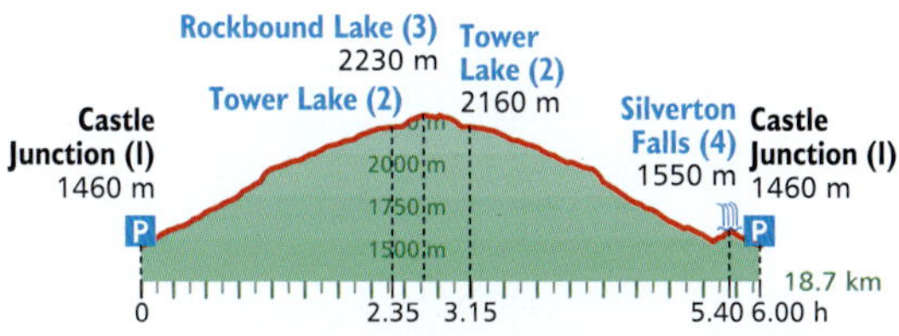

Im Zentrum: Von Lake Louise bis Revelstoke

Mitten im 6441 km² großen Banff National Park liegt der Touristenmagnet Lake Louise. Einige der türkisfarbenen, in grandiose Berglandschaft eingeschmiegten Seen (Lake Louise & Maligne Lake) sind ohne schweißtreibende Aufstiege zugänglich und deshalb zahlreich besucht, zu anderen gelangt man nur zu Fuß über bergiges Gelände (Consolation Lakes, Wenkchemna Pass). Mehrere Touren in die berühmte Berglandschaft am 3464 m hohen Mount Victoria beginnen am etwa 100 Jahre alten Chateau Lake Louise, heute zur Luxuskette Fairmont gehörend (Lake Louise, Mount Fairview). Aber auch die umliegenden Täler am Fuße des massiven, von einer ewigen Schneekuppe gekrönten Mount Temple (3544 m) lohnen eine Erkundung (Sentinel Pass & Paradise Valley). Weitaus weniger publikumsreich als die Region um das Chateau Lake Louise sind die östlichen, von starker Erosion fast schon ebenmäßig geschliffenen Gebirgszüge, in der breite Hochtäler über der Baumgrenze weite Blicke in die einsam wirkende Landschaft erlauben (Skoki). Ganz verträumt hingegen erscheint die Seenlandschaft auf der Rückseite des Mount Victoria am Lake O'Hara. Am Ende einer für den öffentlichen Verkehr geschlossenen, 11 km langen Kiespiste wird diese Idylle durch strenge Personenrestriktionen geschützt und wenn man es mit eigenen Augen sieht, weiß man auch, warum (Lake O'Hara).

Der Eiffel Lake vor der gigantischen Kulisse der Ten Peaks im Banff Nationalpark (Tour 28).

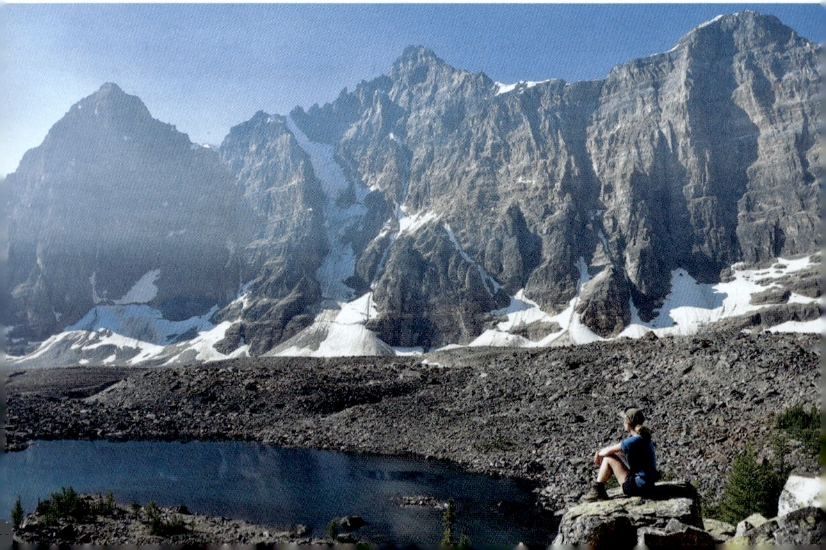

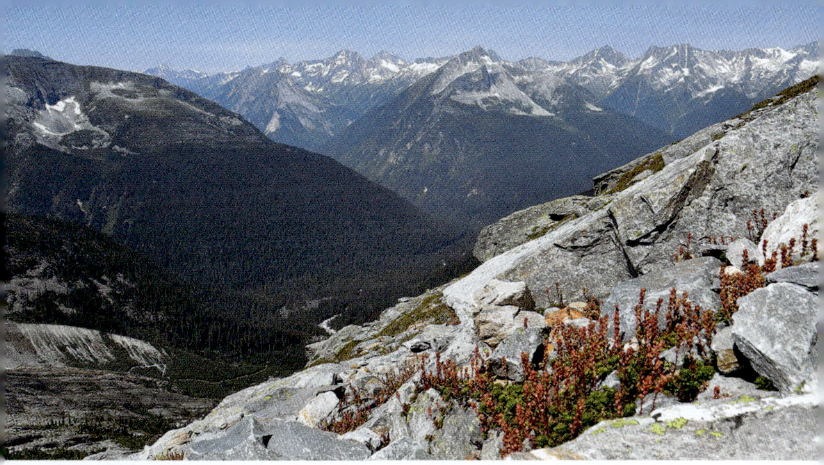

Die schneebedeckten Gipfel der unwirtlichen Selkirk Range im Glacier Nationalpark überragen den Rogers Pass zu allen Seiten (Tour 38).

Nördlich des nach Westen schwenkenden Transkanada Highways liegt Yoho, der mit 1313 km² kleinste der vier aneinandergrenzenden Nationalparks. Er birgt nicht nur gigantische Pferdeschwanz-Wasserfälle, wie die Takakkaw oder Twin Falls, atemberaubende Berglandschaften im Yoho Valley (Whaleback & Iceline Trail) und traumhafte Seen (Emerald Lake Triangle), sondern unter seinen Gipfeln schlummern auch die fünfäugige Opabinia, die mit merkwürdigen Gliedmaßen versehene Yohoia und die auf Stelzen stehende Hallucigenia, bei der man sich fragt: Wo ist vorne und wo hinten? Charles Walcott entdeckte vor gut 100 Jahren über 530 Millionen Jahre alte Fossilien aus der Zeit der kambrischen Explosion. Die Fundstelle zählt global zu den bedeutungsvollsten, denn sie zeigt, dass die Lebewesen der Erde einmal wesentlich vielfältiger waren als heute. Die Geschichte der Evolution musste daraufhin neu geschrieben werden.

Der lange Weg nach Westen führt bei Golden über den Rocky Mountain Graben im Tal des Columbia, des großen Flusses des Westens. Seine vor 200 Jahren noch unbekannte 180-Grad-Wende ließ die Kartografen David Thompson und Charlotte Small (s. S. 24) vier Jahre länger unterwegs sein.

Im geologischen Sinn nicht mehr zu den Rockies zählend, liegen die beiden kleinen Nationalparks Glacier (1349 km²) und Mount Revelstoke (260 km²) in der unwirtlichen Selkirk Range, die schon die Eisenbahningenieure zu Höchstleistungen antrieb. Von wilder Schönheit und üppiger Vegetation gesegnet, sind sie zwischen den schneereichen Wintern ein attraktives Wanderziel auf der Hauptreiseroute nach Vancouver (Avalanche Crest, Perly Rock und Mount Revelstoke).

27 Consolation Lakes

1.45 Std.

Gemütlicher Waldspaziergang zwischen zwei monumentalen Bergseen

Dieser beliebte und unkomplizierte Streifzug führt von einem der meistfotografierten Motive der kanadischen Rocky Mountains – Moraine Lake – zu einem weiteren unglaublich schön gelegenen Bergsee vor bühnenreifer Gletscherbergkulisse. Die Boulder-Felder an den Consolation Lakes laden zudem ausgiebig zum Kraxeln ein.

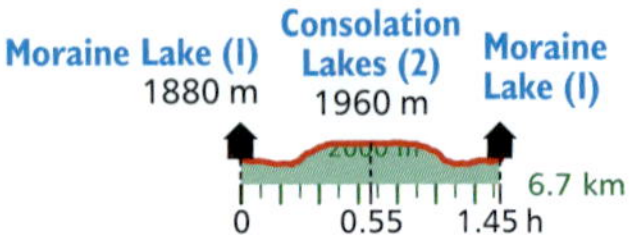

Ausgangspunkt: Öffentlicher Pkw-Parkplatz am Moraine Lake, 1880 m, am Ende der 12 km langen Moraine Lake Road. Diese zweigt auf der Zufahrtsstraße vom Lake Louise Village zum Lake Louise nach etwa 1,5 km links ab.
Transfer: Mit dem öffentlichen ROAM Bus (Linie 10 »Moraine Lake«) oder Parks Canada Shuttle (Tel. +1 519 826 5391, www.pc.gc.ca/en/pn-np/ab/banff/visit/parkbus/louise).
Höhenunterschied: 170 m.
Anforderungen: Einfache Wanderung auf ausgebautem Waldweg, kurzes Stück über Geröllfeld, Blockhalde am ersten Consolation Lake.
Einkehr/Unterkunft: Moraine Lake Lodge (Tel. +1 403 522 3733, www.morainelake.com).
Hinweise: In Abhängigkeit von der Bärenaktivität werden Restriktionen bezüglich der Mindestpersonenanzahl in Kraft gesetzt, wobei sich hier schnell Mitwanderer finden lassen. Das Parken am Highlight der Rockies ist limitiert, bereits frühmorgens füllen sich in der Hochsaison die letzten Parkplätze. Aktuelle Shuttle-Optionen auch beim Lake Louise Visitor Center erfragen (www.banfflakelouise.com/explorethepark/transit-and-shuttles).
Karten: 082N08 (NRC); Lake Louise & Yoho (Gem Trek).

Folgt man am Parkplatz zwischen grünbedachten Toilettenhäuschen und der großen Brockenhalde vor dem **Moraine Lake (1)**, 1880 m, dem markierten, offiziellen Pfad, gelangt man über den teilweise mit Stu-

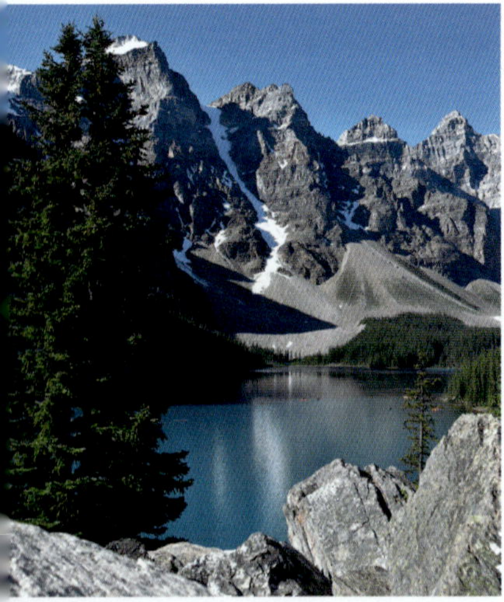

Der Moraine Lake vor den Gipfeln der Ten Peaks.

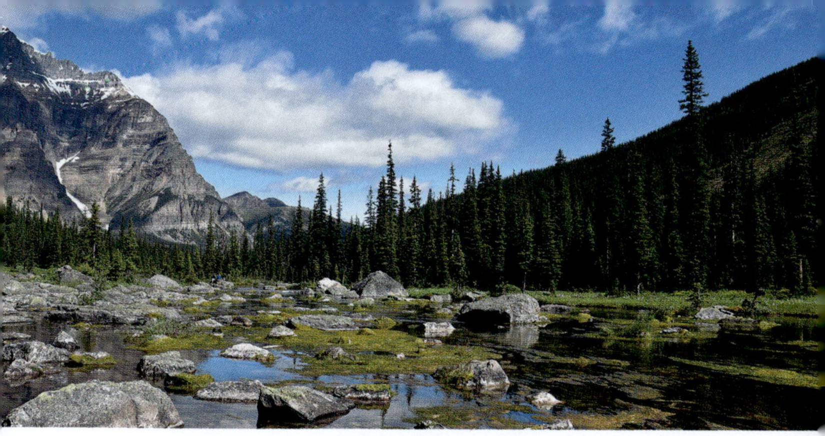

Breites Bachtal am Ablauf der Consolation Lakes.

fen versehenen Zugang auf diesen gigantischen Schutthaufen hinauf. An der Gabelung unterwegs halten wir uns zuerst geradeaus, um nach etwa 400 m am weltberühmten Fotopunkt anzugelangen. Hinter dem zu unseren Füßen ruhenden, tiefblauen See erheben sich die Wenkchemna Peaks in voller Pracht. Anschließend gehen wir die 300 m zum besagten Abzweig zurück und biegen nun rechts ein. Wir steigen den bewachsenen Schutthang hinab, queren ein Steinlawinenfeld unter dem bei Kraxlern beliebten Tower of Babel (2300 m) und gelangen in den montanen Drehkiefernwald. Etwa 10 Min. später wendet sich der ausgetretene Waldpfad gen Süden ins Consolation Valley. Parallel zum Babel Creek wandern wir etwa 800 m lang stetig sehr sanft bergan und nach weiteren 15 Min., Höhe haltend, erreichen wir das Ufer der **Consolation Lakes (2)**, 1960 m. Vor unseren Augen eröffnet sich augenblicklich nach der Waldwanderung ein wahres Bilderbuchpanorama: rechts der scharfkantige, steil aufragende Geröllhang des Mt. Babel (3101 m), geradeaus der spiegelglatte See vor dem gletscherumsäumten Quadra Mountain (3173 m) und Bident Mountain (3084 m), links die alpinen Matten der Panorama Ridge und hinter uns der über große Kiesel plätschernde Quellbach. Das Kraxeln auf dem Brockenhang sowie der Genuss des typisch kanadischen Gebirgstales können beginnen!
Selber Weg zurück.

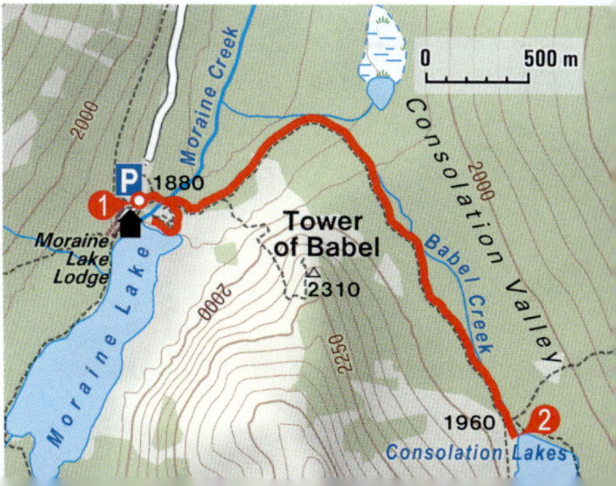

TOP

28 Eiffel Lake und Wenkchemna Pass

7.00 Std.

Ins kontrastreiche Tal der außergewöhnlichen Felsallee

Die von Samuel Allen im ausgehenden 19. Jahrhundert mit Zahlworten der Stoney-Sprache benannte Gipfelkette der Wenkchemna Peaks zierte bis 1989 die kanadische 20-Dollar-Note. Ein unglaublich vielfältiges Tal erwartet uns auf dem Weg zum Pass: die schneebedeckten Steilwände des gigantischen Felsbandes, Mini-Oasen entlang kleiner Rinnsale, endlos trostlose Mondlandschaft (die dem Tal auch den Spitznamen Desolation Valley verpasste), ein schimmernder Eiffel Lake sowie das Krachen gesprengter Steins- und Gletscherbrocken.

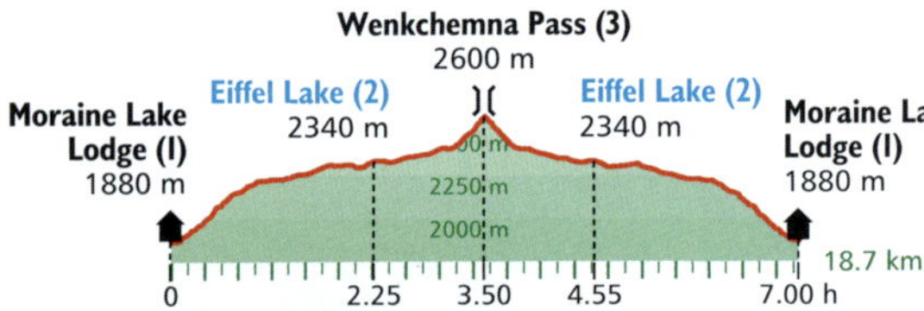

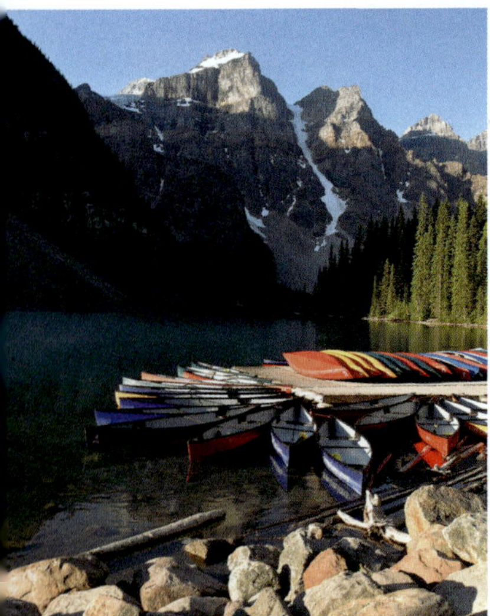

Ausgangspunkt: Öffentlicher Pkw-Parkplatz am Moraine Lake, 1880 m, am Ende der 12 km langen Moraine Lake Road. Diese zweigt auf der Zufahrtsstraße vom Lake Louise Village zum Lake Louise nach etwa 1,5 km links ab.
Transfer: Mit dem öffentlichen ROAM Bus (Linie 10 »Moraine Lake«) oder Parks Canada Shuttle (Tel. +1 519 826 5391, www.pc.gc.ca/en/pn-np/ab/banff/visit/parkbus/louise).
Höhenunterschied: 1020 m.
Anforderungen: Unkomplizierte Bergwanderung auf ausgetretenen Wegen mit zwei kürzeren Anstiegen. Trittsicherheit und Schwindelfreiheit für die schmalen Passagen an Schutthängen notwendig.
Einkehr/Unterkunft: Moraine Lake Lodge (Tel. +1 403 522 3733, www.morainelake.com).
Hinweise: In Abhängigkeit von der Bärenaktivität werden Restriktionen bezüglich der Mindestpersonenanzahl in Kraft

Morgenstimmung am Moraine Lake.

gesetzt, wobei sich hier schnell Mitwanderer finden lassen. Das Parken am Highlight der Rockies ist limitiert, bereits frühmorgens füllen sich in der Hochsaison die letzten Parkplätze. Aktuelle Shuttle-Optionen auch beim Lake Louise Visitor Center erfragen (www.banfflakelouise.com/explorethepark/transit-and-shuttles).

Karten: 082N08 (NRC); Lake Louise & Yoho (Gem Trek).

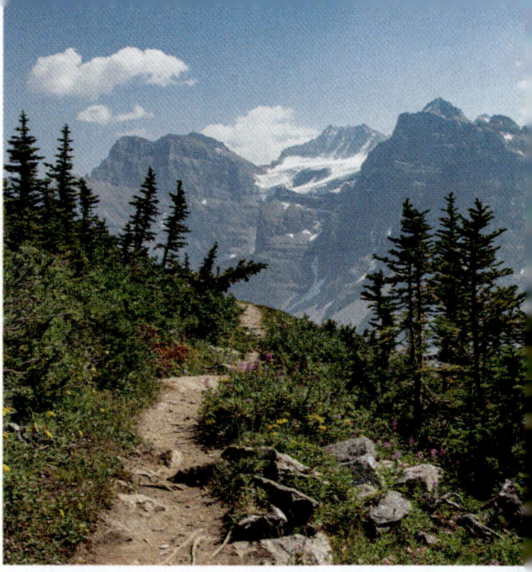

Auch auf dem Rückweg haben wir die Wenkchemna Range stets im Blick.

Wir beginnen diese Passtour an der Uferseite der **Moraine Lake Lodge (1)**, 1880 m, und gehen den breiten Teerweg zwischen Restaurantgebäude und See Richtung Talende bis zum Boat Rental. Kurz darauf zweigt rechts unser breiter Serpentinenweg in den montanen Wald ab. Nach einer knappen Stunde haben wir diese Etappe bezwungen und die erste Bergschulter ist erreicht. An der Gabelung auf dem offenen Plateau schwenken wir nach links. Um den kaum spürbar steigenden schmalen Wurzelpfad beginnt sich der Wald zu lichten und Wildblumenwiesen, gespickt mit Weidenröschen, öffnen die Sicht auf die steil aufragenden Ten Peaks.

2,5 km weiter im Talinneren haben wir den Wald hinter uns gelassen und queren nun in großem Bogen auf schmalem Pfad einen scharfkantigen Schutthang. Den Talschluss im Blick, erscheint nun links unterhalb der See, welcher über einen bewachsenen Steilabstieg neben der großen Geröllfurche am Südende erreicht werden kann. Auf den Felsblöcken am Nordende bieten sich tolle Aussichten auf den **Eiffel Lake (2)**, 2340 m, vor der schroffen Bergkulisse. Reichliche 2 km wandern wir im Kargelände, über satte Feuchtwiesen und mineralienreiche Bäche im Geröll vor dem letzten Anstieg zum **Wenkchemna Pass (3)**, 2600 m, wo auch im Spätsommer noch Schneefelder liegen können. – Selber Weg zurück.

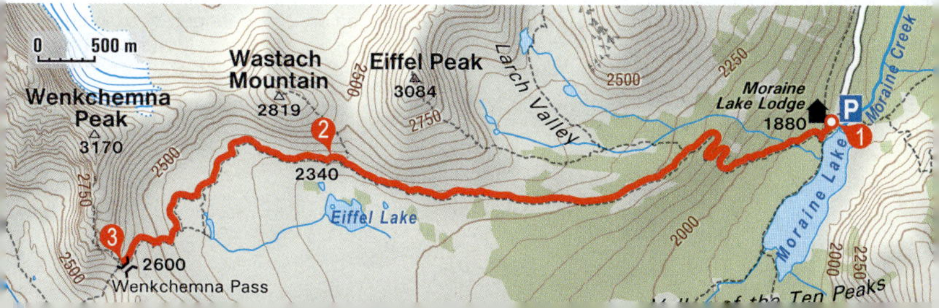

29 Sentinel Pass und Paradise Valley

7.30 Std.

Aufregende Tagestour zu einem wilden Pass und zwei reizenden Tälern

Vom weltberühmten Seemotiv vor einer mehr als zehngipfeligen Felsflanke geht's hoch hinaus durch ein luftiges Lärchental zum schmalkantigen, abenteuerlichen Joch des Mt. Temple. Er wurde als einer der ersten Berge der kanadischen Rockies, die über der 11.000-Fuß-Marke liegen, bestiegen. Auf dem kühnen Schuttabstieg gelangt man schwungvoll ins paradiesische, weil vegetationsreiche Tal mit rauschenden Bächen, bronzefarbenen Riesentreppen und zum abkühlenden Lake Annette am Fuße des massigen Mt. Temple (3544 m).

Ausgangspunkt: Öffentlicher Pkw-Parkplatz am Moraine Lake, 1880 m, am Ende der 12 km langen Moraine Lake Road. Diese zweigt auf der Zufahrtsstraße vom Lake Louise Village zum Lake Louise nach etwa 1,5 km links ab.
Endpunkt: Parkplatz Paradise Valley an der Moraine Lake Road (ausgeschildert), 1730 m, etwa 2,3 km südlich des Abzweiges zum Lake Louise Drive.
Transfer: Zum Moraine Lake mit dem öffentlichen ROAM Bus (Linie 10 »Moraine Lake«) oder Parks Canada Shuttle (Tel. +1 519 826 5391, www.pc.gc.ca/en/pn-np/ab/banff/visit/parkbus/louise).
Vom Endpunkt zurück zum Aussichtspunkt: (1) Entweder man zweigt an der letzten Weggabelung nach links Richtung Lake Louise ab und nimmt den Shuttle-Bus oder (2) plant mit Taxi oder zwei Fahrzeugen.
Höhenunterschied: Anstieg: 950 m, Abstieg: 1090 m.
Anforderungen: Anstrengende, aber überwiegend unkomplizierte Bergwanderung auf gut markierten Wegen. Der

Blick vom Sentinel Pass über die Minnestimma Lakes ins Tal der Wenkchemna Range.

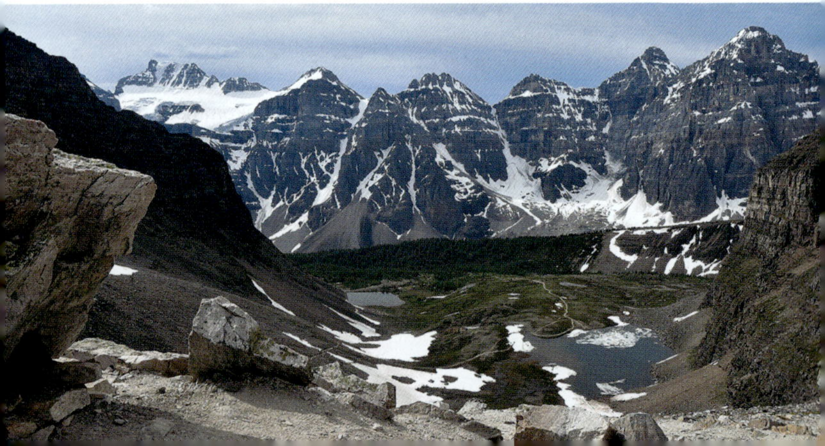

Abstieg vom Sentinel Pass, dessen sehr steiler, loser Geröllhang ohne Weg und Markierung einer Schlitterpartie gleicht, erfordert absolute Trittsicherheit, Orientierungssinn und Schwindelfreiheit. Bis zum Pass führt der breite Pfad stetig bergauf und kumuliert am Pass in einigen scharfen Kehren – im Gegensatz zum Paradise Valley, wo der meist im Wald verlaufende Pfad in wesentlich sanfterem Gefälle zurück zur Straße führt.

Einkehr/Unterkunft: Moraine Lake Lodge (Tel. +1 403 522 3733, www.morainelake.com). Backcountry Camping (Parks Canada, Tel. +1 519 826 5391, www.pc.gc.ca/banff-backcountry).

Hinweise: In Abhängigkeit von der Bärenaktivität werden Restriktionen bezüglich der Mindestpersonenanzahl in Kraft gesetzt, auch Campingplätze geschlossen. Parken am Highlight der Rockies limitiert, bereits frühmorgens füllen sich in der Hochsaison die letzten Parkplätze. Aktuelle Shuttle-Optionen auch beim Lake Louise Visitor Center erfragen (www.banfflakelouise.com/explorethepark/transit-and-shuttles).

Varianten: (1) Beide Täler sind jeweils auch separat zu erkunden, sodass man den schwierigen Passabgang vermeiden kann.

(2) Endpunkt Lake Louise, entweder über den Saddleback, indem man am Abzweig Richtung Sheol links hinaufsteigt und anschließend den Saddleback Trail hinabwandert (Tour 31), oder man folgt dem flacheren 4 km langen Pferdeweg an der Gabelung Richtung Lake Louise.

Karten: 082N08 (NRC); Lake Louise & Yoho (Gem Trek).

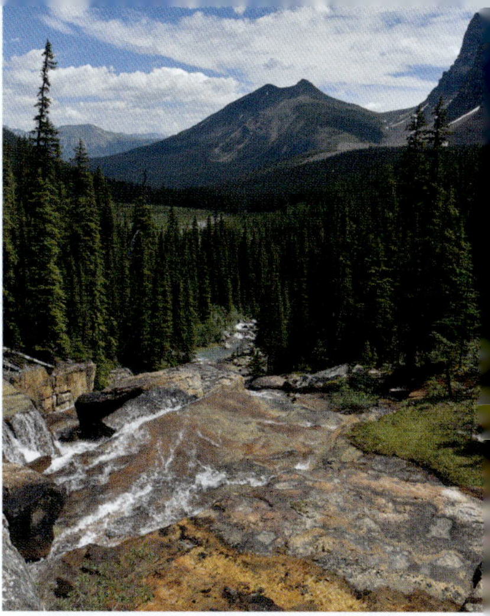

Über die orangefarbenen Giant Steps fließt der Paradise Creek ins gleichnamige Tal.

An der Uferseite der **Moraine Lake Lodge (1)**, 1880 m, gehen wir den breiten Teerweg zwischen Restaurantgebäude und See bis zum Boat Rental. Kurz darauf biegt rechts der gut 2 km lange, breite Serpentinenaufstieg in den montanen Wald ein. An der ersten Bergschulter angekommen, zweigen wir an der Gabelung auf dem offenen Plateau rechts ab hinauf ins schöne

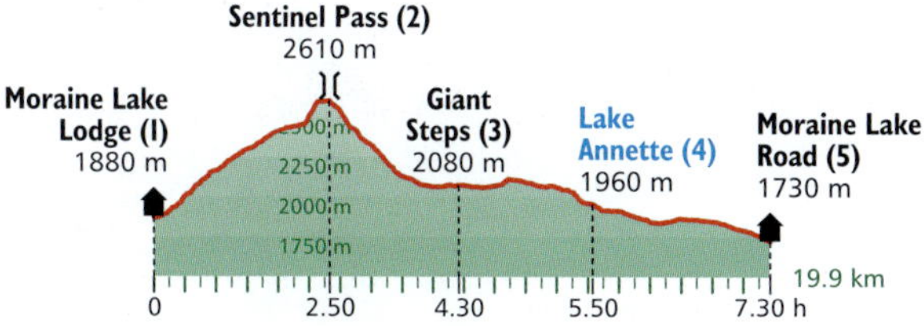

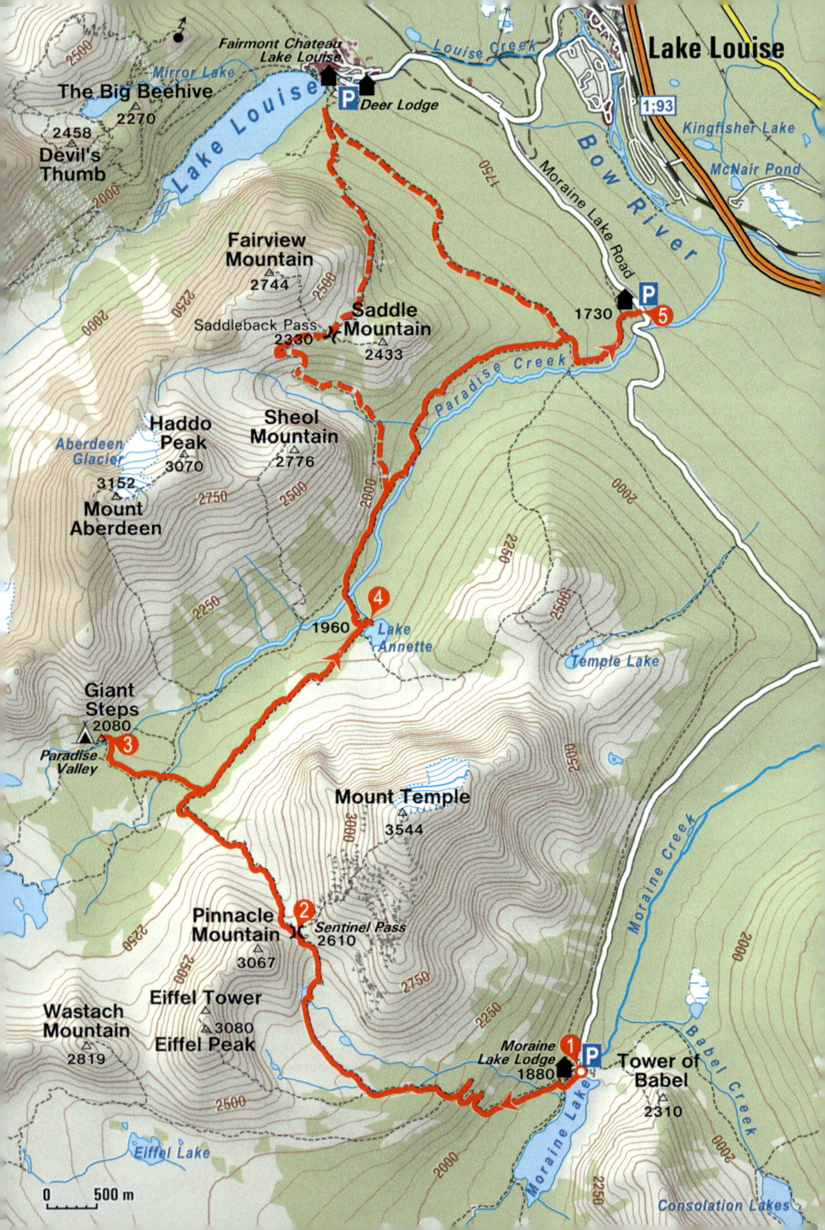
Lake Louise
Fairmont Chateau Lake Louise
Deer Lodge
Mirror Lake
The Big Beehive
2270
2458
Devil's Thumb
Lake Louise
Louise Creek
1;93
Kingfisher Lake
McNair Pond
Bow River
Moraine Lake Road
Fairview Mountain
2744
Saddleback Pass
2330
Saddle Mountain
2433
1730
5
Paradise Creek
Haddo Peak
3070
Aberdeen Glacier
3152
Mount Aberdeen
Sheol Mountain
2776
4
1960
Lake Annette
Temple Lake
Giant Steps
2080
3
Paradise Valley
Mount Temple
3544
Pinnacle Mountain
3067
2
Sentinel Pass
2610
Moraine Creek
Eiffel Tower
3080
Eiffel Peak
Wastach Mountain
2819
1
Moraine Lake Lodge
1880
Tower of Babel
2310
Babel Creek
Moraine Lake
Eiffel Lake
Consolation Lakes
0
500 m

Lärchental und erreichen nach weiteren knapp 2 km den Minnestimma Lake im Talschluss. Direkt im Anschluss erklimmen wir in großen Serpentinen auf schmalem Hangpfad den nach seinen ranken Felsspitzen benannten **Sentinel Pass (2)**, 2610 m. Das malerische Lärchental hinter uns, das grüne Paradise Valley vor uns, stehen wir erhaben auf dem felsigen Joch an der Flanke des mächtigen Mt. Temple (3544 m).
Wir orientieren uns anhand von Inukschuks in Richtung der Talöffnung, schlittern fast den extrem steilen Rutschhang hinab und passen auf, dass uns Nachkommende keinen Steinschlag oder Lawinenschub bescheren. Etwa auf der Höhe des bei Kletterern beliebten großen Nadelfelsens, wo sich das Gelände zu ebnen beginnt, führt der Bergpfad rechts im Tal entlang zur Karschwelle und vorbei an einer großen Klotzhalde in den Wald hinein. An der ersten Kreuzung halten wir uns rechts, an der zweiten links und folgen dem Schild hinab. Nach der Brücke gelangen wir – am Campingplatz rechts vorbei – etwa 15 Min. später zu den großkantigen **Giant Steps (3)**, 2080 m. Mit einzelnen Highlights versetzt verläuft der ansonsten wenig spektakuläre Weg durch das Paradise Valley hinaus. Zurück zur zweiten Kreuzung, hier links durch den Wald, bis wir nach etwa einer halben Stunde am Blockhang unterhalb des Mt. Temple endlich einen Ausblick auf das paradiesische Tal erhaschen können. Nach weiteren 20 Min. Waldwandern bietet der **Lake Annette (4)**, 1960 m, ein erfrischendes Bad in attraktivem Bergambiente.
Die letzten 5,7 km unterm Nadelwalddach geleiten uns sanft absteigend entlang des Paradise Creek und mit letzten Blicken zurück zum Tempelberg hinaus. Am Abzweig Sheol, etwa 20 Min. nach dem See, halten wir uns geradeaus. Etwa eine Dreiviertelstunde später zweigen wir an der Gabelung rechts ab (in vom Lake Louise entgegengesetzter Richtung) und halten uns anschließend links-geradeaus, um nicht auf den Moraine Lake Highland Trail zu gelangen. Einen Kilometer später zielen wir am Wegkreuz geradewegs hinab zum Parkplatz an der **Moraine Lake Road (5)**, 1730 m.

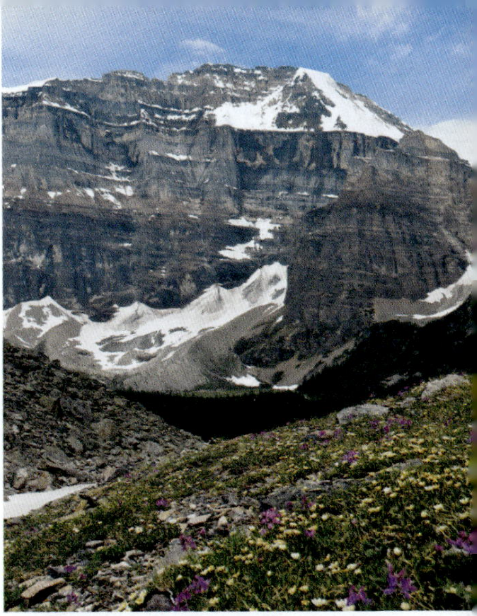

Über farbenprächtige Alpinwiesen geht's nach dem Schutthang hinab ins Paradise Valley.

TOP **30** # Lake O'Hara

4.00 Std.

Auserlesene Bergwanderung im anmutigen Tal der malerischen Seen

Wirklich vollkommen entzückend ist die Berglandschaft auf der westlichen Rückseite des Mt. Victoria (3464 m), dem Hausberg von Lake Louise. Die besinnliche, raue Schönheit wird durch scharfe Restriktionen vor der Zerstörungskraft des Massenpublikums verschont. Ein kleines Paradies zwischen scharfkantigen Schneebergen und ein wichtiger Korridor für die scheuen Grizzlys.

Ausgangspunkt: Le Relais, 2030 m, am Ende der für öffentlichen Verkehr geschlossenen, 11 km langen Wirtschaftsstraße. Der öffentliche Parkplatz liegt 15 km östlich von Field und 13 km westlich von Lake Louise am Transkanada Highway (ausgeschildert).
Transfer: Reservierungen für den heiß begehrten Shuttle-Bus vom Parkplatz »Lake O'Hara« am Transkanada-Highway ins Tal des gleichnamigen Sees über Parks Canada (https://parks.canada.ca/pn-np/bc/yoho/activ/randonnee-hike/ohara/visit).
Höhenunterschied: 670 m.
Anforderungen: Eine abwechslungsreiche Bergwanderung, die über schmale Bergpfade an Steilhängen, durch feuchte Wiesen und Ufergelände sowie über naturgetreue Treppen führt. Trittsicherheit, Orientierungssinn und Schwindelfreiheit sollten vorhanden sein.
Einkehr: Le Relais, eine kleine bewirtschaftete Schutzhütte des Lake O'Hara Trails Club, wo für Snacks und heiße Getränke gesorgt wird (www.lotc.ca/about).
Unterkunft: Lake O'Hara Lodge (Tel. +1

Viele Seen kennzeichnen das offene Tal um den Lake O'Hara im Yoho Nationalpark.

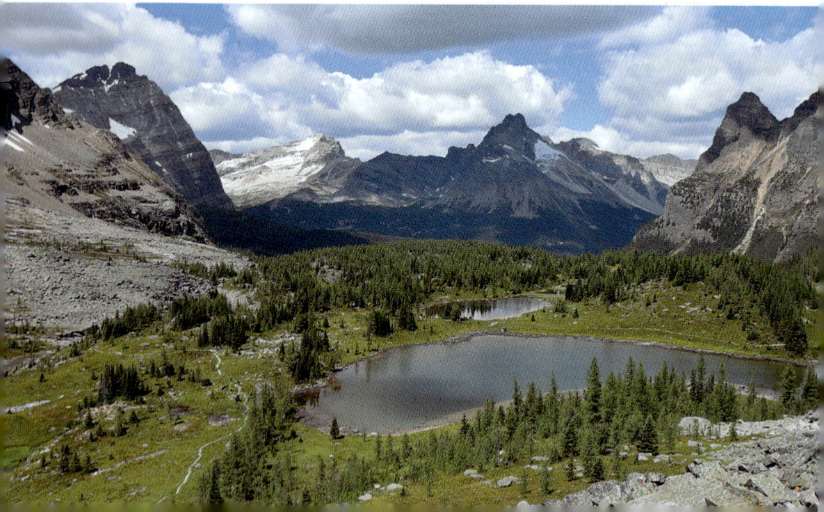

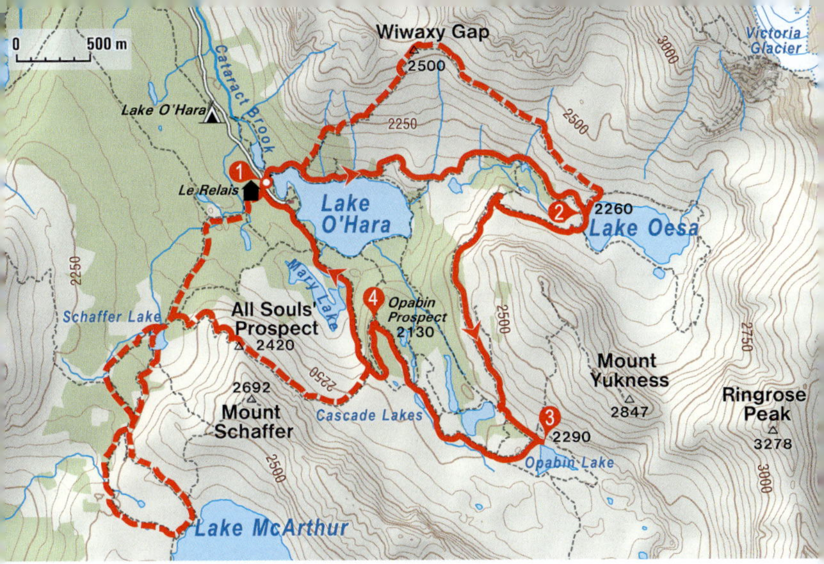

250 343 6418, www.lakeohara.com). Elizabeth Parker Hut (Alpine Club of Canada, Tel. +1 403 678 3200, www.alpineclubofcanada.ca/web/ACCMember/Huts/Elizabeth_Parker_Hut.aspx). Backcountry Camping (Parks Canada, Tel. +1 519 826 5391, www.pc.gc.ca/en/pn-np/bc/yoho/activ/randonnee-hike/ohara).

Hinweise: Nur begrenzte Personenanzahl im Tal erlaubt, weshalb eine extrem hohe Nachfrage besteht. Kräftige Wanderer, denen weder Busticket noch Übernachtungsplatz vergönnt sind (beides muss vorher reserviert werden), können zu Fuß die staubige Feuerstraße hineinlaufen. Für den Rückweg sollte man rechtzeitig am Relais auf die ausfahrenden Busse warten, um nicht auch hinauslaufen zu müssen.

Varianten: Je nach Befinden und Startpunkt bieten sich für Konditionsstarke zwei Optionen an:

(1) Die steile Wiwaxy Gap & Huber Ledges Alpine Route, die vom Westufer des Lake O'Hara über das Joch zwischen Wiwaxy Peaks (2703 m) und Mount Huber (3368 m) zum Lake Oesa führt (4 km).

(2) Vom Opabin Lake über die All Souls' Alpine Route zum Lake McArthur und zurück zum Lake O'Hara (ca. 11 km).

Karten: 082N08 (NRC); Lake Louise & Yoho (Gem Trek).

Die Wanderung beginnt am gemütlichen **Le Relais (1)**, 2030 m, von der aus wir hinab zum gegenüberliegenden Ufer des anmutigen Lake O'Hara gelangen. Auf dem waldigen Uferweg spazieren wir knappe 900 m, bis uns der beschilderte Abzweig links hinauf zum Lake Oesa verweist. Durch die letzten Baumreihen, über schmale Steinhalden, am hinreißenden Wasserfall und an schimmernden Seen vorbei, geht es die nächste knappe Stunde auf dem attraktiv angelegten Bergpfad die Talstufe hinauf zum kristallklaren, talschließenden **Lake Oesa (2)**, 2260 m.

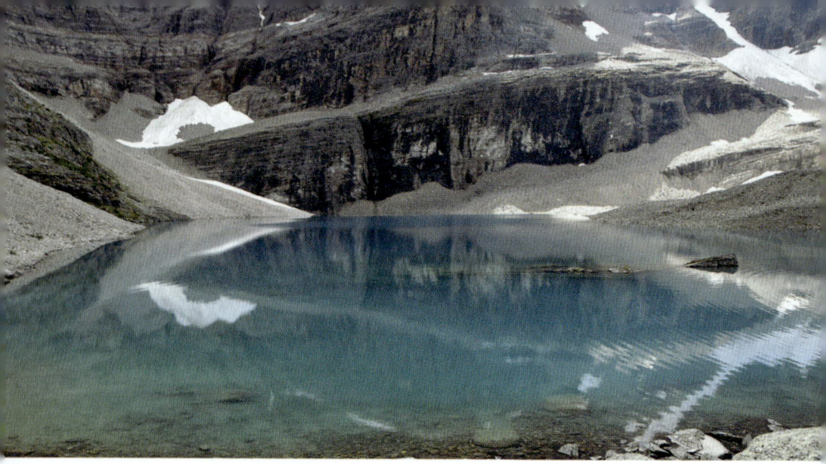

Die Natur braucht kein »digitales Lifting«: Der Lake Oesa strahlt von ganz allein.

Nun wird's steinig-alpin, wenn wir uns am Westende des Sees an die Nordflanke des Yukness Col begeben und am steinernen Felsmassiv dem blaugelben Zeichen eine Dreiviertelstunde lang ins nächste Tal folgen. Entlang des Steilhanges Richtung Westen ergeben sich tolle Aussichten auf das Tal um den Lake O'Hara.
Kurz bevor wir auf den Hungabee Lake stoßen, folgen wir den Markierungen im Geröllfeld, um den Erdpfad zu erreichen, auf dem wir links binnen weniger Minuten zum **Opabin Lake (3)**, 2290 m, hinaufsteigen. Unser nächstes Ziel heißt **Opabin Prospect (4)**, 2130 m. Dazu halten wir uns auf dem Wiesenweg gen Westen und hüpfen über einen Bach, wobei wir nach 1,3 km dem Wegweiser geradeaus folgen und auf dem verschlungenen Pfad durch feuchten Lärchenwald bis zur exzellenten Aussichtsplattform am Felsabbruch wandern. Hier biegt der Pfad, an einem weiteren Aussichtspunkt vorbei, in die Gegenrichtung ein. Bei der kleinen Kreuzung rechts abbiegen und schon sind wir wieder auf dem Hauptpfad, in den wir rechts einmünden. Im engen Zickzack steigen wir direkt neben dem Felsblock hinab zum verwunschenen Mary Lake. Im Uferwald gelangen wir bis zur Gabelung, an der wir rechts Richtung Lake O'Hara abzweigen; dessen verträumte Bootsanlegestelle zeigt sich binnen 5 Min. Anhand der Markierungen findet man schnell den Weg zwischen den Gebäuden der Lodge hindurch zurück zum **Relais (1)** und zur Bushaltestelle.

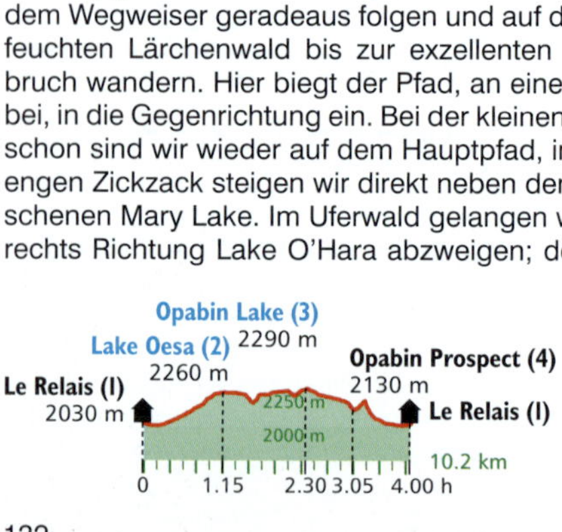

Fairview Mountain und Saddleback

Phänomenaler Überblick auf das Welterbe rund um Lake Louise

Dem Getümmel am See entkommend, entführt der felsig-ausgesetzte Gipfel in luftige Höhen mit einmaliger Aussicht auf das berühmte Landschaftsensemble am Mt. Victoria (3464 m) sowie einen der höchsten Berge der kanadischen Rockies, der zudem ohne Kletterseil und Haken erkraxelt werden kann: Mt. Temple (3544 m).

Ausgangspunkt: Öffentlicher Pkw-Parkplatz am Chateau Lake Louise, 1730 m.
Transfer: Mit dem öffentlichen ROAM Bus (Linie 8 »Lake Louise/Banff Express«) oder Parks Canada Shuttle (Tel. +1 519 826 5391, www.pc.gc.ca/en/pn-np/ab/banff/visit/parkbus/louise).
Höhenunterschied: 1050 m.
Anforderungen: Zum Saddleback sehr gut ausgebauter Bergweg, Gipfelanstieg an steilem Geröllhang. Trittsicherheit und Schwindelfreiheit notwendig.
Einkehr/Unterkunft: Fairmont Chateau Lake Louise (1750 m, Tel. +1403 522 3511, www.fairmont.de/lake-louise).
Karten: 082N08 (NRC); Lake Louise & Yoho (Gem Trek).

An der östlichen Seite des Pkw-Parkplatzes **Lake Louise (1)**, 1730 m, geht es auf dem breiten Zugang in den Wald hinein, wo uns vor Erreichen des weltberühmten Sees gleich ein Wegweiser nach links verweist. Wenige Minuten später wenden wir uns an der Gabelung Richtung Fairview Mountain

Das breite Bow Valley im Dunst naher Waldbrände.

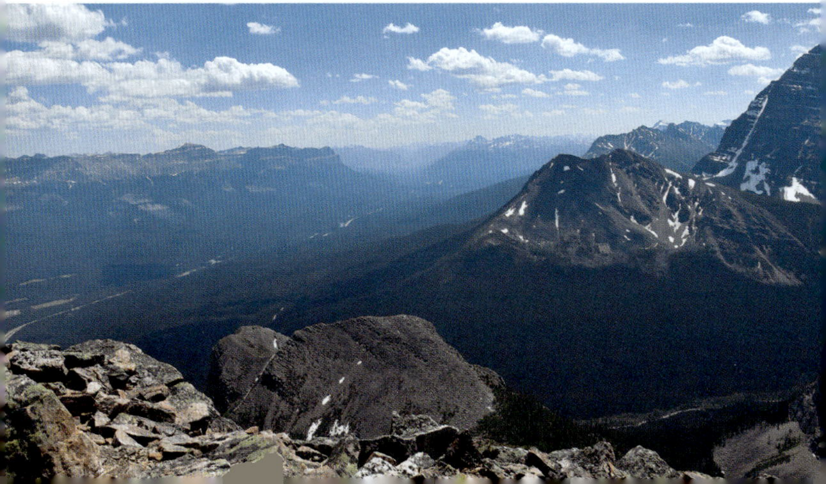

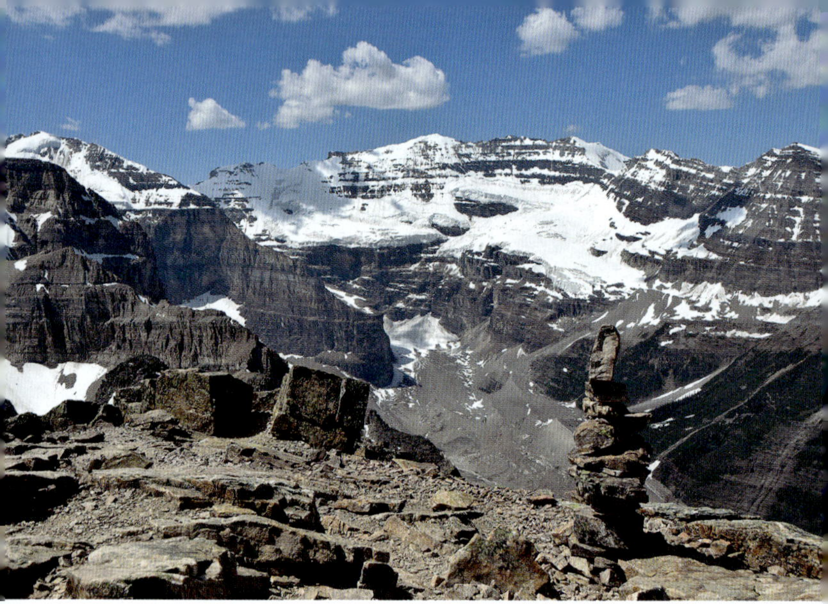

Oben: Auf dem Gipfel des Fairview Mountain mit Frontalblick zum Mount Victoria.

Unten: Das Chateau Lake Louise im breiten Tal des Bow River.

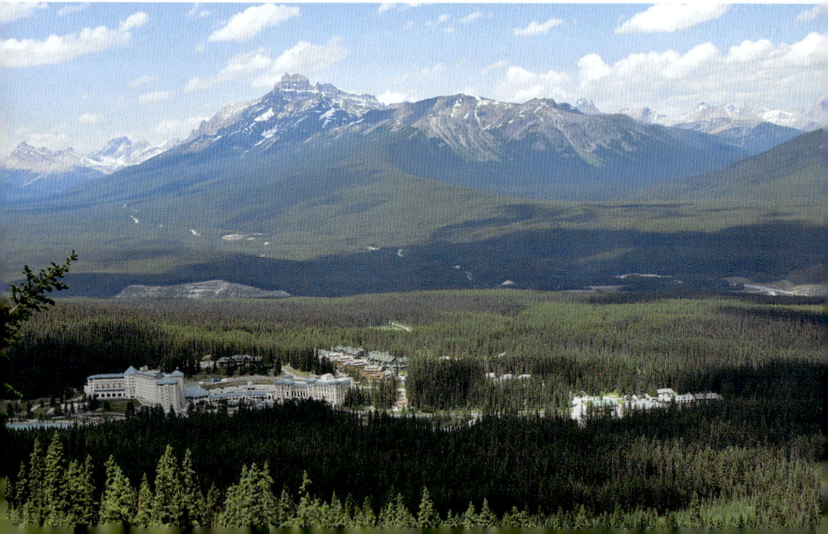

schräg links. Wir wandern nun durch dichten Drehkiefernwald. Lediglich die mit zerborstenen Mikado-Baumstämmen und zartem Jungwuchs bestückten Lawinenabgänge am Fuße der östlichen Steilflanke des Fairview Mountain zeugen von den winterlichen Gefahren und öffnen dem umsichtigen Wanderer die Sicht auf das weite Bow Valley und hinab zum luxuriösen Chateau Lake Louise. Die Wege, die sich nach 1,5 km am Abzweig trennen, führen einige Hundert Meter später wieder zusammen; rechts ist der steilere, kürzere Aufstieg. Etwa eine halbe Stunde nach Wegzusammenkunft stehen wir bereits zwischen Lärchen auf dem steinigen Pass des **Saddleback (2)**, 2330 m. Hier führen viele kleine Pfade rechts zum Gipfel hinauf. Wir nehmen jedoch den zunächst breiten, offiziellen Pfad, der kurz vor der Waldgrenze rechts abzweigt und sich kurz darauf zum sandigen Steilanstieg wandelt. Auf den letzten 850 m erklimmen wir nun den mit losem Geröll übersäten **Fairview Mountain (3)**, 2744 m. Er wartet mit gigantischen Ausblicken auf den Mount Victoria, den ihm zu Füßen liegenden, berühmten Lake Louise sowie den prächtigen Mount Temple auf.

Auf demselben Weg zurück, oder, wenn noch Schnee in den Rinnen liegt: per »Boot-Ski« hinab zum **Saddleback Pass (2)** und von dort aus zurück.

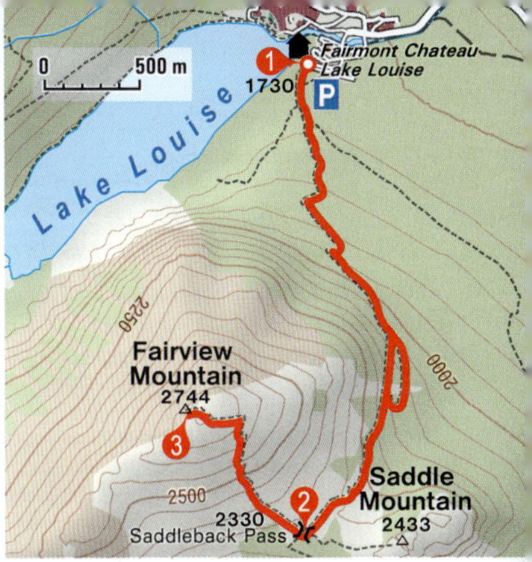

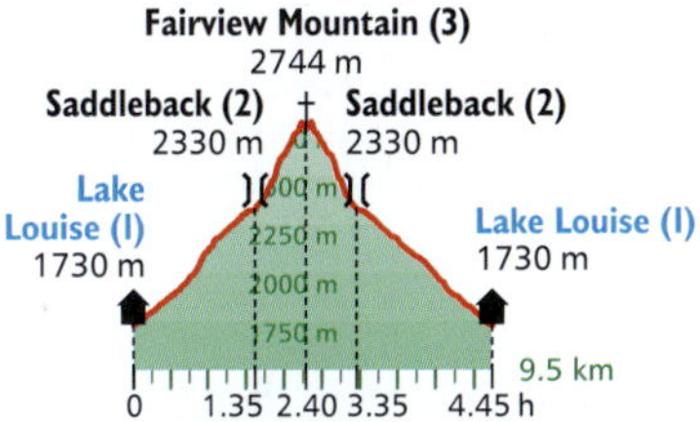

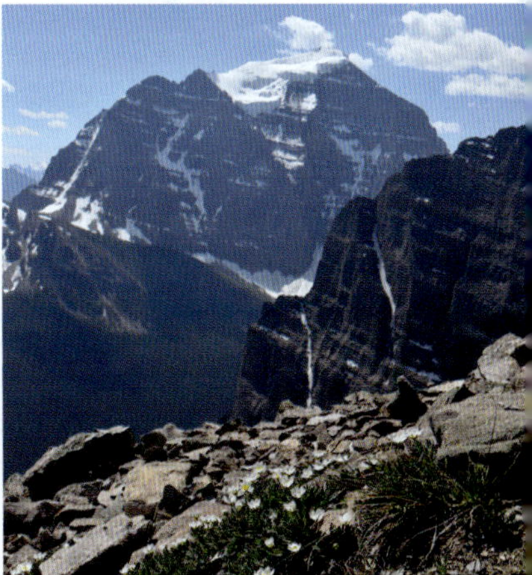

Ein »Landmark« von allen Seiten: der Mount Temple in voller Größe.

32 Lake Louise

7.15 Std.

Große Rundwanderung am Wahrzeichen der kanadischen Rockies

Diese abwechslungsreiche und viel begangene Tagestour vom Lake Louise über den Lake Agnes zur Plain of the Six Glaciers wartet mit einer Mischung aus malerischen Bergseen, schönen Ausblicken in weite Täler, Gletscherschluchten und klassischen Teehäusern auf.

Ausgangspunkt: Öffentlicher Pkw-Parkplatz am Chateau Lake Louise, 1730 m.
Transfer: Mit dem öffentlichen ROAM Bus (Linie 8 »Lake Louise/Banff Express«) oder Parks Canada Shuttle (Tel. +1 519 826 5391, www.pc.gc.ca/en/pn-np/ab/banff/visit/parkbus/louise).
Höhenunterschied: 1300 m.
Anforderungen: Zum Lake Agnes Teahouse breit ausgebauter, ansteigender und stark frequentierter Wanderweg. Anschließend, zu den jeweiligen Beehives, schmalere, teilweise steile Bergpfade, die weniger stark begangen sind. Nach dem Abstieg vom Big Beehive öffnet sich der Weg im Tal der Plains of the Six Glaciers und führt an begrünten Bergflanken entlang zum Teehaus. Dahinter durch Geröll- und Moränenlandschaft Richtung rasant schmelzendem Victoria-Gletscher. Aufgrund des ständigen Auf und Abs sowie der Länge eine konditionsfordernde, insgesamt anstrengende Tour.
Einkehr/Unterkunft: Großes Luxushotel direkt am See: Fairmont Chateau Lake Louise (1750 m, Tel. +1403 522 3511, www.fairmont.de/lake-louise).
Einkehr: Lake Agnes Teahouse, klassisches alpines Teehaus, das bereits 1905 erlesenen Tee an Wanderer ausschenkte (2135 m, Tel: +1403 7637242, www.lakeagnesteahouse.com). The Plain of the Six Glaciers Teahouse, (2090 m, https://p6teahouse.com).
Karten: 082N08 (NRC); Lake Louise & Yoho (Gem Trek).

Der Lake Louise, ganz still und unberührt vor dem Ansturm des Tages.

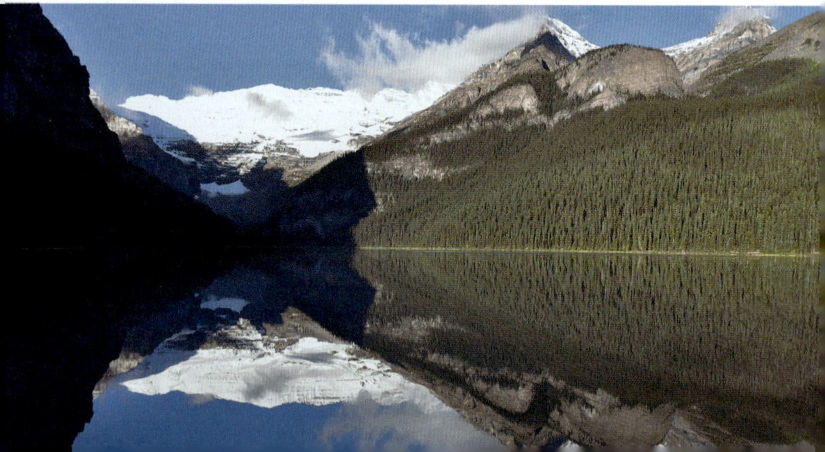

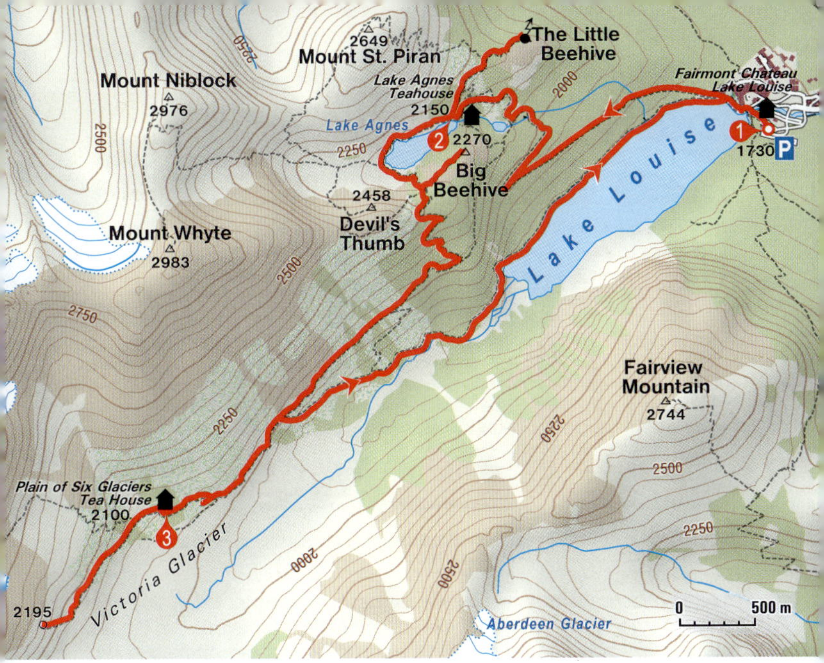

An der östlichen Seite des Pkw-Parkplatzes **Lake Louise (1)**, 1730 m, gehen wir auf dem breiten Weg hinunter zum See. Der geteerte Uferweg führt uns zwischen See und Chateau bis zur ersten beschilderten Gabelung. Hier nehmen wir den mittleren Weg. Der breite Lake Agnes Trail führt uns in den feuchten subalpinen Wald und beginnt, stetig zu steigen. Nach einer Kehre mit Blick auf den Quarzitfelsen des gegenüberliegenden Fairview Mountain gehen wir links an einem Reitweg vorbei und direkt zum Ufer des märchenhaften Mirror Lake. Wir wenden uns nach rechts und erreichen nach etlichen Treppenstufen mit »spritzigen« Aussichten auf den kleinen Brautschleierwasserfall das 1901 errichtete **Lake Agnes Teahouse (2)**, 2150 m.
Am Teehaus rechts vorbei und an der kleinen Gabelung wieder rechts, führt uns nun der Pfad unter Tannen und Lärchen hinauf. Wir bleiben auf dem steiniger werdenden Weg, halten uns am ersten großen Abzweig links und gelangen auf die breite geröllige Kuppe des Little Beehive. Von den Grundmauern des Feuerwachturms aus können wir weit in das breite Tal des Bow River blicken. Anschließend steigen wir bergab auf demselben Weg zurück zum Lake Agnes. Beim Wegedreieck direkt am Ufer biegen wir rechts auf den schmalen Pfad ab und folgen diesem zum Westende des oft bis Juni zugefrorenen Sees. Links haltend überqueren wir die Geröllflanke des Devil's

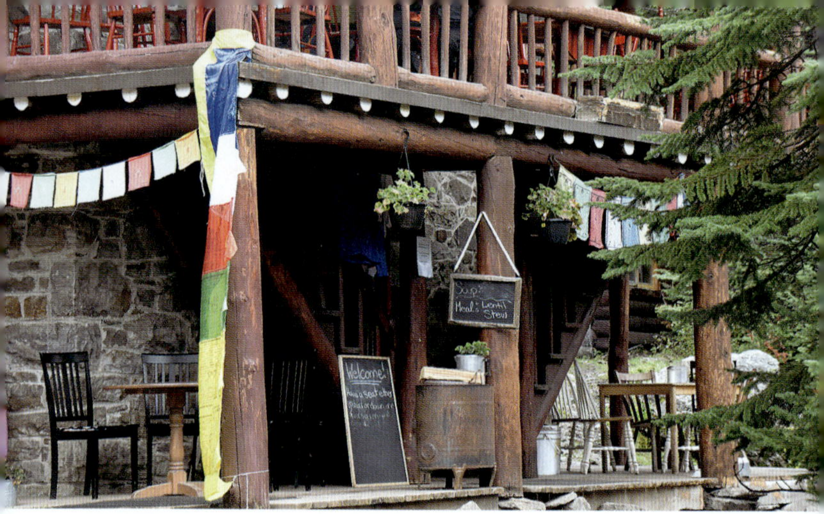

Rustikal und gemütlich erwartet uns das »Plain of the Six Glaciers Teahouse«.

Thumb, anschließend führen steile Serpentinen empor. Oben angelangt folgen wir dem links abzweigenden Weg zum Aussichtspavillon am Big Beehive. Retour zum Abzweig und nun links haltend, erfolgt der Abstieg in Richtung Lake Louise. Nach circa 1 km rechts auf den insgesamt mäßig absteigenden Highline Trail. 700 m weiter lichtet sich der subalpine Urwald und wir wandern gemütlich, uns stets rechts haltend, durch die moderat steilen Matten des Mt. Whyte. Nach einem Hangrücken gelangen wir auf die geröllige Moräne des Victoria- und Lefroy-Gletschers. Ein letzter Aufstieg führt uns im Zickzack am **Plain of the Six Glaciers Teahouse (3)**, 2100 m, vorbei. Auf dem markierten Weg noch 1,3 km weiter entlang des Grats der Gesteinsschutthalde zum Abbot Pass Viewpoint.
Der Rückweg verläuft auf derselben Route bis zur Gabelung an der Flanke des Mt. Whyte. An diesem und dem folgenden Abzweig steigen wir, uns jeweils rechts haltend, durch den teils bewaldeten Gletscherabfluss zum Lake Louise hinab zur Steilwand links. Nun auf dem Lakeshore Trail entlang zurück.

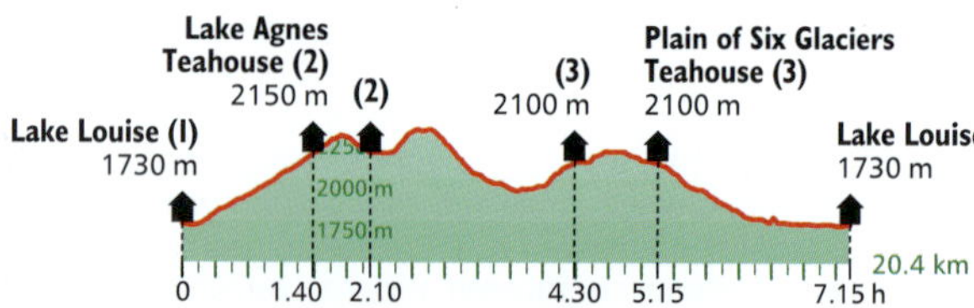

Charmanter Track durch weite Hochtäler

Der Rundweg im beliebten Skigebiet zur historischen Lodge im Blockhausstil ist auch im Sommer sehr attraktiv, bietet er doch bestmögliche Gelegenheit, Bären in freier Natur zu begegnen. Den Drehkiefernwald hinter sich lassend, erlauben die weitgehend baumlosen Ebenen umschweifende Ausblicke über sanft eingebettete Seen, ausgedehnte Weidenfelder und steinige Bergkuppen. Eine leicht sportliche Einlage bietet der an einer Geröllflanke entlangführende Ausflug zum Merlin Lake, dessen zauberhaftes Ufer über einen Felsabbruch erklommen werden will.

Ausgangspunkt: Öffentlicher Parkplatz »Fish Creek«, 1710 m. Vom Transkanada Highway am Abzweig Richtung Lake Louise in die entgegengesetzte Richtung auf den Whitehorn Drive zum Sightseeing Lift und Skigebiet abzweigen, nach 1,6 km rechts auf die Schotterpiste Fish Creek abbiegen. Vor der Schranke rechts ist der Parkplatz.
Höhenunterschied: 1540 m.
Anforderungen: Unkomplizierte Bergwanderung auf gut markierten Wegen, wobei die Talstufe zum Merlin Lake leicht erkraxelt werden muss. Der Hauptan- und -abstieg zieht sich zwischen Ausgangspunkt und Boulder Pass: vom Parkplatz bis zur Skiliftstation breite Schotterstraße, anschließend breiter Wurzelwaldweg. Ab dem Boulder Pass führen schmale Pfade durch die subalpine Hochtallandschaft, zum Teil etwas schlammig. Das Waldstück am Fossil Mountain ist durch massive Lawinenabgänge 2017 stark beschädigt worden.

Der nach Schneehühnern benannte Ptarmigan Lake erstreckt sich direkt hinter dem Boulder Pass.

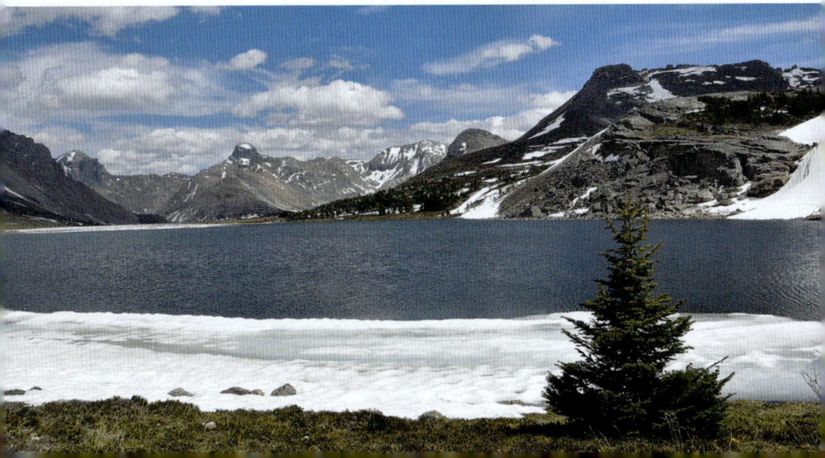

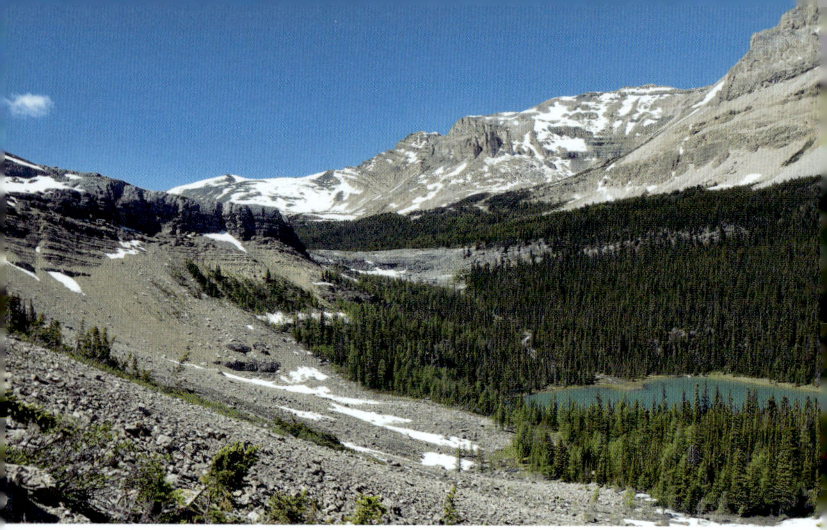

Oberhab des Castilleja Lake führt der Pfad vorbei ins Tal zum Merlin Lake.

Einkehr: Keine.
Unterkunft: Skoki Lodge (Tel. +1 403 522 1347, www.skokilodge.com). Backcountry Camping (Parks Canada, Tel. +1 519 826 5391, www.pc.gc.ca/banff-backcountry).
Varianten: (1) Anstatt Deception Pass kann der Rückweg auch auf dem Packer's Pass erfolgen. Der Abzweig beginnt an der Skoki Lodge, über die Brücke Richtung Merlin Lake, aber sofort links abzweigen.
(2) Die Runde kann ebenso um die Nordseite des Skoki Mountain (2697 m) führen. Dazu an der Kreuzung im Cotton Gras Tal geradeaus knappe 3 km zu den Red Deer Lakes wandern, dort links etwa 4 km zum Merlin Meadows Campground und 20 Min. nach Süden zur Lodge.
(3) Konditionsstarke Kraxler können den Skoki Mountain erklimmen.
Tipp: Kochbuch der berühmten historischen Lodge: Katie Mitzel (2019): »The Skoki Cookbook: Trailblazing Through History and Culinary Delights«. Random House.
Karten: 082N08 & 082N09 (NRC); Lake Louise & Yoho (Gem Trek).

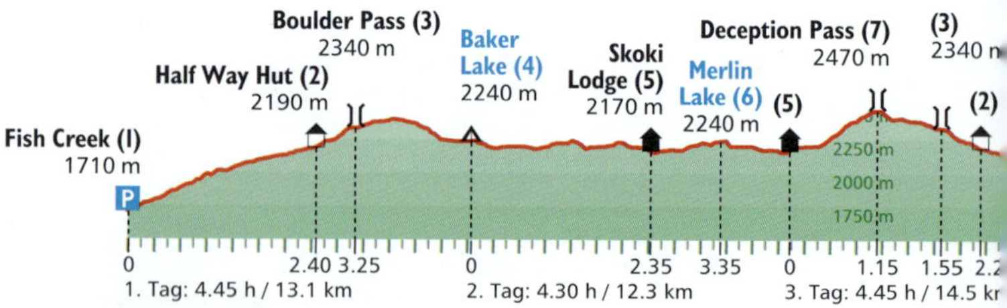

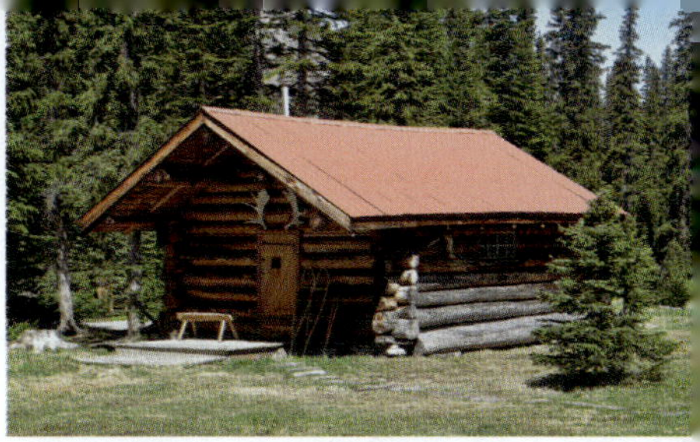

Eines der kleinen, urtypischen Blockhäuser der Skoki Lodge.

Am Parkplatz **Fish Creek (1)**, 1710 m, gehen wir auf der gleichnamigen, breiten Schotterstraße an der Schranke vorbei und halten uns rechts. Nach einer halben Stunde am Abzweig geradeaus, wandern wir etwa 45 Min. weiter auf dieser uncharmanten Straße. Lediglich eine Brücke und ein Pferdegatter bieten mittig etwas Abwechslung. Am von Bergwiesen durchbrochenen Kerbtal an der Skiliftstation tauchen wir, richtungshaltend, endlich in den Waldpfad ein, welcher uns gute 3,5 km später zur 1931 errichteten **Half Way Hut (2)**, 2190 m, führt. In ihr sollen vier in den 1930er-Jahren durch eine Lawine umgekommene Skifahrer heute noch herumgeistern.

An der Kreuzung rechts geht's nun etwa eine halbe Stunde zur Baumgrenze und über ein Geröllfeld hinauf zum **Boulder Pass (3)**, 2340 m. Er bietet Ausblicke zum perfekt am Ende des Corral-Creek-Tales in Szene gesetzten Mt. Temple (3544 m) auf der einen Seite und dem breiten Hochtal des Ptarmigan Lake auf der anderen. Am linken, teilweise feuchten Seeufer wandern wir ins Tal hinein, geradeaus an der knapp 2 km später folgenden Gabelung vorbei, über alpine Wiesen und die flache Talstufe hinab zum Campingplatz am in Weiden gehüllten **Baker Lake (4)**, 2240 m.

Am nächsten Morgen zweigen wir an der kurz hinter dem Zeltplatz gelegenen Wegscheide am Fuße des Fossil Mountain (2946 m) links ab, um ins weit ausgeschnittene Hochtal des Wollgraspasses zu gelangen, wo wir unter freiem Himmel und mit weiter Sicht in die Landschaft etwa eine halbe Stunde nach Norden ziehen. An der Gabelung zu den Red Deer Lakes schwenken wir links ein, stets am Fuße des Fossilberges bleibend, und umrunden diesen nun an der bewaldeten Nordflanke halb, bis sich das schmale Tal öffnet. Uns rechts haltend und der Beschilderung folgend, erreichen wir nach etwa 10 Min. die ebenfalls in den 1930er-Jahren von Skienthusiasten errichtete **Skoki Lodge (5)**, 2170 m, deren Bänke am Bach zur Pause einladen. Wer hier nächtigt, kann sich schon häuslich einrichten, bevor es zum nächsten zauberhaften Ziel weitergeht. Der Merlin Lake liegt etwa eine Stunde entfernt, hinter einer Steilmauer verborgen. Von der Lodge überqueren wir links abzweigend die kleine Brücke des Baches, folgen den Wegweisern zuerst geradeaus, dann rechts zum kurzen Waldanstieg, bis wir freie Sicht ins Tal haben und auf schmalem Pfad ein mit scharfkantigen Brocken versetztes Geröllawinenfeld bis zum ersten Felssockel queren. Nun sehen wir die felsige

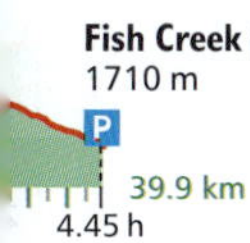

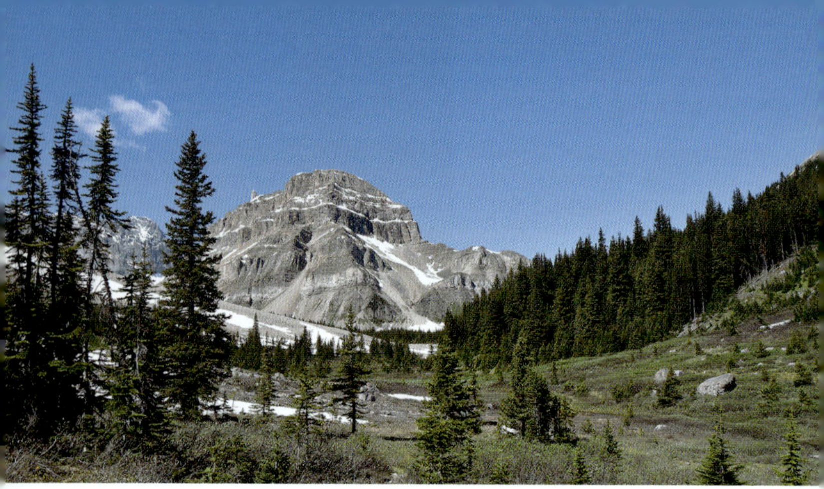

Die »Wall of Jericho« mit ihrem Eidechsenkamm auf dem Rücken.

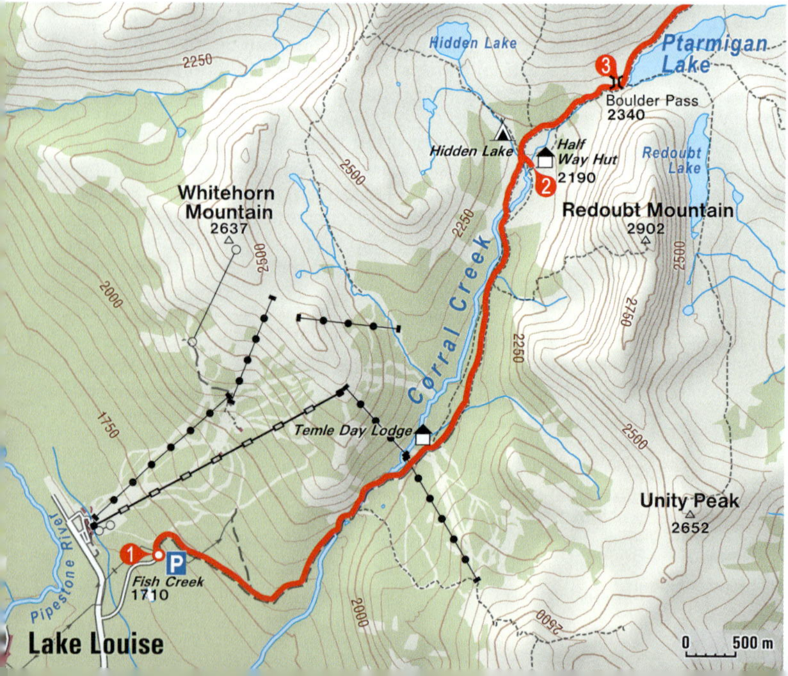

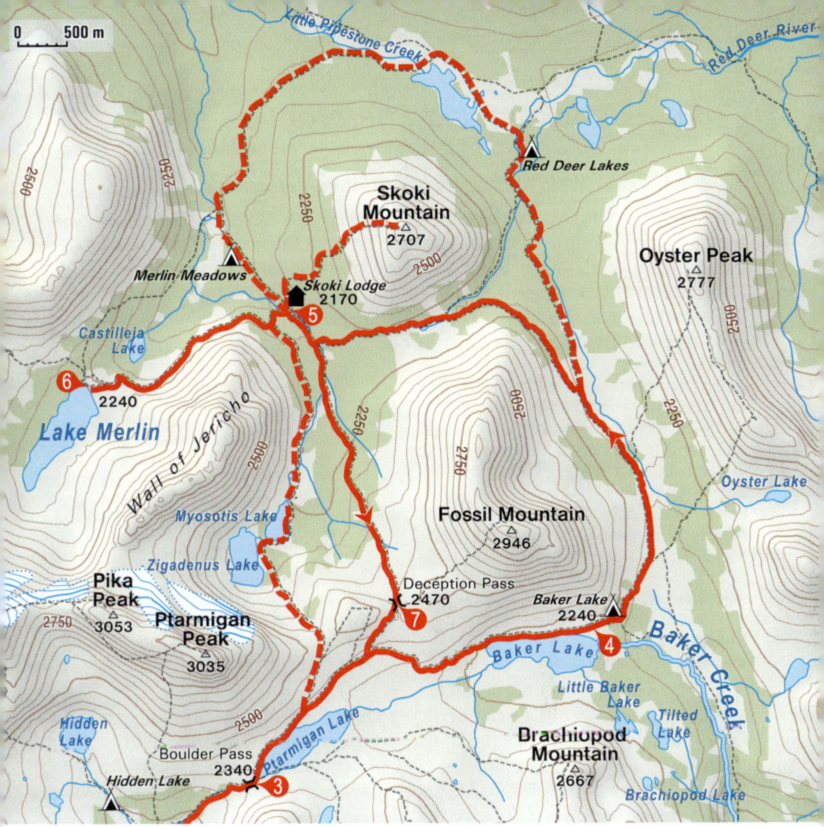

Talstufe vor uns, zu der wir entlang eines steilen Rutschhanges binnen 15 Min. gelangen. Jetzt heißt es, zwischen den scharfkantigen Felsen den schmalen Zickzackpfad am Kliff hinaufzukraxeln. Oben angelangt, schimmert der im hohen Kar vor uns liegende **Merlin Lake (6)**, 2240 m. Für den Heimweg kehren wir zur **Skoki Lodge (5)** zurück.
An unserem dritten Tag wenden wir uns nach links und halten uns an der nächstfolgenden Kreuzung 5 Min. später geradeaus Richtung Deception Pass. Wir steigen eine gute Stunde auf dem von Pferden ausgetretenen, nach Süden führenden Erdweg zum **Deception Pass (7)**, 2470 m, hinauf. Von hier aus führt der Pfad schräg rechts in Richtung Ptarmigan Lake hinab und bringt uns in 5 Min. zum Hinweg zurück, auf den wir rechts einschwenken.

34 Paget Lookout und Sherbrooke Lake

4.15 Std.

Kontrastreicher Waldausflug an der Kontinentalscheide

Nahe dem Kicking Horse Pass bietet diese ruhige Waldwanderung auf einen Schlag einen weitreichenden Ausblick sowohl über den sich lang hinstreckenden Pass als auch zu einem verwilderten See im versteckten Tal des Sherbrooke Creek. An den steilen Hängen des Kicking-Horse-Passes haben die Ingenieure der Canadian Pacific Railway mit den Spiraltunneln bereits vor über einhundert Jahren ein technisches Meisterwerk geschaffen.

Ausgangspunkt: Parkplatz Paget Lookout, 1625 m, neben der ehemaligen Great Divide Lodge, gegenüber des Wapta Lake am Transkanada Highway (15 km westlich von Lake Louise, 12 km östlich von Field).
Höhenunterschied: 550 m.
Anforderungen: Aufstieg zum Lookout konditionserfordernd, ansonsten einfache Talwanderung im Wald. Teilweise sehr nasser und überschwemmter Uferweg am Sherbrooke Lake.
Einkehr: Keine.
Variante: Vom Fire Lookout steil auf dem Geröllpfad hinauf zum Paget Peak (2560 m), Schwindelfreiheit und Trittsicherheit notwendig.
Karten: 082N08 (NRC), Lake Louise & Yoho (Gem Trek).

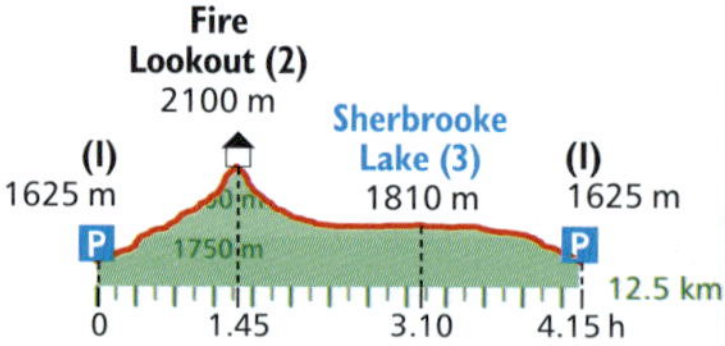

Vom **Parkplatz Paget Lookout (1)**, 1625 m, neben der ehemaligen Great Divide Lodge wenden wir uns entweder direkt hinauf in den Wald oder wir folgen der kurzen Schotterpiste und anschließend dem breiten Waldweg bergan. An der ersten T-Kreuzung wenige Minuten später biegen wir links ab und haben nach etwa 20 Min. Waldwanderung die Gabelung zum Aussichtspunkt erreicht. Rechts einschwenkend, beginnt der schmale, steile, 2 km lange Anstieg durch Drehkiefernwald, welcher uns zum schutzbietenden Häuschen, dem alten **Fire Lookout (2)**, 2100 m, bringt. Hier reichen die Blicke ins Lake-O'Hara-Tal und weit entlang des Transkanada Highways. Von hier aus besteht die Möglichkeit,

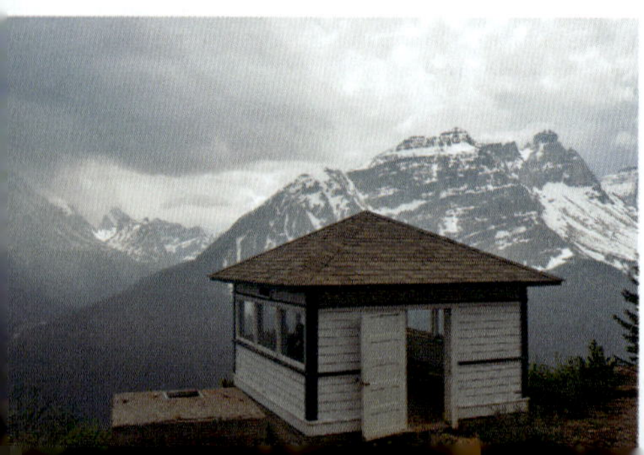

Das verlassene Feuerwachhäuschen bietet eine grandiose Aussichtsloge.

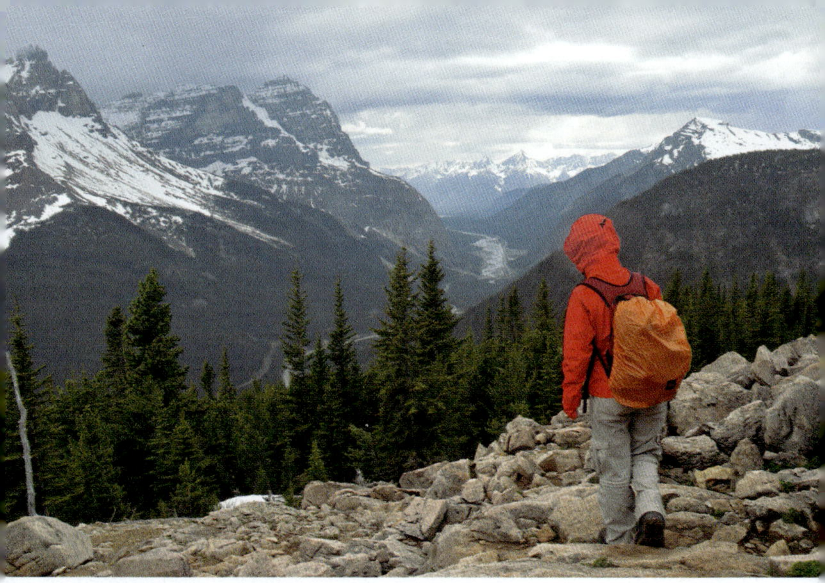

Oberhalb des Paget Lookout schweift der Blick weit ins Tal des Kicking Horse River.

über den weiterführenden schmalen Pfad steil bergan auf den Gipfel des Paget Peak zu steigen.

Um zum eingewucherten See zu gelangen, nehmen wir denselben Weg im Wald zurück bis zum Abzweig und schlagen den rechten Pfad ein. Dieser führt uns rund 30 Min. im feuchten Bachtal entlang, teilweise über Holzstege in sumpfigen Bereichen, bis wir unser zweites Etappenziel sehen, den Sherbrooke Lake. Am tiefen, wurzeligen Ostuferweg wandert man noch 1,5 km weiter bis zum Nordende des **Sherbrooke Lake (3)**, 1810 m.

Auf dem bekannten Talweg geht es dann zurück zum **Parkplatz Paget Lookout (1)**.

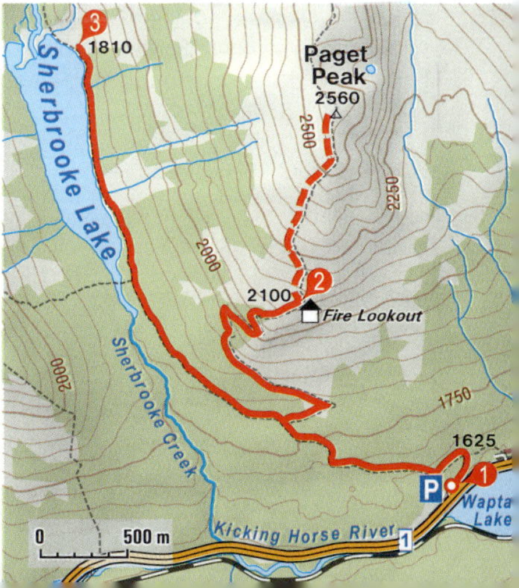

35 Whaleback & Iceline Trail

2 Tage

Großartige Aussichtswanderung mit erstklassigen Wasserfällen

Diese kurzweilige, klassische Zweitagestour im abwechslungsreichen Yoho Valley ist mit allen Reizen gesegnet, die die kanadischen Rockies zu bieten haben: ausgezeichnete Wasserfälle, ursprüngliche Bachtäler, ein alpiner Höhenweg zwischen gletscherbedeckten Bergflanken, Eisseen, Panoramasicht sowie ein idyllischer Bergsee im von Elchen bewohnten Wald.

Ausgangspunkt: Parkplatz Takakkaw Falls, 1520 m, am Ende der 13 km langen Yoho Valley Road (ausgeschildert). Von Field kommend auf dem Transkanada Highway Richtung Ost, 3,5 km später links Richtung Takakkaw Falls abbiegen und bis zum Ende der schönen Sackgasse fahren.

Höhenunterschied: 1590 m.

Anforderungen: Sehr gute Beschilderung mit vielen Variationsmöglichkeiten im Tal, je nach Kondition und Bedürfnis stets anpassbar. Beginnend mit sacht ansteigenden Waldwurzelpfaden, gipfelt die Bergtour in zwei Strecken entlang alpiner Bergschultern ohne besonders knifflige Partien, aber mit Auf- und Abstiegen, die Kondition und Trittsicherheit erfordern.

Einkehr/Unterkunft: Twin Falls Chalet (vorübergehend geschlossen; Stand 2022).

Unterkunft: Stanley Mitchell Hut (Alpine Club of Canada, Tel. +1-403-678-3200, www.alpineclubofcanada.ca/web/ACCMember/Huts/Stanley_Mitchell_Hut.aspx), Whiskey Jack Hostel (Tel. +1 613 237 7884, www.hihostels.ca), Frontcountry Camping (First Come First Serve), Backcountry Camping (Parks Canada, Tel. +1 519 826 5391, www.pc.gc.ca/ynp-backcountry).

Varianten: (1) Sowohl Iceline Trail als auch Whaleback lassen sich jeweils an einem Tag erwandern.

(1a) Whaleback: Im Yoho-Valley hinauf zum Twin Falls Chalet. Nun entweder rechts hinauf über die anstrengende Route auf dem Bergrücken oder links über die Brücke über den Marpole Connector hinab. Auf dem einen oder anderen Pfad im Tal des Little Yoho Valley angekommen, links zurück zum Yoho Valley Trail und hinab zum Ausgangspunkt.

(1b) Iceline: Die Rundtour führt den Yoho Valley Trail hinauf, an den Laughing Falls links ins Little Yoho Valley abzweigen und entweder die kurze Variante über den nach 2,2 km links abzweigenden Celeste Lake Trail hinauf zum Iceline Trail oder weiter 3 km ins hintere Tal wandern und von der Kiwetinok Pass Junction links hinaufsteigen, um die komplette Szenerie genießen zu können. In der beschriebenen Richtung ist der Anstieg weniger steil, es geht aber ebenso andersherum.

(2) Wer den kleinen Umweg über den Yoho Lake auslassen möchte, kann den Iceline Trail an der Kreuzung zum Highline Trail direkt hinab zu den Takakkaw Falls laufen (ca. 3 km).

Karten: 082N08/09/10 (NRC); Lake Louise & Yoho (Gem Trek).

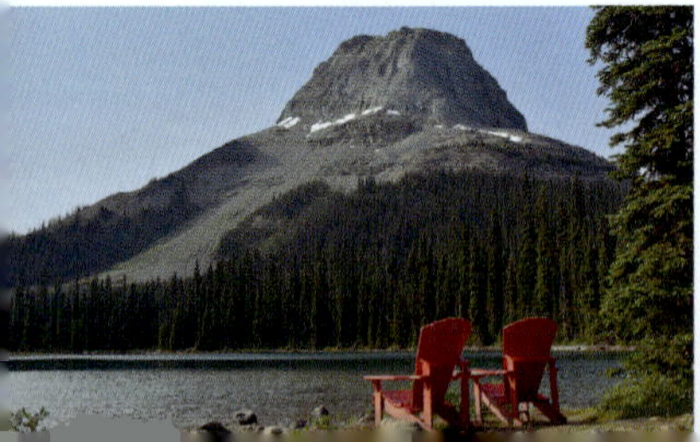

Die offiziellen roten »Parks Canada«-Sessel mit Blick auf den Wapta Mountain.

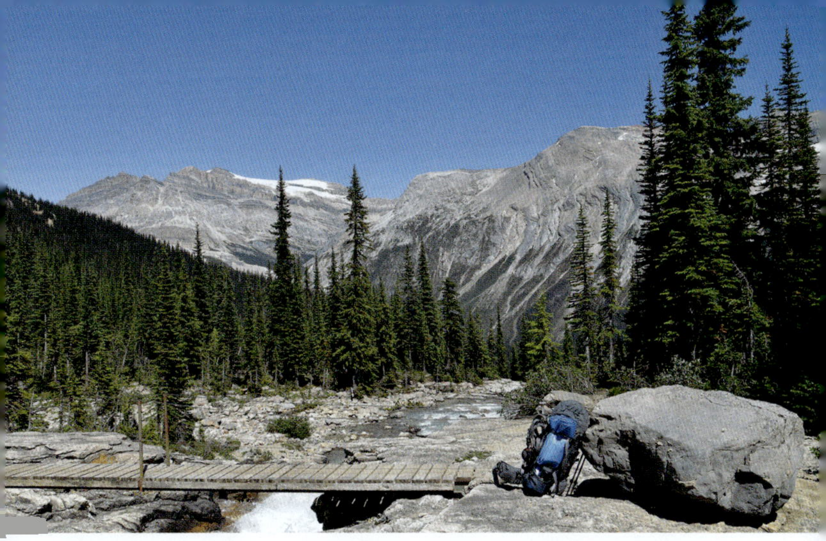

Oberhalb der Twin Falls überbrückt ein Steg den kleinen Bach. Ideal für eine Pause!

Ausgehend vom **Parkplatz Takakkaw Falls (1)**, 1520 m, statten wir gleich zu Beginn den imposanten Wasserfällen einen Besuch ab, indem wir auf dem festen breiten Weg rechts am Fluss entlang und über die Brücke gehen. Die Takkakaw Falls sind – alle Kaskaden eingerechnet – 380 m hoch, Nach dieser Erfrischung starten wir ins Backcountry. Nach der erneuten Querung des Yoho Rivers zweigen wir rechts ab, zurück auf dem breiten Kiesweg stets am Fluss entlang. Nach 15 Min. laufen wir am Campingplatz rechts vorbei, biegen jedoch nach der Linkskurve am Schild rechts ab. Über das Kiesbett zwischen Kiefern und Weißfichten leitet uns der Pfad in den Wald, in dem wir nach einem reichlichen Kilometer an eine verzerrte Kreuzung gelangen. Zuerst folgen wir der schmalen, rechts abzweigenden Sackgasse zur Angel's Staircase, anschließend erreichen wir ein kurzes Stück weiter auf dem links vom Hauptweg abzweigenden Abstecher die Point Lace Falls. Nach etwa 20 Min. führt uns eine weitere, links abzweigende Waldgasse zum einsam gelegenen Duchesnay Lake. Zurück auf dem Yoho Valley Trail beginnen rechts am Fluss kleine Stromschnellen und wenn man am felsigen Uferrand entlanggeht, kommt man nach wenigen Metern automatisch zurück zum Hauptweg und etwa 10 Min. später zu den **Laughing Falls (2)**, 1610 m. Gute 2 km talaufwärts, an der Gabelung zum Yoho Gletscher, biegt unser Pfad links ein. Vorbei am 130 m entfernten Twin Falls Campground beginnt nun der Aufstieg zum Whaleback. Nach einer knappen Dreiviertelstunde hat man an den **Twin Falls (3)**, 1820 m, einen optimalen Rast-

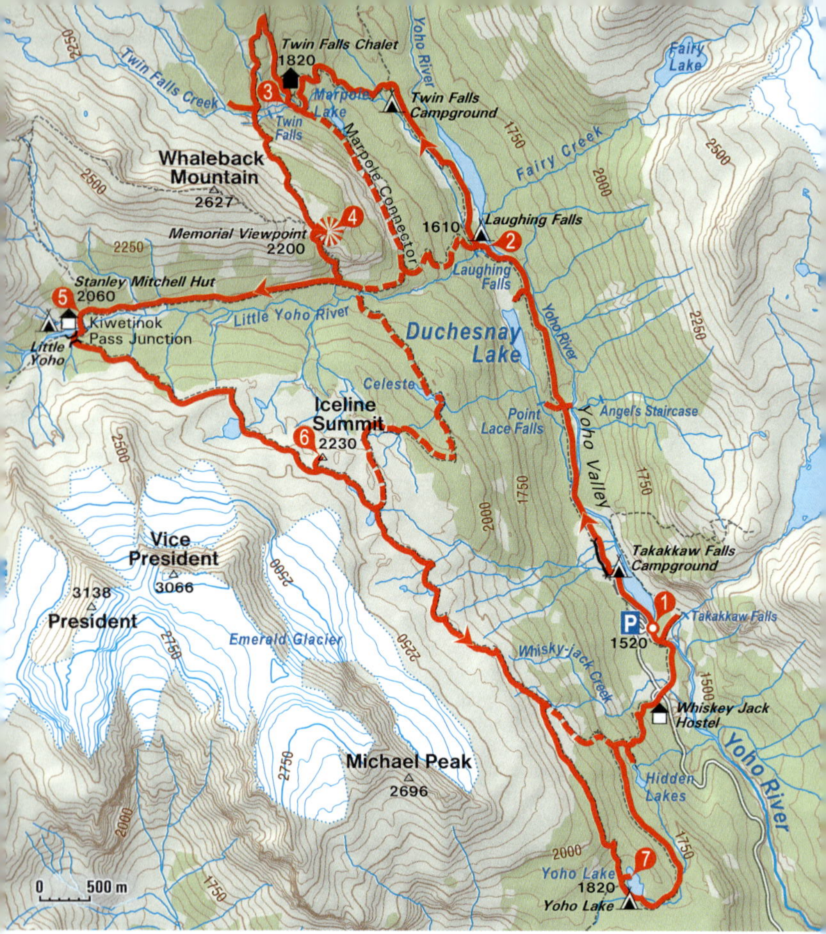
Twin Falls Chalet
1820
Twin Falls Creek
Marpole Lake
Twin Falls Campground
Twin Falls
Yoho River
Fairy Lake
Fairy Creek
Whaleback Mountain
2627
Marpole Connector
Memorial Viewpoint
2200
1610
Laughing Falls
Laughing Falls
Stanley Mitchell Hut
2060
Kiwetinok Pass Junction
Little Yoho
Little Yoho River
Duchesnay Lake
Yoho River
Celeste
Iceline Summit
2230
Point Lace Falls
Angel's Staircase
Yoho Valley
Takakkaw Falls Campground
Vice President
3066
3138
President
Emerald Glacier
Takakkaw Falls
1520
Whisky-jack Creek
Whiskey Jack Hostel
Yoho River
Hidden Lakes
Michael Peak
2696
Yoho Lake
1820
Yoho Lake
0
500 m

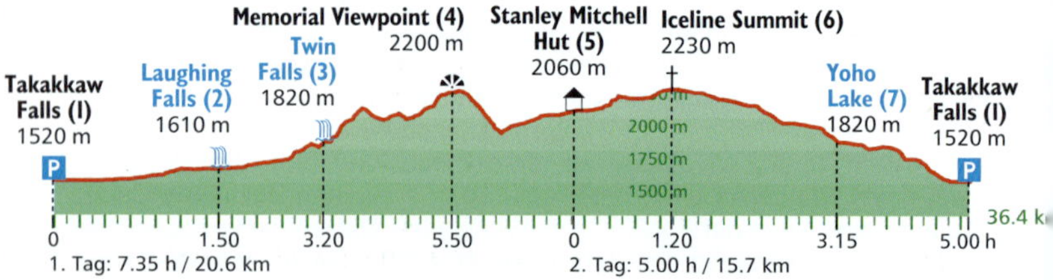
Takakkaw Falls (1)
1520 m
Laughing Falls (2)
1610 m
Twin Falls (3)
1820 m
Memorial Viewpoint (4)
2200 m
Stanley Mitchell Hut (5)
2060 m
Iceline Summit (6)
2230 m
Yoho Lake (7)
1820 m
Takakkaw Falls (1)
1520 m
2000 m
1750 m
1500 m
36.4 k
0
1.50
3.20
5.50
0
1.20
3.15
5.00 h
1. Tag: 7.35 h / 20.6 km
2. Tag: 5.00 h / 15.7 km

platz, bevor es den steilen Anstieg zur Fallkante hinaufgeht. Auf dem Gelände an den Zwillingsfällen befindet sich die Twin Falls Tea House National Historic Site mit einigen Sitzgelegenheiten sowie einem angelegten Rundweg: Dazu hält man sich am ausgetretenen Erdplatz links Richtung Chalet und biegt vor der Brücke rechts in den Rundweg ein. Wieder am Erdplatz angekommen, halten wir uns an der Gabelung links, Richtung Whaleback, und steigen eine gute halbe Stunde auf die Talschwelle hinauf, wo der Bergpfad eine Kehrtwende nach Süden macht und zur Kopfzone der Zwillingsfälle führt. Halten wir uns hier am Waldpfad gen Westen, werden wir mit einer Aussicht auf den etwa 350 m entfernten hinteren Wasserfall belohnt. Um jedoch auf den Whaleback zu gelangen, kreuzen wir das Felsbett und die Brücke. Nach 1,8 km stetigen Bergaufs belohnt uns das Panorama am **Memorial Viewpoint (4)**, 2200 m. Nun an der Markierung auf dem teilweise steilen Zickzackweg ins Tal des Little Yoho River, an beiden nah beieinanderliegenden Gabelungen jeweils rechts, insgesamt 2,7 km zur **Stanley Mitchell Hut (5)**, 2060 m.

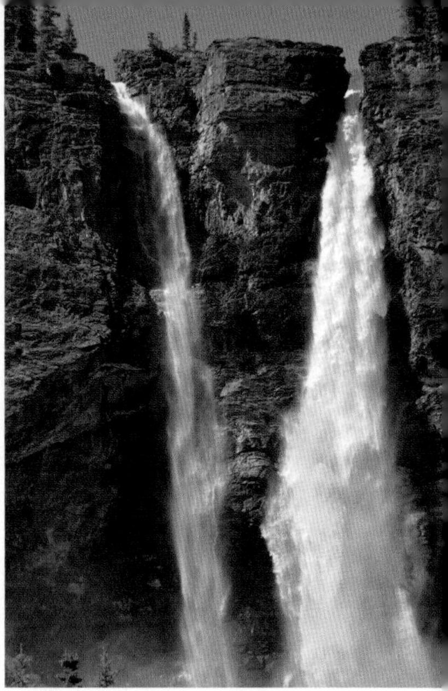

Die Twin Falls im Yoho Nationalpark.

Von hier aus beginnt am 2. Tag der sagenhafte Iceline Trail, wenn man zuerst den Bach überquert und sich an der Gabelung zum Kiwetinok Pass links hält. Über 8 km erstreckt sich der auf und ab leitende, grandiose Aussichtspfad. Auf etwa halber Strecke, nach knapp 4 km, belohnt der links abzweigende Stichpfad zum **Iceline Summit (6)**, 2230 m, mit einer spektakulären Aussicht. Gute 3 km später schlagen wir an der Weggabelung zum Highline Trail den rechten Pfad ein, damit wir in etwa einer halben Stunde durch Nadelwald hinab zum **Yoho Lake (7)**, 1820 m, gelangen. Den See an seinem Auslauf in weitem Bogen umrundend, steigen wir bergab, treffen gute 2 km später auf den Iceline Trail, an dem wir rechts abbiegen. Wenige Minuten später passieren wir den Abzweig des sehr verwucherten Hidden Lake und kommen nach einem Kilometer Serpentinen am Parkplatz des Whiskey Jack Hostels an. Wir überqueren die Yoho Valley Road und kehren über den Wiesenweg an den roten Stühlen vorbei zum **Ausgangspunkt (1)** zurück.

36 Emerald Lake Triangle

7.30 Std.

Aussichtsreiche Tagestour um den Smaragdsee zur geologischen Datenbank hoch oben im Felsengebirge

Die paläontologischen Schätze des Sees liegen über 1000 m höher, zwischen Felsblöcke gepresst im Burgess-Schiefer. Sie waren vor über 110 Jahren vom bergwandernden Spitzenakademiker Charles Doolittle Walcott hier entdeckt worden und brachten die Grundfesten der bisherigen Evolutionsgeschichte zu Fall. Denn die über 530 Millionen Jahre alte, fossil erhaltene Weichkörperfauna aus der Zeit der kambrischen Explosion enthält mehr Baupläne des Lebens als alles heutige Leben auf Erden, weshalb die Burgess Shale zu einer der weltweit bedeutendsten geologischen Fundstätten zählt.

Ausgangspunkt: Parkplatz am Emerald Lake, 1300 m. 1,5 km westlich von Field in die Emerald Lake Road abzweigen und dem Straßenverlauf etwa 9 km bis zum Ende folgen (ausgeschildert).
Höhenunterschied: 1120 m.
Anforderungen: Gut markierte Bergtour auf schmalen Pfaden an teilweise steil abfallenden Rutschhängen sowie einem kniestrapazierendem, steilen Abstieg zurück. Uferpfad kann sehr schlammig sein.
Einkehr/Unterkunft: Emerald Lake Lodge (Tel. +1 250 343 6321, www.crmr.com/emerald). Nur Unterkunft am Yoho Lake: Backcountry Camping (Parks Canada, Tel. +1 519 826 5391, www.pc.gc.ca/ynp-backcountry).
Tipps: (1) Stephen Jay Gould (1991): »Zufall Mensch – Das Wunder des Lebens im Spiel der Natur« (Karl Hanser Verlag). (2) Parks Canada bietet geführte geologische Touren zur Ausgrabungsstelle an (Tel. +1 877 737 3783, www.pc.gc.ca/en/pn-np/bc/yoho/activ/burgess).
Karten: 082N07 & 082N08 (NRC); Lake Louise & Yoho (Gem Trek).

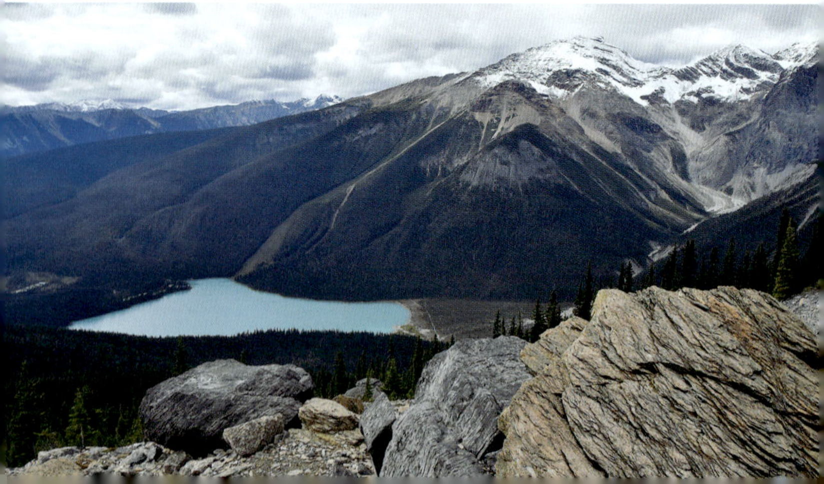

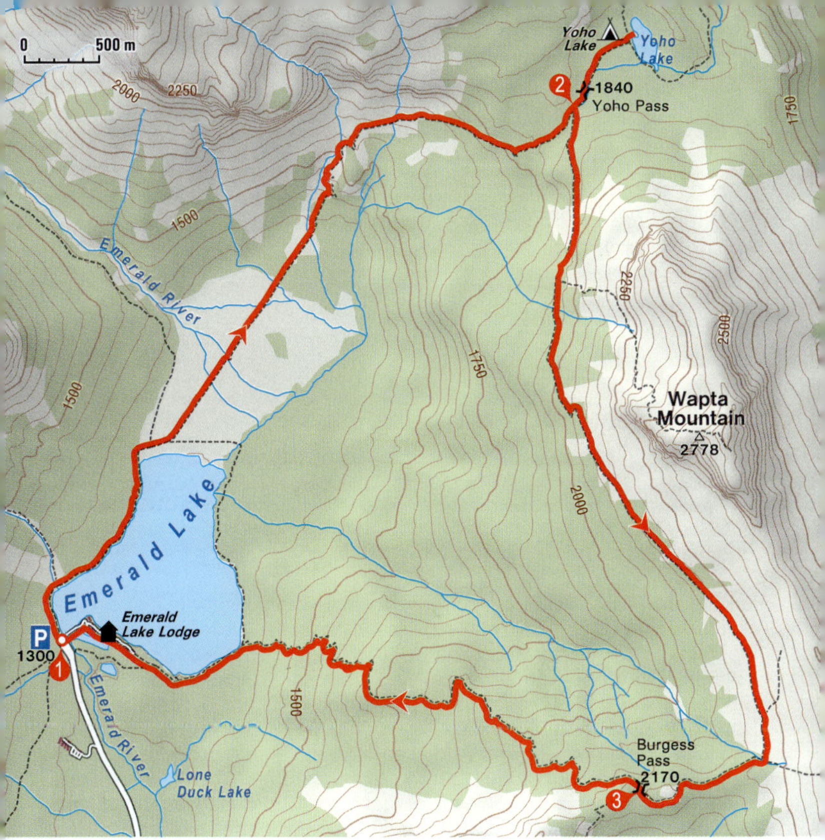

Vor der Brücke und dem niedlichen Geschäft am **Emerald Lake (1)**, 1300 m, beginnen wir die Höhentour am links abzweigenden Uferweg, der immer wieder schöne Ausblicke gewährt. Kurz nach Erreichen der offenen Grasebene halten wir uns am ersten Abzweig rechts, folgen jedoch dem nächsten Abzweig links hinauf Richtung Yoho Pass. Über ein sehr breites Geröllflussbett kommen wir etwa 20 Min. später, richtungshaltend, zum steilen Aufstieg, an dessen Beginn kleine Thujen und Espen gedeihen. Wir passieren anschließend einen von Murmeltieren bewohnten Schutthang und erreichen auf schmalem Waldweg den buschreichen **Yoho Pass (2)**, 1840 m, an dem wir geradeaus hinab in 15 Min. zum Yoho Lake gelangen.

Links: Der Emerald Lake strahlt selbst bei bedecktem Himmel in leuchtendem Cyan.

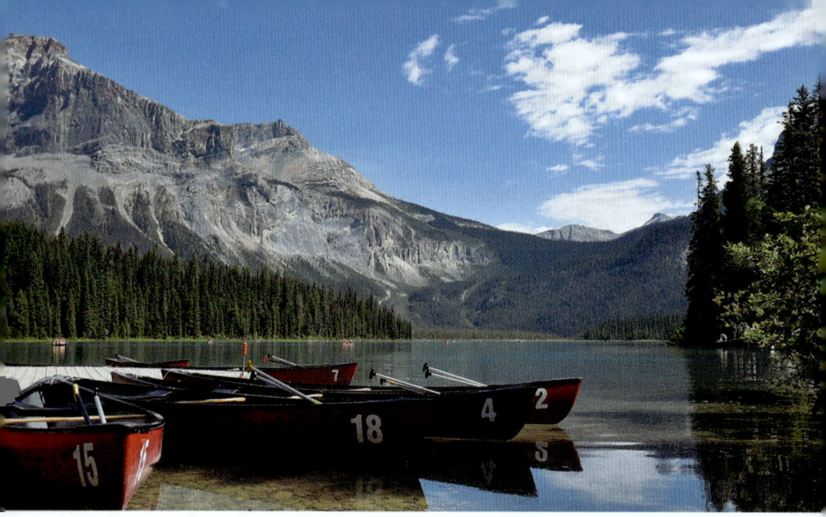

Ruhe am Emerald Lake »vor Betriebsbeginn«, am Horizont der Yoho Pass.

Zurück am Pass, biegen wir nun links in den Wapta Highline Trail ein, der durch viel Buschwerk, Wald und schlussendlich an den steilen scharfkantigen Westflanken des Wapta Mountains (2778 m) und Mount Fields (2635 m) entlangführt. Direkt oberhalb liegen die Ausgrabungsarbeiten des weltberühmten Burgess Shale, und mit etwas Glück sieht man Geologen bei der Arbeit. Nach 6 km Genusstour, mit unzähligen Blicken auf den smaragdfarbenen See, überqueren wir den von Wildtieren oft besuchten Kamm des **Burgess Pass (3)**, 2170 m, auf dem Hauptweg Richtung Emerald Lake. Über Holztreppen steigt man zur Kreuzung bergauf, die Blicke ins Nachbartal zum Mt. Stephen freigibt. Wir wenden uns für den etwa zweistündigen, steilen Abstieg nach rechts. Der beginnende Rotzedernbewuchs verrät uns die Nähe zum See. Sobald wir an diesem ankommen, biegen wir links in den Uferweg ein und erreichen nach etwa 1,5 km den **Ausgangspunkt (1)**.

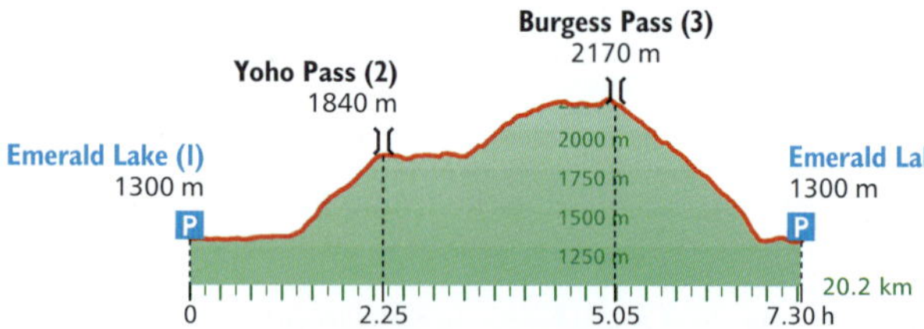

5.30 Std.

Avalanche Crest 37

Auf den Panoramagrat am Rogers Pass

Eingeklemmt im schluchtartigen Tal zwischen den hoch aufragenden Bergen der unwirtlichen Selkirk Range am Rogers Pass, bietet der steile Aufstieg auf den Avalanche Crest die überragende Möglichkeit, diese mit Gletschermassen bedeckten Gebirgszüge aus der Vogelperspektive zu betrachten. Und tatsächlich gehen so viele Lawinen im Tal des Illecillewaet ab, dass die Canadian Pacific Railway ihre Schienenstränge bereits vor einhundert Jahren in Tunnel verlegen musste, weil selbst die Lawinengalerien großes Unheil nicht abhalten konnten.

Ausgangspunkt: Parkplatz am Südende des Illecillewaet Campingplatzes (ausgeschildert), 1240 m, am Transkanada Highway (85 km westlich von Golden, 65 km östlich von Revelstoke).
Höhenunterschied: 1010 m.
Anforderungen: Gut markierte, dauerhaft steile Bergtour vom Feuchtwald ins alpine Gelände, teilweise wilde Pfade über größere Felsbrocken und dicke Wurzeln. Trittsicherheit und ausgeprägte Kondition erforderlich, oben am Grat hilft Schwindelfreiheit, um die Rundumsicht ausgiebig genießen zu können.
Einkehr: Keine.
Unterkunft: A. O. Wheeler Hut (ACC, Tel. +1 403 678 3200, www.alpineclubofcanada.ca/web/ACCMember/Huts/A_O_Wheeler_Hut.aspx), Camping Illecillewaet (First Come First Serve, Parks Canada, Tel. +1 519 826 5391, www.pc.gc.ca/en/pn-np/bc/glacier/visit/loger-stay/camping).
Karten: 082N06 (NRC); Rogers Pass (The Adventure Map).

Von einer monumentalen Aussicht zur nächsten im Glacier Nationalpark.

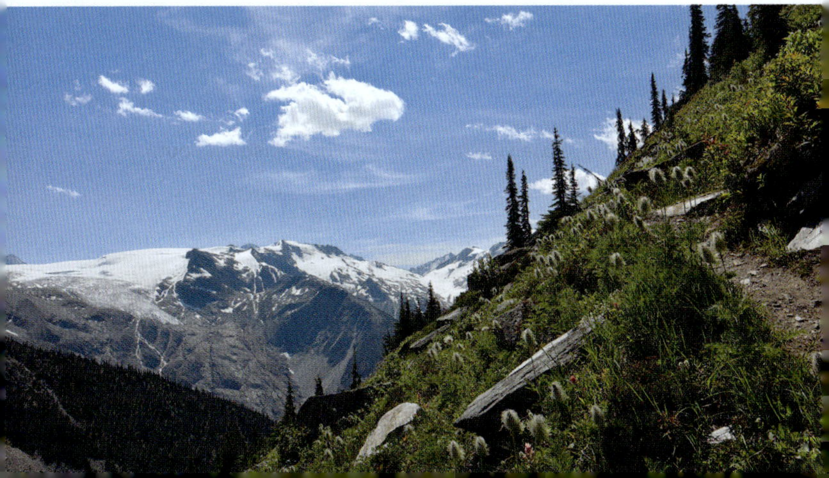

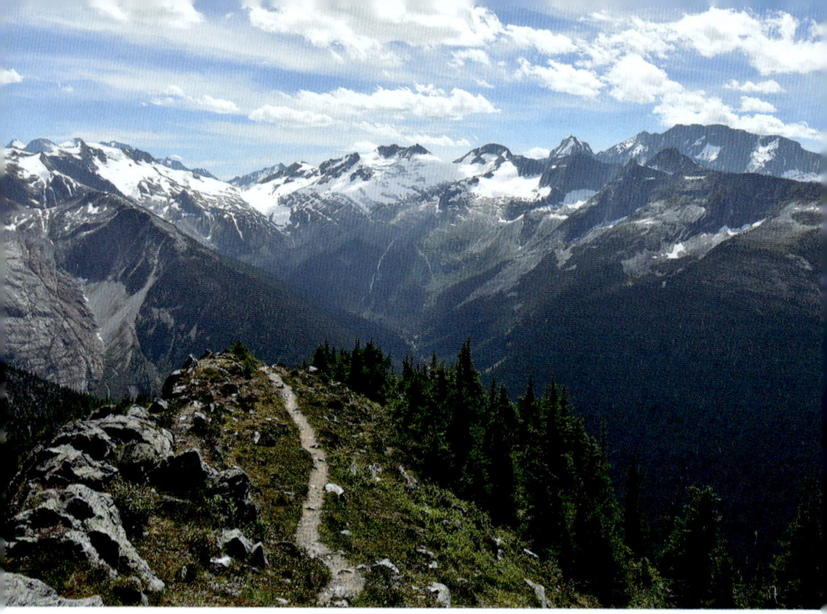

Oben: Geschafft! Das Tal des Asulkan Brook im Glacier Nationalpark liegt uns zu Füßen.

Unten: Kartal in der Westflanke des Eagle Peak, vor dem Aufstieg zum Avalanche Crest.

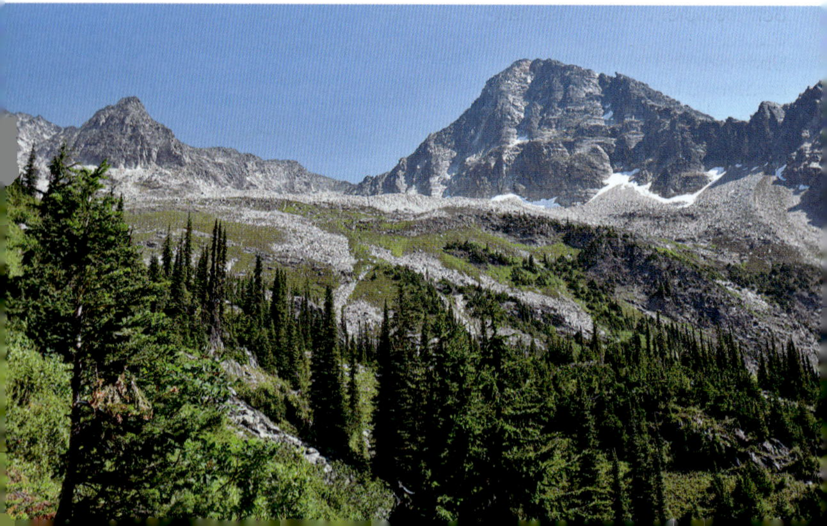

Vom Parkplatz am **Illecillewaet Campground (1)**, 1240 m, gehen wir an der Übersichtstafel auf dem befestigten Weg hoch, halten uns rechts, biegen aber gleich anschließend links in den schmalen Waldpfad ein. Geradeaus steigen wir zwischen Hemlocktannen und Rotzedern im flechtenbehangenen Farnwald 2 km lang bergauf, bis links ein Abstecher zum bescheidenen Aussichtspunkt am sprudelnden Wasserfall führt. Etwa 10 Min. später queren wir den zart blau schimmernden, nun ruhigen Bach. Jetzt beginnt der mit großen Brocken im verworrenen Wurzelwerk versehene Steilanstieg, auf dem wir zum Felsblock am Kesselrand unterhalb des Eagle Peak (2846 m) gelangen. Hier empfangen uns erste Aussichten auf die Schneegipfel um den Asulkan-Gletscher!

Über das Geröllfeld steigen wir binnen 10 Min. hinauf ins Talende, einen idealen Rastplatz, bevor wir dem Bergpfad links auf den Kamm des **Avalanche Crest (2)**, 2210 m, folgen.

Ihn erklimmen wir nach Norden am steinigen Grat entlang bis zum »End of Trail«-Pfosten, dabei werden wir mit einer absoluten Hammer-Aussicht in drei Täler (Asulkan, Illecillewaet und Rogers Pass) belohnt.

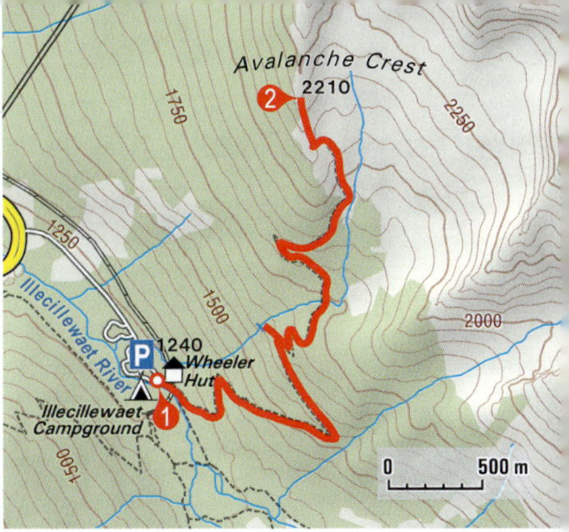

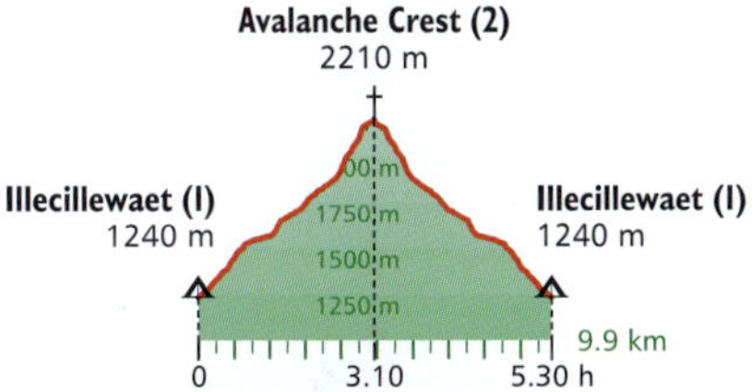

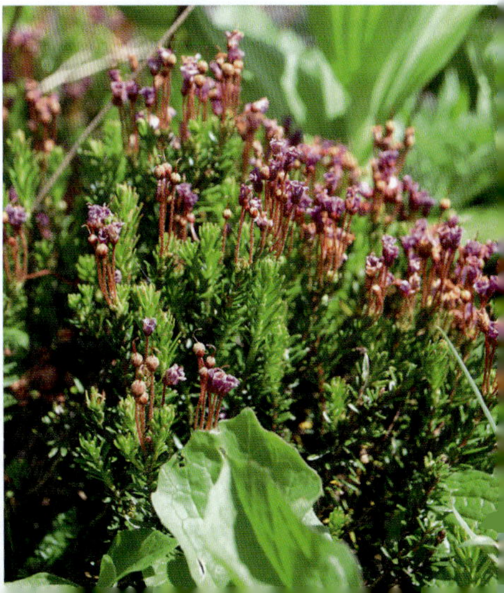

Pinkfarbene Moosheide ist einer der vielen Farbtupfer am Wegesrand.

TOP 38 Perley Rock

6.00 Std.

Vom üppigen Regenwald ins Meer aus ewigem Eis

Einfach eine gigantische Tour! Sie führt vom feuchten Columbia Forest, wo stacheliger Igelwurz unter einem Dach aus dicken, jahrhundertealten Rotzedern floriert, über wilde Bachläufe hinaus ins hochalpine Terrain bis an den Rand des gigantischen Illecillewaet Eisfeldes. In dessen kleinem Gletschersee haben schon so manche Hitzköpfe in grandioser Aussichtslage gebadet.

Ausgangspunkt: Parkplatz am Südende des Illecillewaet Campingplatzes (ausgeschildert), 1240 m, am Transkanada Highway (85 km westlich von Golden, 65 km östlich von Revelstoke).
Höhenunterschied: 1200 m.
Anforderungen: Gut markierte, zunehmend sehr steile und permanent ansteigende Bergtour, die auf schmalen Pfaden vom feuchten Wald ins hochalpine Gelände führt. Kleine Kraxeleinheit am Perley Rock sowie saisonbedingt Querung steiler Schneefelder. Absolute Trittsicherheit und ausreichende Kondition notwendig.
Einkehr: Keine.
Unterkunft: A. O. Wheeler Hut (ACC, Tel. +1 403 678 3200, www.alpineclubofcanada.ca/web/ACCMember/Huts/A_O_Wheeler_Hut.aspx), Camping Illecillewaet (First Come First Serve, Parks Canada, Tel. +1 519 826 5391, www.pc.gc.ca/en/pn-np/bc/glacier/visit/loger-stay/camping).
Karten: 082N06 (NRC); Rogers Pass (The Adventure Map).

Ausgehend vom Parkplatz am **Illecillewaet Campground (1)**, 1240 m, gehen wir an der Übersichtstafel auf dem befestigten Weg nach oben, halten uns rechts, biegen aber gleich anschließend links in den schmalen Waldpfad ein. Am folgenden Hinweisschild an der Gabelung rechts hinab zum rauschenden Illecillewaet River abzweigen. An den beiden folgenden Abzweigen zum **Valley of the Meeting Waters (2)**, 1280 m, knappe 10 Min. später, bleiben wir auf der linken Spur. Im Thuja-Hemlock-Devil's Club- und Farnwald wandern wir 2,5 km entlang des Illlecillewaet hinauf zum offenen Lawinengelände, queren Geröllfelder und saisonale Brücken über Sprudel-

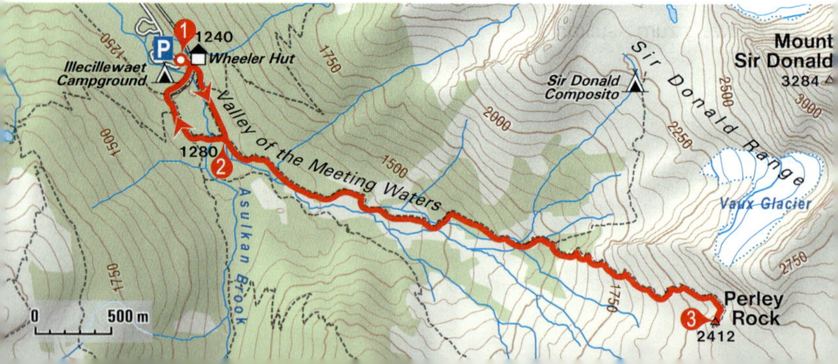

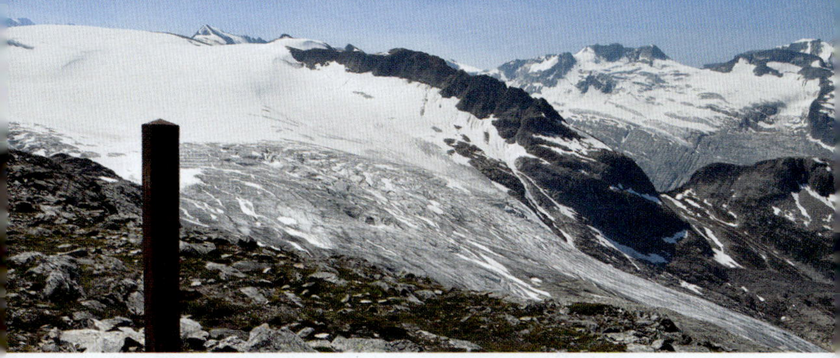

Der Perley Rock am Rande des gewaltigen Illecillewaet Gletschers.

bäche bis zum alten Bachübergang am Steilhang, der sich nun etwa 150 m weiter oben befindet. Auf der anderen Seite steigen wir ein kurzes Stück steil bergan und wählen am Abzweig Richtung Mt. Sir Donald (3284 m) den rechten Pfad, der nach einer halben Stunde die Baumgrenze erreicht. Auf dem sandigen, steilen Zickzackweg mit brillanten Aussichten gelangen wir nach Osten in ein schmales Steiltal hinein, von dem aus auf der gegenüberliegenden Seite das Gipfelziel bereits winkt. Im Talschluss queren wir das kleine, oft bis in den Sommer hinein existierende Eisfeld und steigen den grobgerölligen Rutschhang hinauf zum Kesselrand. Von dort wenden wir uns, den Inukschuks folgend, rechts hoch zum **Perley Rock (3)**, 2412 m, dessen Gipfel leicht erkraxelt werden kann. Geht man am Kesselrand direkt links, kommt man im offenen Terrain gen Süden direkt zum Rand des riesigen Illecillewaet Eisfeldes.

Selber Rückweg bis zur Kreuzung **Valley of the Meeting Waters (2)**, hier nun links abzweigen und nach wenigen Metern steht man auf der Brücke, unter der sich beide Ströme des Zwillingstales treffen. Wir folgen dem breiten Kiesweg, an den roten Stühlen vorbei, biegen am Abzweig zum Asulkan Valley rechts ab und erreichen den interpretativen Rundweg um die Grundpfeiler der ehemaligen Glacier Lodge. Am Abzweig dem großen Hauptweg rechts zurück zum Ausgangspunkt folgen.

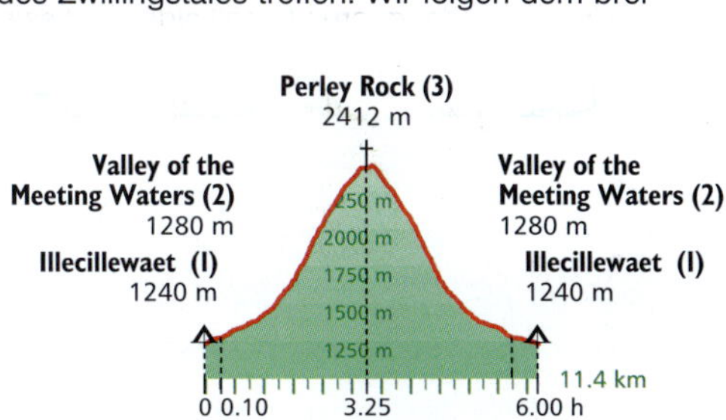

Folgende Seite: Kleiner Gletscherendsee am Nordrand des Illecillewaet Gletschers.

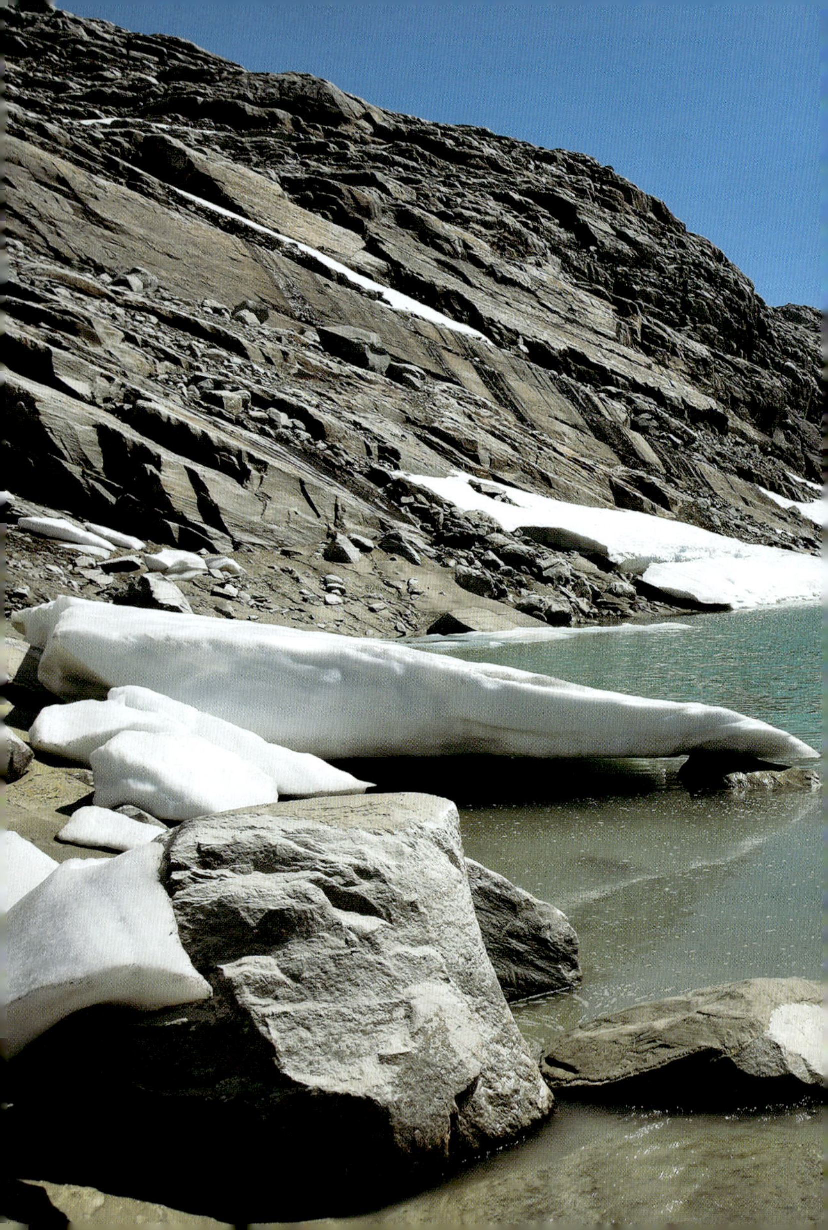

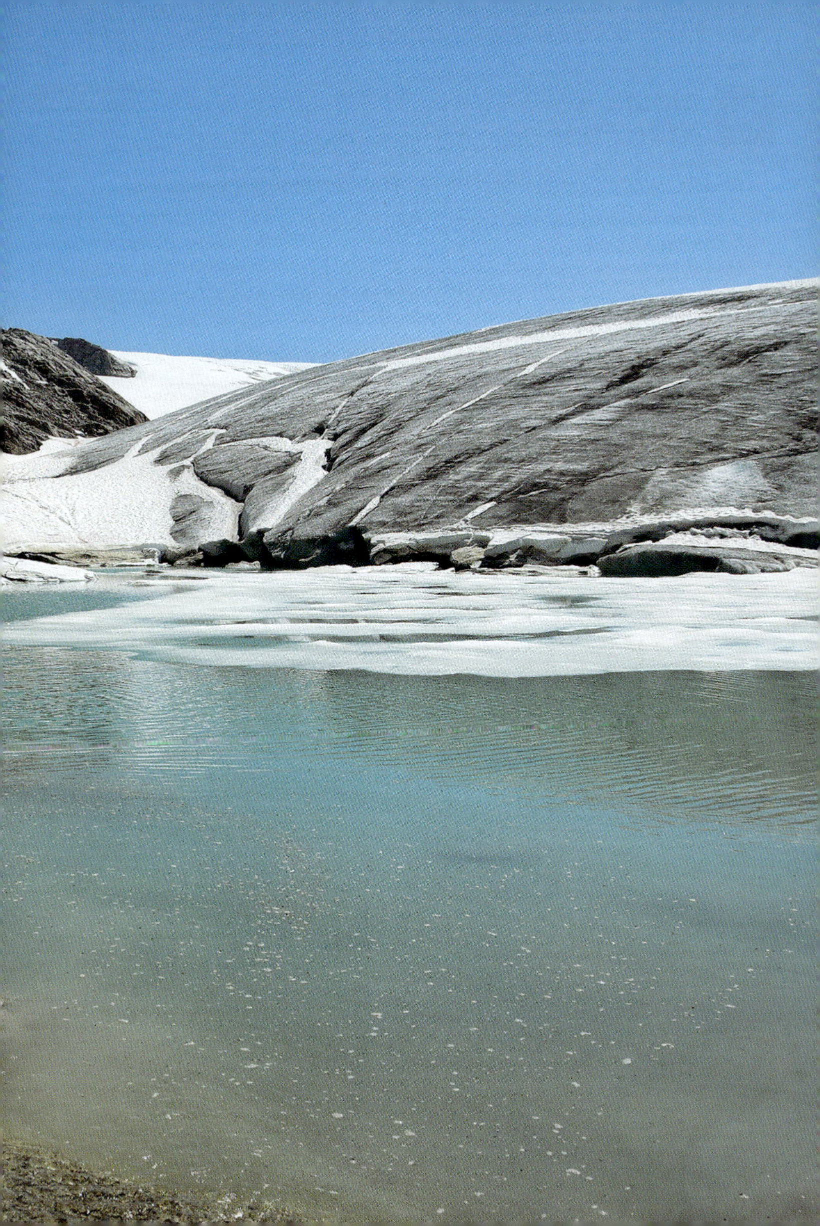

39 Mount Revelstoke, Miller Lake und Jade Pass

7.00 Std.

In den »Wildblumenwiesen im Himmel« am Mount Revelstoke

Auf dem langen Weg zwischen Rocky Mountains und der pazifischen Westküste bietet diese stimmungsvolle Genusswanderung eine wirklich schöne Unterbrechung. Sie führt durch lauschige Lupinenwiesen und subalpinen Wald hin zu malerisch gelegenen Bergseen und einem Aussichtspass, auf dem man weit über die schneebedeckte Bergwelt blicken kann.

Ausgangspunkt: Balsam Lake am Parkplatz »Lot #2«, 1840 m, am Ende des Meadows oft the Sky Parkway. Auf dem Transkanada Highway bei Revelstoke in den Parkway abbiegen, dazu den Schildern Mt. Revelstoke Nationalpark folgen.

Höhenunterschied: 930 m.

Anforderungen: Einfache Bergwanderung auf gut markierten Wegen, die durch schattigen Wald, über subalpine Wiesen und kleine Steinlawinenfelder führen. Um zum Eva Lake zu gelangen, wird ein gerölliger Schutthang gequert. Für den Aufstieg zum Jade Pass passiert der schmale Steinpfad die Flanke eines Steilhanges. Schwindelfreiheit und Trittsicherheit sind demzufolge notwendig.

Einkehr/Unterkunft: Restaurants und Campingplätze in Revelstoke, ca. 6 km vor dem Ausgangspunkt, Campingplätze auch im Nationalpark (Parks Canada, Tel. +1 519 826 5391, www.pc.gc.ca/en/pn-np/bc/revelstoke/activ/camping). Keine Einkehr an der Route.

Varianten: (1) Vom Pass kann man zu den Jade Lakes hinabsteigen und auf dem Backcountry Campingplatz übernachten.

(2) Je nach Saison und Ankunftszeit kann das Shuttle zum Gipfelplateau des Mt. Revelstoke genommen werden.

(3) Am Jade Pass können die Bergkuppen links und rechts erklommen werden.

Karten: 082M01 (NRC), Mt. Revelstoke (The Adventure Map).

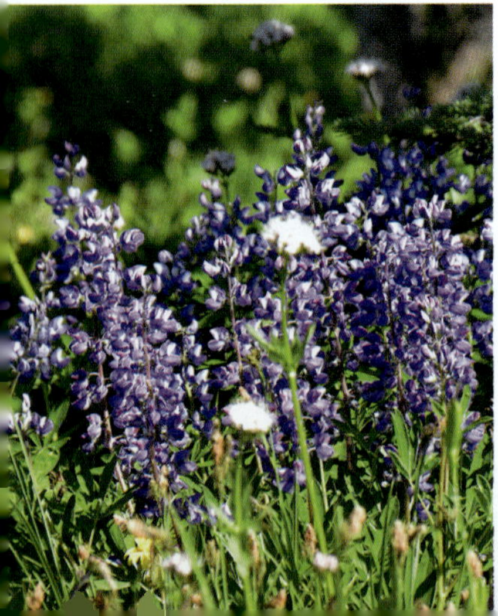

An der Einfahrt zum Parkplatz am **Balsam Lake (1)**, 1840 m, schräg gegenüber von der Shuttlebus-Station, beginnt der kiesige Upper Summit Trail, sich 1 km auf das etwa 100 m höher gelegene Gipfelplateau des Mt. Revelstoke (1947 m) zu schlängeln. Wir gehen am Heather Lake vorbei nach Norden und folgen dem Pfad etwa 1.30 Std. über subalpine Wiesen und Wald

Charakteristikum am Mount Revelstoke: Lupinen im Überfluss.

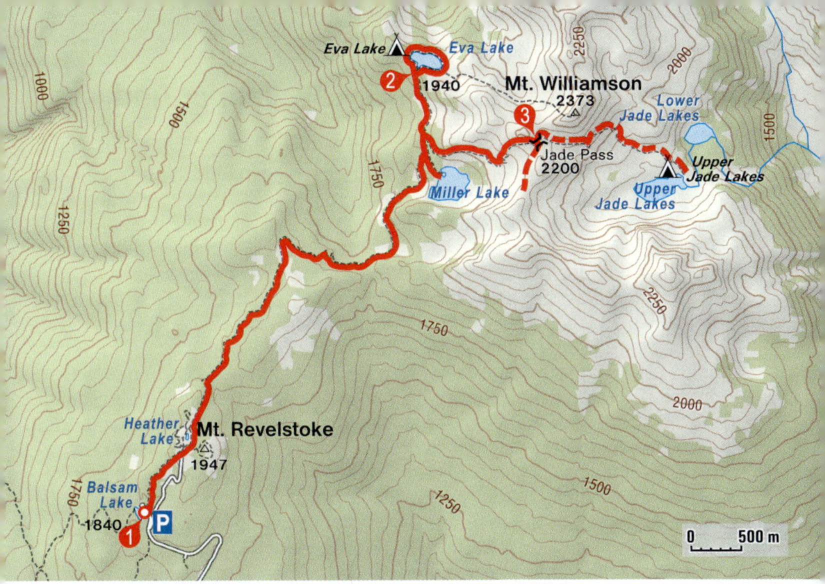

zuerst bergab, dann bergauf, bis wir am Hang des Mt. Williamson (2373 m) zu einer verzerrten Kreuzung im Wald gelangen. Am ersten und am kurz darauffolgenden Abzweig halten wir uns jeweils geradeaus und erreichen über einen Geröllhang 10 Min. später den **Eva Lake (2)**, 1940 m, auf dessen Uferpfad wir den idyllischen See umrunden.
Zurück an der Gabelung steigen wir links den über die Baumgrenze führenden, alpinen Bergpfad hinauf. Dabei kommen wir an einer steilen Felsflanke vorbei, passieren Geröll- und kleinere Schneefelder, während tief unten der Miller Lake schimmert. Nach etwa 40 Min. am **Jade Pass (3)**, 2200 m, angelangt, kann man in beide Richtungen die Bergkämme erklimmen, mit grandiosen Blicken über die schneebedeckte Berglandschaft.
Zurück an der verzerrten Waldkreuzung biegen wir nun jeweils links ab, wobei uns der zweite Abzweig zum Miller Lake führt, eine willkommene Abkühlung an heißen Tagen. Von hier aus kehrt man auf bekanntem Weg zurück.

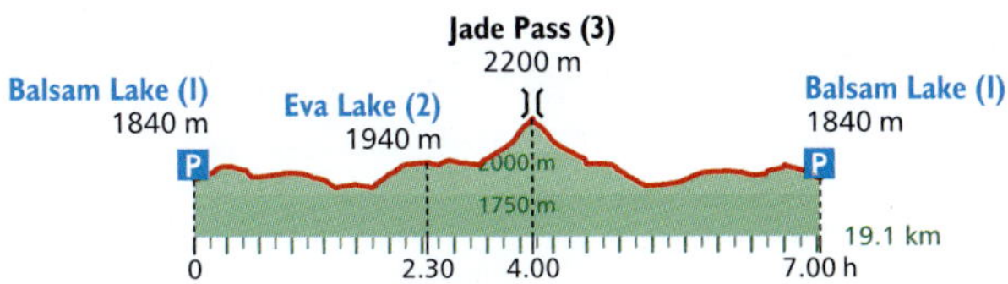

Im Norden: Icefields Parkway, Jasper und Mount Robson

Die von Mückenschwärmen und Eiseskälte geplagten Erbauer des Icefields Parkway gaben ihm trotz der Strapazen die himmlische Bezeichnung »die Straße, die durch die Wolken führt«. Und genau das ist sie, eine 230 km lange Panoramastrecke zwischen gletscherbedeckten Bergketten entlang der Kontinentalscheide. Während viele Reisende diese Traumstrecke zwischen Lake Louise und Jasper an einem Tag zurücklegen, hat dieser Abschnitt der kanadischen Rockies wesentlich mehr zu bieten als nur kurze Fotostopps am Wegesrand. Bereits wenige Kilometer abseits der viel befahrenen Straße wandert man über der Baumgrenze im fragilen Tundra-Gelände des weiten Hochlandes (Helen Lake), steigt weiter im Hinterland über einsame Kerbtäler durch dichten Tannenwald hinauf ins felsige Kar (Fryatt Valley) und erkundet subalpine Wildblumenwiesen, wilde Gebirgsbäche und klare, gletschergespeiste Seen (Tonquin Valley, Mount Edith Cavell Meadows). Ein besonderes Highlight ist das 325 km^2 große Columbia Icefield mit seinen abfließenden Gletschern, deren Eiswasser sich in drei große Ozeane – Pazifik, Atlantik, Arktisches Meer – ergießt (Parker Ridge & Wilcox Pass).
An der Wasserscheide verbinden sich die beiden großen Nationalparks, Banff (6.641 km^2) und Jasper (10.878 km^2), zu einer gewaltigen, zusammenhängend geschützten Ökoregion. Es bestehen Ambitionen, diese wichtige und einmalige Gebirgszone, in der Bären, Pumas und Wölfe noch unbehelligt leben dürfen, auszuweiten: vom Yellowstone zum Yukon (Y2Y).

Mit etwas Glück kreuzen die scheuen und zugleich neugierigen Waldland-Karibus den Weg.

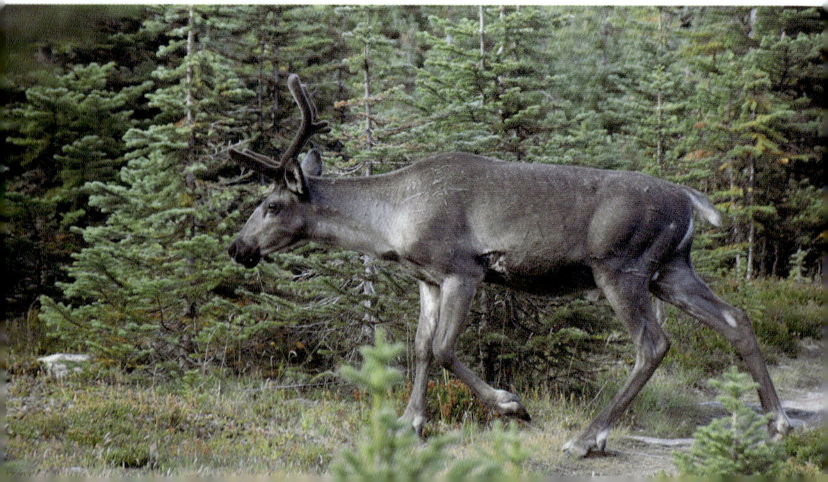

Der im breiten Tal des Athabasca River liegende, ehemalige Pelzhandelsposten Jasper bietet als nördliches Outdoor-Zentrum zwischen Edmonton und Prince George am Yellowhead Highway eine gute Basis mit ausreichend Versorgungsmöglichkeiten und kleinstädtischem Ambiente. Der in den großen Fluss mündende Maligne River hat sich am Ende eines weit verästelten Karstsystems über 50 m tief in den Kalkstein eingegraben, der Jahrmillionen alte Fossilien umschließt (Maligne Canyon). Über den Verlauf der Felsröhren gelangt man – vorbei am im Herbst austrocknenden Medicine Lake – ins lange Tal des malerischen Maligne Lake. An der Bootsanlegestelle beginnt die Bootsfahrt zum kanadischen Postkartenmotiv Spirit Island. Wer zu Fuß die Bald Hills erklimmt, wird mit einem gigantischen Ausblick auf den von Gebirgsriesen umrahmten türkisfarbenen See belohnt. Der Höhenweg entlang des Bergkammes der Maligne Range zurück nach Jasper führt im Land der Waldland-Karibus hinauf in wettergegerbtes, alpines Terrain mit Fernblicken par excellence (Skyline Trail). Aber auch das in sanfte Hügel eingebettete Jasper bietet dem Genusswanderer genügend Reize im seenreichen Bergwald (Saturday Night Trail). Ein Stück weiter nordöstlich, an den flacher werdenden Bergkuppen im Übergang zu den im Osten auslaufenden Foothills, entspringen im trockenen, waldigen Tal des Fiddle River die heißen Quellen der Miette Hot Springs (Sulphur Skyline).

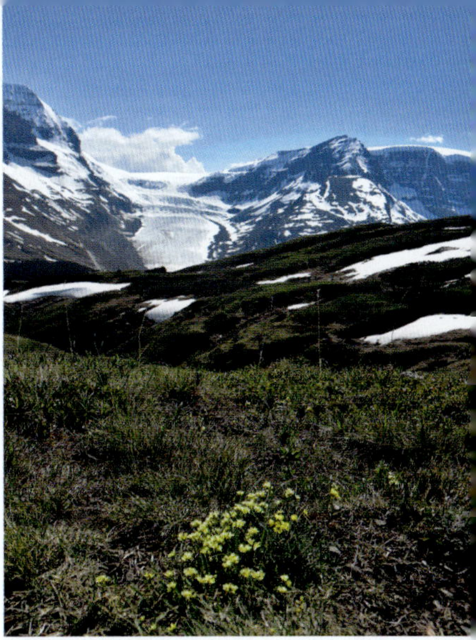

Blühende Landschaften vor dem Athabasca Gletscher am Columbia Icefield, Jasper Nationalpark (Tour 44).

Auf der gegenüberliegenden Seite der Rockies jedoch zeigt das steinige Gebirge seine wilde Seite. Westlich des nach einem blonden Pelzjäger benannten Yellowhead Passes erhebt sich der höchste Berg der kanadischen Rockies, der von seinem persönlichen Wölkchen gekrönte Schneeberg Mount Robson (3954 m). Der Monarch ragt aus dichtem, feuchtem Farnwald auf und generiert seine eigene lokale Klimazone. Während sich im feuchten Tal Kolibris und Schwarzbären in dicht von Moos und Farn bewachsenen Rotzedernwäldern tummeln, erstreckt sich in den oberen Lagen eine felsige Welt aus Eis und Schnee (Overlander Falls, Berg Lake Trail).

40 Helen Lake und Dolomite Pass

6.30 Std.

Durch edlen Wald in weitläufige, lebendige Tundra-Ebenen

Eine der populärsten Wanderungen entlang des Icefields Parkway führt in eine von karger Schönheit gezeichnete Tundra-Landschaft, idealer Lebensraum für Wildhühner, Murmeltiere und Wasserläufer. Der An- und Abstieg erfolgt durch das zunehmend schwindende Verbreitungsgebiet der weißstämmigen Kiefer, eine willkommene Abkühlung an heißen Sommertagen.

Ausgangspunkt: Highway 93, Parkplatz direkt gegenüber des Crowfoot Glacier Viewpoint, 1960 m. 38,5 km nördlich von Lake Louise, 3 km südlich der Num-Ti-Jah Lodge.
Höhenunterschied: 770 m.
Anforderungen: Zu Beginn stark verwurzelter Waldweg teils steil bergauf, Überquerung eines felsigen Grats am Fuße des Cirque Peaks mit anschließendem Tundra-Gelände auf zum Teil schwach sichtbaren Pfaden. Grundlegende Trittsicherheit und Orientierungsvermögen erforderlich.
Einkehr: Keine.
Variante: Möglichkeit zur Gipfelbesteigung des Cirque Peak (2993 m): Schlägt man bei der Gabelung an dem östlich des Helen Lakes gelegenen Kamm den linken Pfad ein, gelangt man zum Aufstiegsbeginn. Extrem steiler Anstieg an losem Schutthang. Bei gutem Wetter grandioses Panorama garantiert.
Tipp: Die nahe historische Lodge des legendären Jimmy Simpson am Bow Lake mit kleinem Shop und Café ist einen Besuch wert (https://lodgeatbowlake.com).
Karten: 082N09 (NRC), Bow Lake & Saskatchewan Crossing (Gem Trek, 1:70.000).

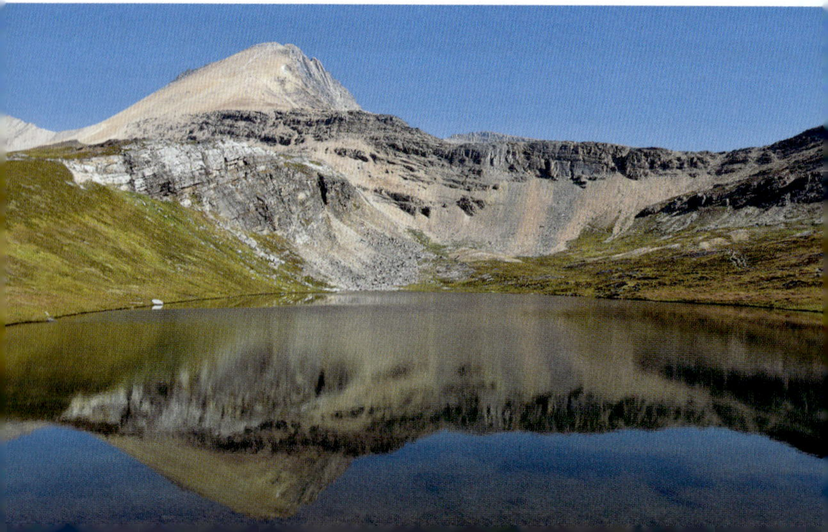

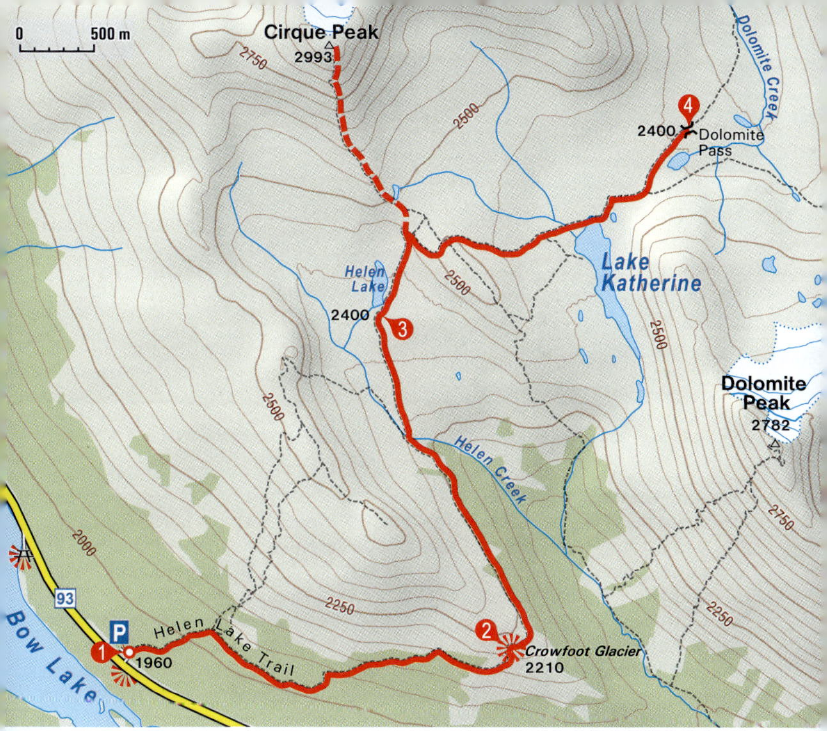

Vom Parkplatz des **Trailhead Helen Lake (1)**, 1960 m, wandern wir eine knappe Stunde auf dem wurzeligen Waldweg bergauf, bis wir ein 1998 künstlich in Brand gelegtes Waldstück queren. 600 m später gelangen wir zum **Crowfoot Glacier Aussichtspunkt (2)**, 2210 m, welcher über einen in einer Rechtskurve links abzweigenden Pfad zu erreichen ist. Weitere 5 Min.

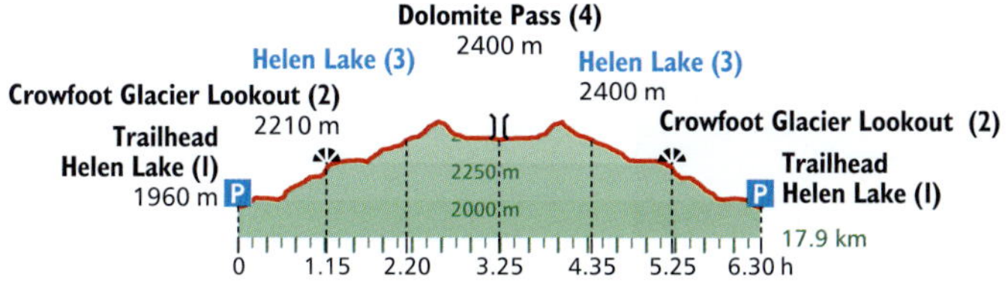

Links: Der Cirque Peak (2993 m) spiegelt sich im Helen Lake.

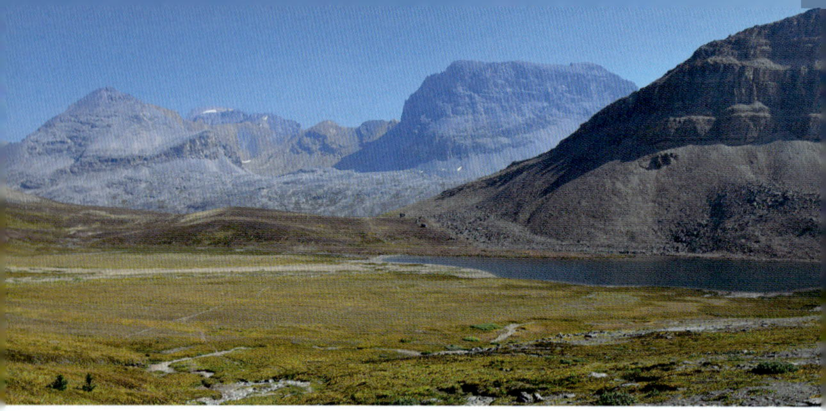

Der Dolomite Pass erhebt sich sanft hinter dem Nordufer des Katherine Lake.

bergauf wendet sich der Weg auf einer ausgetretenen Fläche in einer scharfen Kehre nach Nordwesten. Höhe haltend, steuern wir ins karge Tal zu Füßen des Cirque Peak (2993 m) hinein, passieren nach einem reichlichen Kilometer ein Geröllfeld und kreuzen 10 Min. später den Helen Creek. Während sich der Gipfel in voller Größe präsentiert, muss man noch einen weiteren Kilometer zurücklegen, um den in spärliches Tundra-Gelände gebetteten, klaren **Helen Lake (3)**, 2400 m, zu erblicken. Rechts am See vorbei und in wenigen Kehren bergauf; an der Kreuzung halten wir uns Tal auswärts und steigen zum Kamm hinauf. Der links abzweigende Weg führt direkt zum Cirque Peak. Am Ridge Summit (2505 m) angekommen, eröffnen sich tolle Blicke ins Tal. Den Gipfel links liegen lassend, erst geradeaus, dann rechts dem kleinen Pfad folgen, der in einer Minischlucht in die Senke des Katherine Lakes hinabführt. Unten angekommen, gehen wir über ein Kiesbett direkt auf den See zu. Um zum unscheinbaren **Dolomite Pass (4)**, 2400 m, zu gelangen, wandern wir weiter am Nordufer entlang, über den Zulauf und über zwei sanfte Anhöhen, zwischen denen im Herbst ein See in Form eines Hufabdrucks schimmert. Von hier aus sieht man den Gletscher des Dolomite Peak und weit hinaus zum Waputik Icefield.
Wir nehmen denselben Weg zurück.

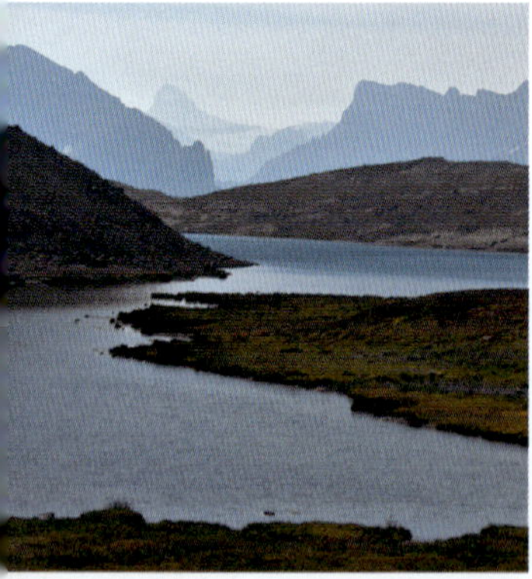

Weitreichende Aussichten über die Tundra hinweg zum Waputik Icefield.

Bow Glacier Falls

Vom Bow Lake zu den Bow Glacier Falls

Super geeignet für einen heißen Tag in der ersten Sommerhälfte, wenn das Schmelzwasser die Felsen nur so herabstürzt! Bei der Rückkehr wartet das kleine Café im »historischen Schmankerl« der »Lodge at Bow Lake«, gegründe von Outfitter Jimmy Simpson, der zu Beginn des letzten Jahrhunderts die Gegend zwischen Lake Louise und Columbia Icefield besser kannte als jeder andere.

Ausgangspunkt: Lodge at Bow Lake, am Highway 93,1960 m, 39 km nördlich von Lake Louise.
Höhenunterschied: 130 m.
Anforderungen: Die Passagen über losen Kies und Geröll erfordern Trittsicherheit und Orientierungsvermögen, ansonsten leichte Wanderung mit zauberhaften Ausblicken auf den See.
Einkehr/Unterkunft: Lodge at Bow Lake (Neueröffnung 2023, https://lodgeatbowlake.com/).
Hinweis: Parkplatz um die Mittagszeit trotz seiner Größe oft sehr überfüllt. Die ausgewiesenen Busparkplätze nicht benutzen! Zusätzliche Parkplätze direkt am Highway bei der Ausfahrt rechts.
Karten: 082N09 (NRC), Bow Lake & Saskatchewan Crossing (Gem Trek, 1:70.000).

Am westlichen Ende des vorgelagerten Parkplatzes an der **Lodge at Bow Lake (1)**, 1960 m, ehemals Simpson's Num-Ti-Jah Lodge, kann man bereits direkt neben den Toilettenhäuschen auf einem schmalen Pfad zum Bow

Die berühmte Lodge am Fuß des nach ihrem Gründer benannten Mount Jimmy Simpson.

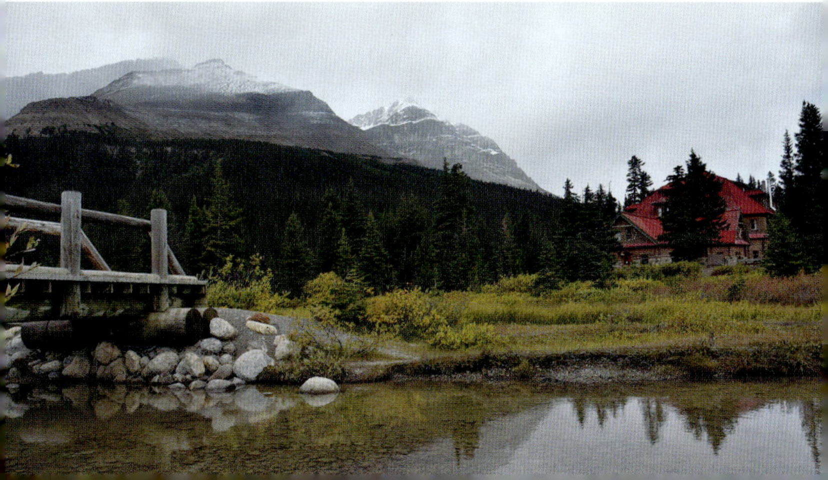

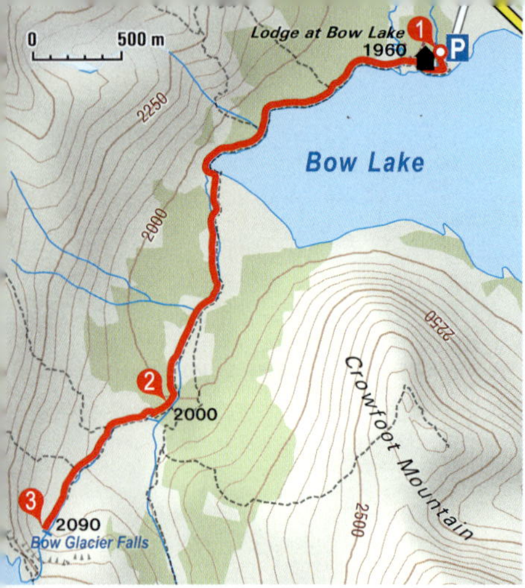

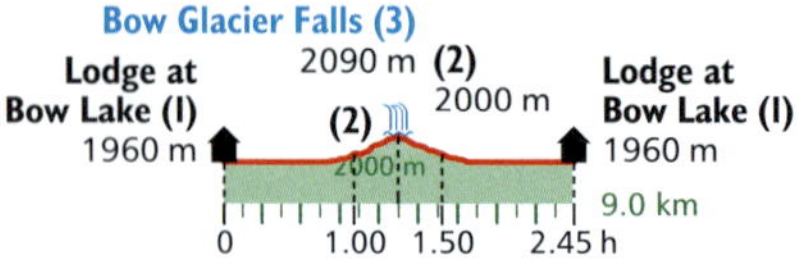

Lake abbiegen und am See entlang über eine kleine Brücke mit top Fotomotiven zur historischen Lodge gehen. Linker Hand befindet sich der Trailhead (Beginn des Wanderpfades), welcher über zwei Brücken zum Uferweg des Bow Lakes führt. Diesem folgen wir etwa 20 Min. Nun stehen wir am Ende des Sees vor einer kleinen, bewachsenen Halbinsel, die je nach Überschwemmungsgrad nah am Ufer oder auf der Anhöhe überquert wird. Direkt dahinter queren wir die sich vor uns erstreckende Kiesbank, gehen rechts parallel am Bach entlang direkt ins Tal hinter bis zur nächsten bewaldeten Halbinsel. Hier verfahren wir genauso wie zuvor. Auch das dahinterliegende Kiesfeld queren

Der Bow Lake zu Füßen der Crowfoot Mountain Range im Morgenlicht.

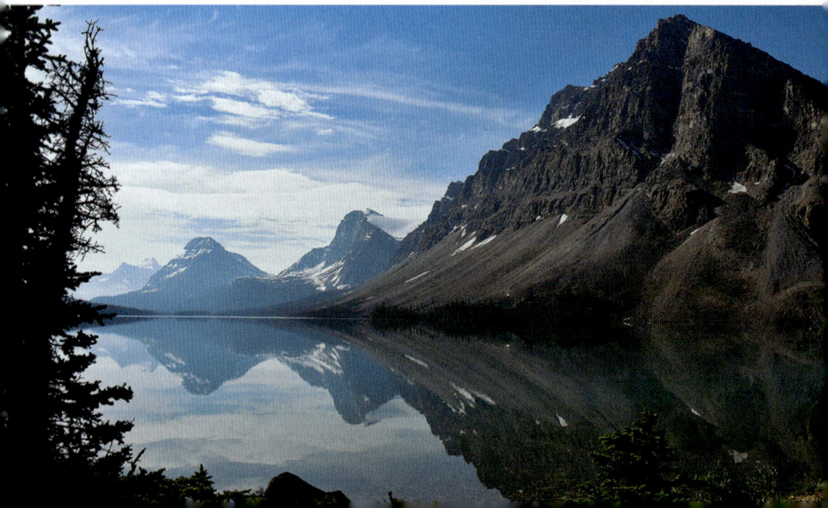

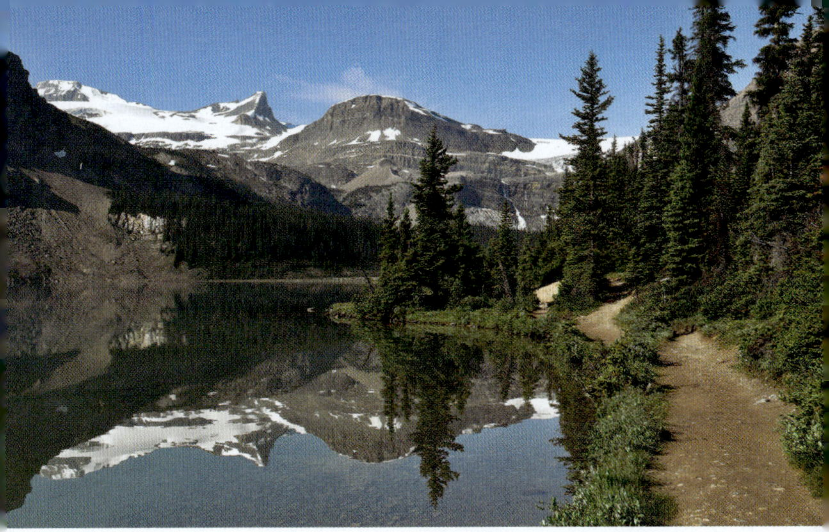

Der markante St. Nicholas Peak spiegelt sich im Bow Lake.

wir schnurstracks in Richtung Talende, wo uns zur Abwechslung ein schmaler Canyon erwartet. Auf Holztreppen geht's hinauf, an der Kreuzung des **Bow Hut (2)**, 2000 m, geradeaus vorbei auf eine kleine Moränenterrasse, von der wir ins Tal zum Wasserfall blicken. Diesen im Blick steuern wir zu Beginn auf einem ausgetretenen Pfad, später kleineren Pfaden folgend durch diese Geröllfläche, auf der uns Inukschuks den Weg zu den **Bow Glacier Falls (3)**, 2090 m, weisen. Hier lässt es sich im heißen Sommer aushalten.
Selber Weg zurück.

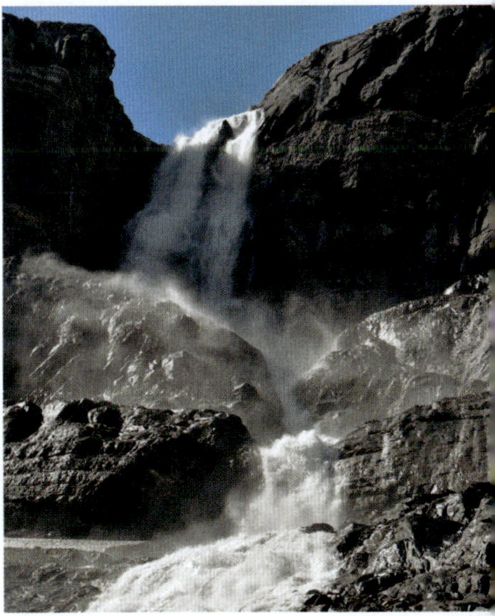

Eisiges Wasser auf hartem Gestein: Zum Abkühlen sind die Bow Glacier Falls wunderbar geeignet.

42 Peyto Lake & Bow Summit Lookout

2.30 Std.

Hoch über dem Icefields Parkway und dem fantastischen Peyto Lake

Die kanadischen Rocky Mountains par excellence! Durch montanen Wald und über Tundraflächen geht es hinauf zu mehreren Aussichtspunkten mit Blick über zwei brillante Seen. Sie liegen, umringt von schneebedeckten Gebirgsmassiven, am Rande eines von eiszeitlichen Gletschern ausgeschürften U-Tales, durch das sich der einsame Icefields Parkway schlängelt.

Ausgangspunkt: Parkplatz am Bow Pass, 2090 m. Von Lake Louise 43 km nördlich auf dem Highway 93, am Pass links dem Hinweisschild Peyto Lake folgen. Nach 300 m ist rechts die Einfahrt (geradeaus geht's zum Reisebus- und Behindertenparkplatz).
Höhenunterschied: 470 m.
Anforderungen: Teilweise steinige und ausgesetzte, kaum markierte Bergpfade, die Trittsicherheit, Orientierungsvermögen und Schwindelfreiheit erfordern.
Einkehr: Keine.
Variante: Für den Abstieg zum Peyto Lake kurz nach dem großen Aussichtspunkt mit Blick auf den einzigartigen See rechts auf den steilen Waldpfad abzweigen (2,2 km).
Karten: 082N10 (NRC), Bow Lake & Saskatchewan Crossing (Gem Trek, 1:70.000).

Am unteren Parkplatz des **Bow Pass (1)**, 2090 m, steigen wir ganz hinten im Norden in den geteerten Waldpfad ein. An Informationstafeln vorbei, gelangen wir 500 m weiter zum berühmten **Aussichtspunkt (2)** auf den von Gletschermehl außergewöhnlich creme-türkis gefärbten Peyto Lake, 2110 m, mit

Ein Juwel der Extraklasse: der Peyto Lake in seinem typischen Glanz.

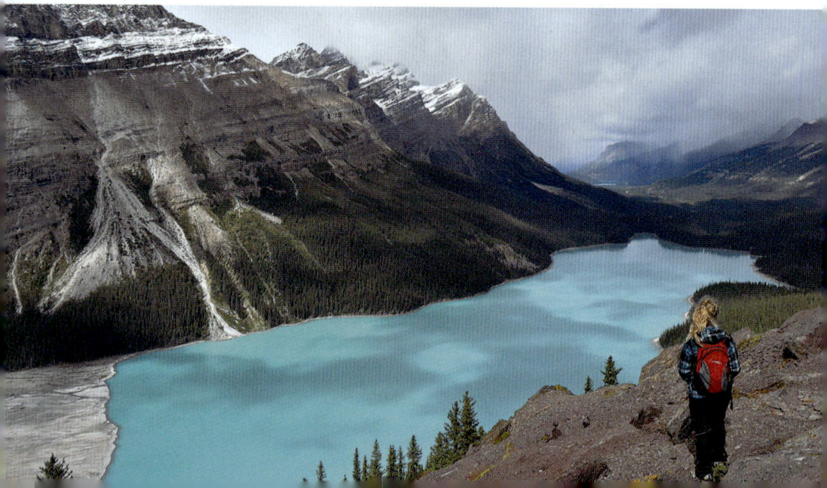

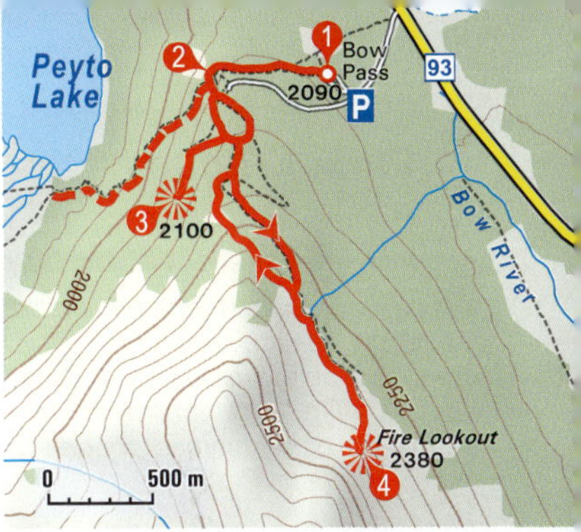

dem sich die Mehrheit begnügt. Wir aber wandern weiter hinauf, gehen am Viewpoint den parallel zum Abhang nach Süden aufsteigenden Teerweg, bis wir etwa 130 m weiter vor der Teilung des Rundweges stehen. Wir nehmen den rechten Weg. Wenige Minuten später, an der Linkskurve der Schleife, zweigen wir rechts in den Waldpfad ab, der durch eine Hinweistafel gekennzeichnet ist. Wir folgen diesem Schild Richtung Lookout. Auf schmalen Pfaden am Steilhang entlang stehen wir bereits 5 Min. später auf einer freien Aussichtsloge mit weitem Blick ins Tal des Peyto Lake und zum Icefields Parkway. Am dritten **Aussichtspunkt (3)**, 2100 m, wenige Minuten aufwärts, empfängt uns ein großer Inukschuk. Zurück auf der geteerten Schleife zweigen wir bereits nach etwa 40 m wieder rechts ab in den breiten Erdweg, auf dem wir sogleich 200 m steil bergan bis zur Gabelung steigen. Der einer alten Fuhrstraße gleichende linke Weg ist momentan der Unsere. Eine Viertelstunde laufen wir zur Baumgrenze in einer Senke, durch die ein Bach hinabfließt. Von hier aus sind es nur noch 750 m auf einem am Ende steilen Bergpfad hinauf zum ehemaligen **Fire Lookout (4)**, 2380 m, von dem die Südseite des Icefields Parkway mit Bow Lake überblickt werden kann. Zurück in der Senke biegen wir etwa 200 m nach der Bachüberquerung links in den engen Wiesenpfad ein, der uns auf dem Weg nach oben zum Geröllfeld nochmals schöne Ausblicke verschafft. Den vor uns liegenden steilen Hang gehen wir anschließend bis zu derjenigen Gabelung hinab, an der wir zuvor in die alte Fuhrstraße eingebogen sind. Hier beginnt nun der Rückweg über den breiten Erdweg zur geteerten Schleife, in die wir rechts einbiegen. Wir folgen ihr hinunter zum ersten Aussichtspunkt, von dem aus wir auf dem zweiten Abzweig rechts hinab zum Parkplatz am **Bow Pass (1)** zurückkehren.

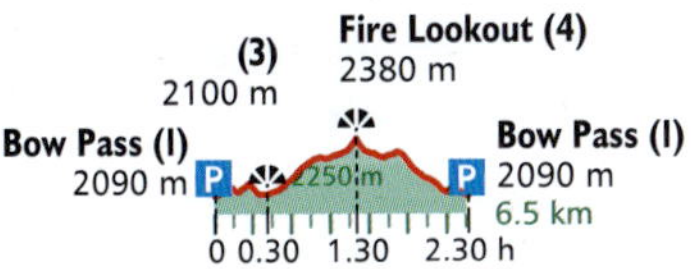

Der Caldron Peak erhebt sich auf der anderen Seite des Peyto Lake.

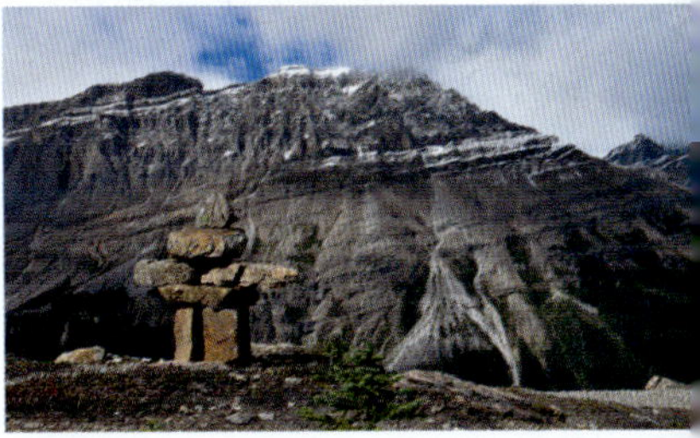

43 Parker Ridge

2.00 Std.

Ausblick auf eine der eisigen Quellen des großen Saskatchewan River

Ein extrem viel begangener, weil berühmter Aufstieg zwar, aber bei gutem Wetter bieten sich exzellente Aussichten im alpinen Gelände auf den Saskatchewan Glacier und das gewaltige Columbia Icefield. Die heute meist unter einer Schneedecke schlummernden fossilen weißen Korallen im schwarzen Sandstein des Kammes zeugen von der aquatischen Vergangenheit der Rocky Mountains.

Ausgangspunkt: Großer Parkplatz »Parker Ridge«, 2000 m, 9,3 km südlich des Columbia Icefield Centre.
Höhenunterschied: 340 m.
Anforderungen: Steiler Aufstieg in offenes, stark dem Wind ausgesetztes Gelände in über 2000 m Höhe. Gute Kondition notwendig, auf der Westseite auch Schwindelfreiheit erforderlich. Aufgrund der Höhenlage ist die Saison sehr kurz, weil der Kamm oftmals bis in den Juli hinein mit einer Schneedecke überzogen ist.
Einkehr: Keine.
Variante: Wer oben am Kamm dem Aufstieg nach rechts folgt, kommt zu einer Aussicht auf den kleinen Gletscher im Tal des Hilda Creek.
Karten: 083C03 (NRC), Columbia Icefield (Gem Trek, 1:75.000).

Ohne Zögern steigt der an der südlichen Seite des großen **Parkplatzes (1)**, 2000 m, beginnende breite Weg bergan. Aufgrund der sehr kurzen Saison und des entsprechenden touristischen Andranges ist die fragile Vegetation extrem gefährdet, weshalb man dringend auf den Wegen bleiben und bereits ausgetrampelte Abkürzungen aussparen sollte. Nichtsdestotrotz lohnt sich der 2 km lange, zickzackförmig verlaufende Anstieg auf erdig-steinigem Weg im alpinen Tundra-Gelände auf jeden Fall! Oben auf dem kargen Bergrücken der **Parker Ridge (2)**, 2280 m, angekommen, zeigt sich dies jedoch erst einmal noch nicht. Hier zweigt lediglich ein markanter

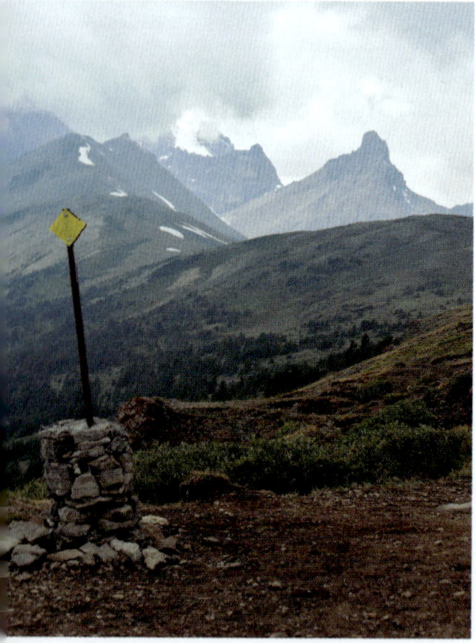

Gelbe Marker weisen den Weg auf der lange von Schnee bedeckten Parker Ridge.

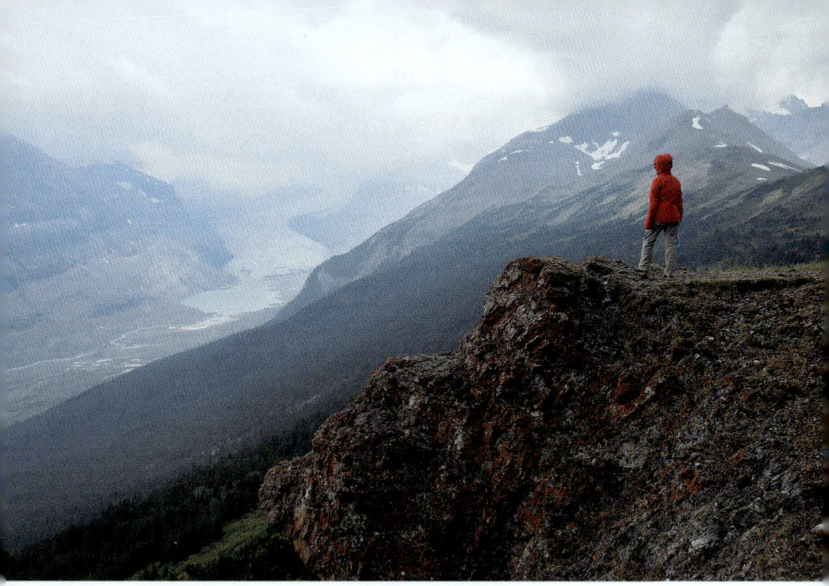

Felsiger Aussichtspunkt auf der Parker Ridge zum Saskatchewan Glacier.

und vermeintlich vielversprechender Anstieg rechts ab, an dessen Kuppenende man einen besseren Überblick über das Umland erhaschen kann. Für die berühmte Aussicht auf den Saskatchewan Glacier hingegen folgen wir der schmaleren Spur geradeaus auf die Südseite des Kammes, die sich bereits 200 m weiter zu eröffnen beginnt. Der allmählich links einschwenkende Pfad am Steilhang, auf dessen gesamter Länge man einmalige Ausblicke auf das breite Gletschertal genießt, endet offiziell nach einem knappen Kilometer am **Trailend (3)**, 2250 m. Der Saskatchewan Gletscher ist die eisige Quelle des North Saskatchewan River, der zusammen mit seinem südlichen Namensvetter ein gigantisches Flusssystem bildet.
Von hier selber Weg zurück.

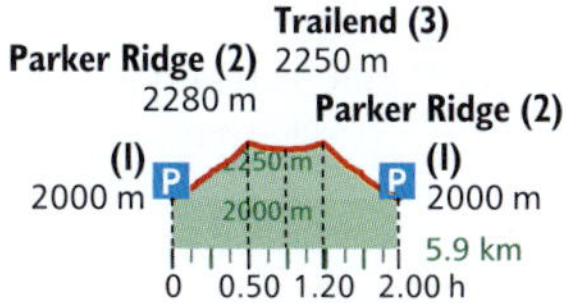

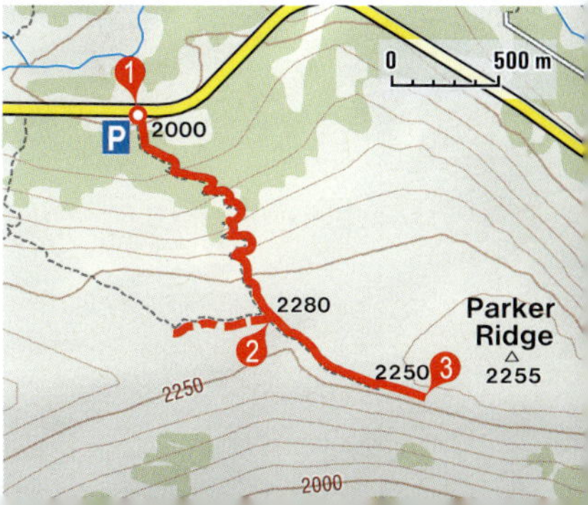

TOP **44**

Wilcox Pass und Viewpoint

3.00 Std.

Beste Aussicht auf den Athabasca Glacier und die umliegenden Berggiganten

Diese Top-Tour bringt uns weg vom massenüberfluteten Icefield Centre, hinauf in luftige Höhen oberhalb des Touristenmagnets mit erstklassigen Weitblicken auf den Icefields Parkway und die umliegende Berg- und Gletscherlandschaft. Zudem bestehen super Chancen, den hier heimischen Dickhornschafen zu begegnen.

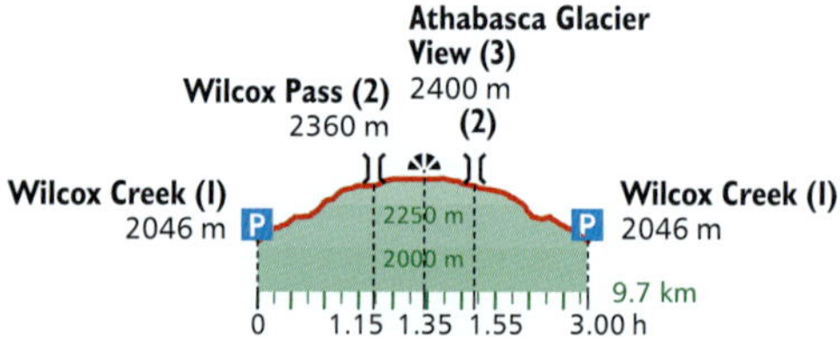

Der Athabasca Gletscher zieht sich zunehmend zurück und hinterlässt eine Moränenlandschaft.

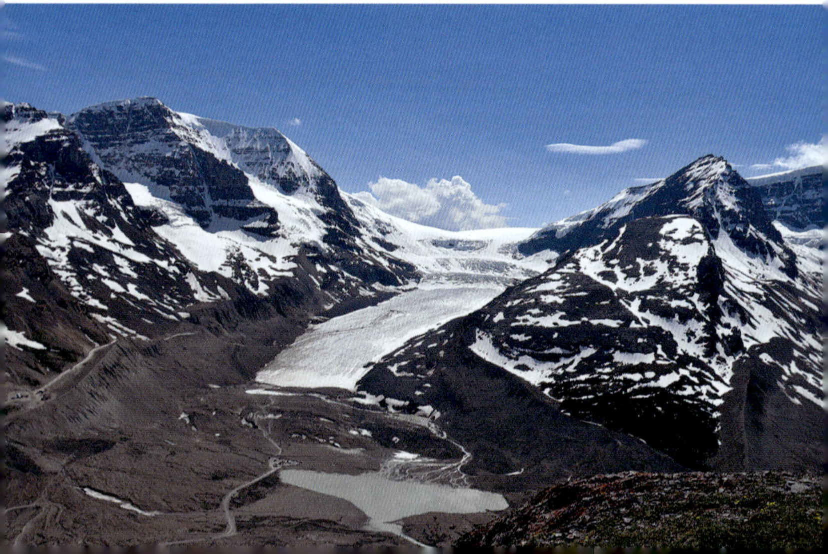

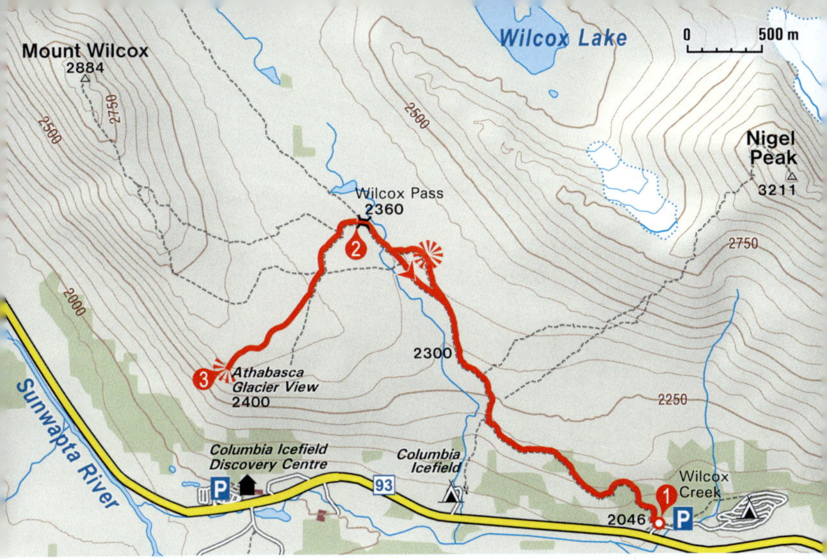

Ausgangspunkt: Kleiner Parkplatz, 3 km östlich des Columbia Icefield Discovery Centre an der Einfahrt zum Wilcox Creek Campground gelegen, 2046 m.
Höhenunterschied: 500 m.
Anforderungen: Diese ansonsten einfache Wanderung im teilweise unmarkierten, offenen Tundra-Gelände setzt gutes Orientierungsvermögen voraus. Aufgrund der hohen Lage sind auch im Sommer oft noch Schneefelder sowie nasse Matten zu durchqueren.
Einkehr: Cafeteria Chalet and Altitude Restaurant im Columbia Icefield Discovery Centre (3 km westlich des Ausgangspunkts, Tel. +1 866 606 6700, www.banffjaspercollection.com/attractions/columbia-icefield/dining).
Unterkunft: Wilcox Creek & Columbia Icefield Campground (Parks Canada, Jasper, Tel. +1 519 826 5391, www.pc.gc.ca/en/pn-np/ab/jasper/activ/passez-stay/camping), Glacier View Lodge am Columbia Icefield Discovery Centre (3 km westlich des Ausgangspunkts, Tel. +1 866 606 6700, www.banffjaspercollection.com/hotels/glacier-view-lodge).
Hinweis: Aufgrund des extremen Massentourismus ist die Einkehr im Icefield Discovery Centre seit einigen Jahren kein Vergnügen mehr. Alternative Einkehr von Süden kommend: das 50 km entfernte The Crossing (Saskatchewan River Crossing) mit Pub, Café & Restaurant (Tel. +1 403 761 7000, www.thecrossingresort.com).
Karten: 83C03 (NRC), Columbia Icefield (Gem Trek, 1:75.000).

Vom Parkplatz **Wilcox Creek (1)**, 2046 m, steigt der breite Wurzelpfad steil im Wald bergan. Bereits eine halbe Stunde nach Verlassen des Parkplatzes wandern wir in alpinen Gefilden und Parks Canada sorgt mit roten Stühlen für eine angenehme Aussichtsatmosphäre. Nach einem kurzen ebenen Wegstück geht's noch mal neben einem tiefen Bachbett steil bergauf, wobei sich der ausgetretene Geröllpfad teilt und wieder vereint. Auf dem Haupt-

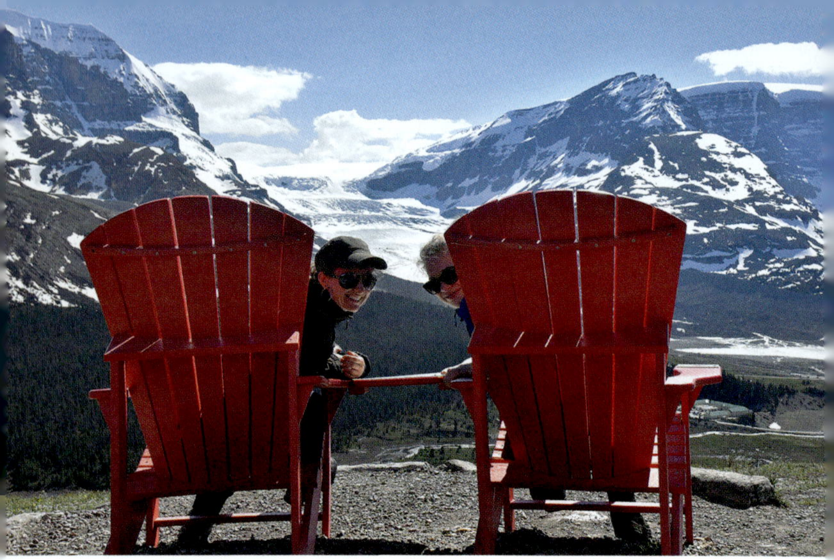

Eine kurze Pause in den roten Sesseln am Columbia Icefield.

pfad wandern wir einen reichlichen Kilometer über Buckelwiesen zwischen die beiden Bergketten hinein. Auch hier teilt sich nochmals der Weg und führt anschließend wieder zusammen. Der rechts abzweigende Pfad führt uns auf eine Felsnase mit guter Aussicht hinauf. Anschließend befindet sich hier, mitten im Tundra-Gelände, der **Wilcox Pass (2)**, 2360 m. Für eine Top-Aussicht auf den Gletscher zweigen wir links ab und gelangen über hügeliges Terrain zum **Athabasca Glacier View (3)**, 2400 m, oberhalb des Discovery Centres. Hier bietet sich eine exzellente Aussicht sowohl auf den von Bussen befahrenen Gletscher und das Eisfeld als auch auf die Giganten Mt. Athabasca (3491 m), Mt. Andromeda (3450 m) und Snowdome (3451 m).

Auf demselben Weg geht es – ohne den Schlenker über die Felsnase vom Hinweg – zurück zum Parkplatz **Wilcox Creek (1)**.

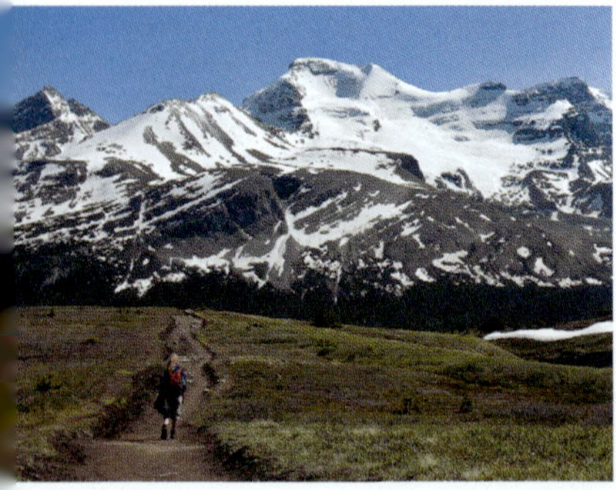

Auf dem Weg hinab ins Tal haben wir die 3000er stets im Blick.

3 Tage

Fryatt Valley 45

Im einsamen, wilden Tal zur Aussichtsloge

Wer von Bergen fernab des Trubels umgeben sein möchte, ist im Fryatt Valley wunderbar aufgehoben. Abseits des Scheinwerferlichts liegt das in raue Gipfel eingehüllte Kleinod, das nur über einen langen Anmarsch im Wald sowie einen beschwerlichen Aufstieg entdeckt werden kann.

Ausgangspunkt: Parkplatz Fryatt Valley Trailhead, 1220 m. Vom Icefields Parkway kommend, auf die 93A bei den Athabasca Falls abzweigen, nach 1,2 km links in die Geraldine Fireroad einbiegen. Waldparkplatz etwa 2 km rechts, Trailhead links.
Höhenunterschied: 1100 m.
Anforderungen: Langer Anmarsch im ebenen Waldgelände. Anstieg ab Lower Fryatt Campground moderat im Zickzack durch den Wald. Anschließend entlang des breiten, flachen Bachbettes (ggf. Flussquerung), sodass man sich seinen Weg trockenen Fußes suchen muss (Pfad teils durch farbige Bändchen markiert). Nach dem Brussels Campground führt der Weg über breite Geröllfelder und nach dem sehr schmalen Uferweg am Fryatt Lake in Wurzelwaldgelände. Der steilste Anstieg folgt nun die Headwall hinauf. Insgesamt sind ausgeprägter Orientierungssinn, gute Kondition und gesunde Trittfestigkeit unabdingbar.
Einkehr: Keine.
Unterkunft: Backcountry Camping (Parks Canada, Tel. +1 519 826 5391, www.pc.gc.ca/en/pn-np/ab/jasper/activ/passez-stay/arrierepays-backcountry). Sydney Vallance Hut (Alpine Club of Canada, Tel. +1 403 678 3200, , www.alpineclubofcanada.ca/web/ACCMember/Huts/Sydeny_Vallance_Fryatt_Hut.aspx).
Karten: 083C12 (NRC), Jasper & Maligne Lake (Gem Trek, 1:100.000).

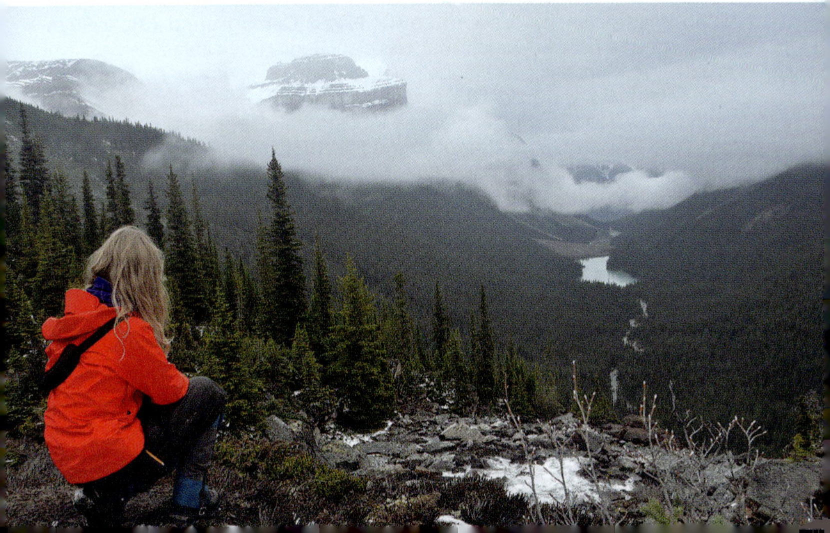

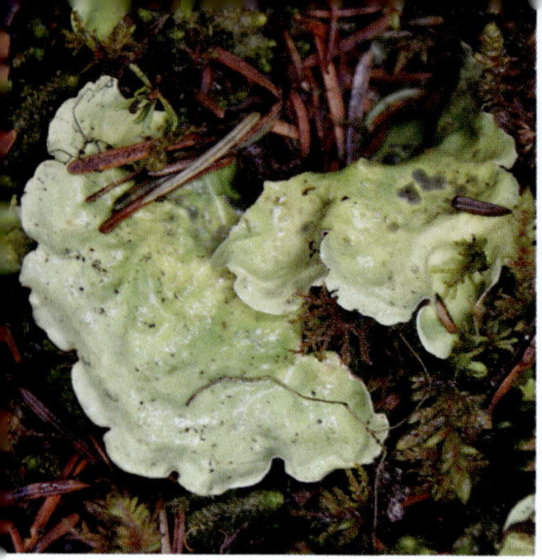

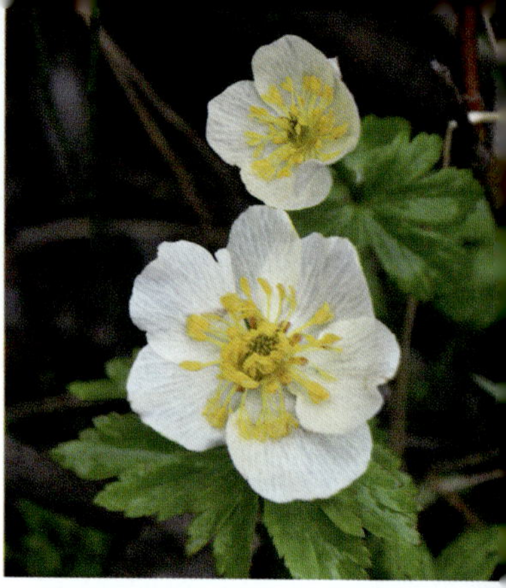

Links: Bizarre Flechten und Moose gedeihen prächtig im montanen Wald.
Rechts: Nördliche Anemonen (Anemone parviflora) leuchten bei jedem Wetter.
S. 177: Von der Talstufe ist das Fryatt Valley gut zu überblicken, sofern sich der Nebel lichtet.

Der über 11 km lange Waldweg zum Eingang des entzückenden Tales beginnt am Schild gegenüber vom **Waldparkplatz (1)**, 1220 m. Nach 7,5 km tangieren wir den Athabasca River und der Weg beginnt sacht zu steigen. Etwa eine halbe Stunde später stehen wir erhaben auf Eisstausedimenten und können am **Ausblick (2)**, 1260 m, weit über das breite, einst vom massiven Gletscher ausgeschürfte Tal schauen. Zwei Kilometer weiter durch hügeligen Wald gelangen wir zum **Lower Fryatt Campground (3)**, 1280 m, dem Ende des Fahrradweges und zugleich Beginn des Talaufstieges. Der nun zünftige Wurzelweg schlängelt sich 4,3 km ins schmale Tal des Fryatt Creek hinein, bis wir an der Brücke erste Blicke ins Talinnere erhaschen. Jetzt heißt es, sich im breiten Kiesbett trockenen Fußes den dreiviertelstündigen Weg zum **Brussels Campground (4)**, 1660 m, zu bahnen, wobei farbige Bändchen an den Weiden gute Orientierungshilfen sind. Dieser Zeltplatz eignet sich ideal als Basisstation, sodass man das Equipment hier auf-

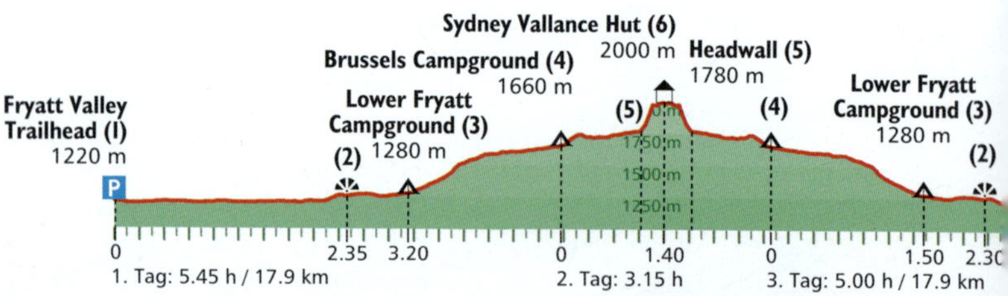

gestellt lassen und den 2. Tag ohne schweres Gepäck zur Erkundung des Tales nutzen kann. Der klar erkennbare Pfad führt einen grobsteinigen Geröllschutthang hinauf zum Steintor, durch das wir hinab zum Fryatt Lake wandern. An dessen wildem Nordwestufer vorbei, gelangen wir durch dichten Wald und über Bäche an den Fuß der hohen **Headwall (5)**, 1780 m. Ein steiler, über 200 m hoher Anstieg steht uns bevor. Wir nehmen den kleinen, markierten Pfad, der am steilsten Aufstieg kurz vor der aufragenden Felswand rechts in den Wald abzweigt. Oben angekommen, passieren wir die **Sydney Vallance Hut (6)**, 2000 m, bevor wir das von schneebedeckten Gipfeln geschützte Talende betreten. Hält man sich links und geht zur Vorderseite der Hütte, kommt man auf dem daran anschließenden Schleichweg, über Felsen kraxelnd, bis zur Abbruchkante der soeben erklommenen Talschwelle: Eine exquisite **Aussichtsloge (7)**, 1990 m, heißt uns willkommen! Das Talende ist ein großer Abenteuerspielplatz mit See, Höhle und jeder Menge Kraxelspaß.
Auf demselben Weg geht es zurück.

Fryatt Valley Trailhead (I)
1220 m

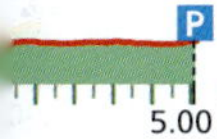

44.1 km
5.00 h

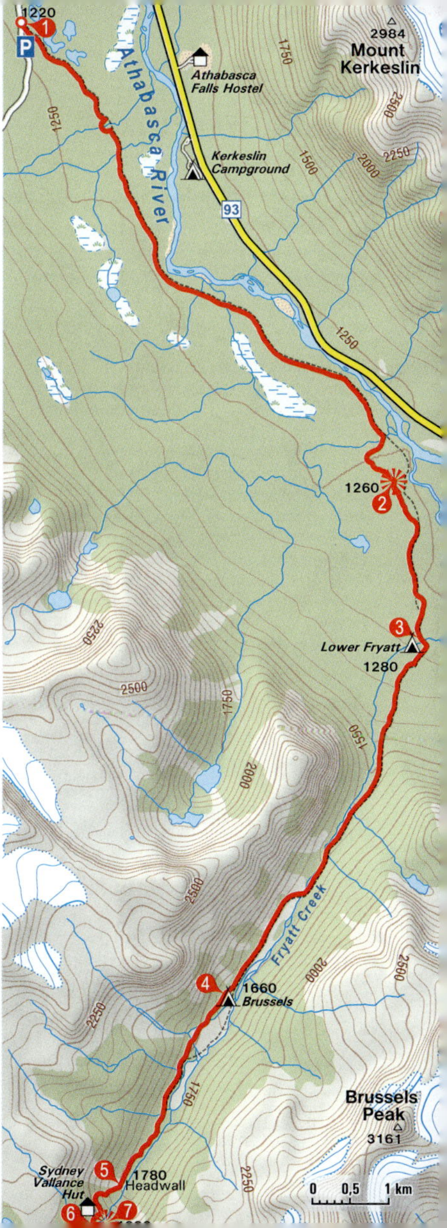

46 Geraldine Lakes

4.30 Std.

Anregende Kraxeltour in stillem Seental

Landschaftlich wenig sensationell ist diese Tour eher nichts für Genusswanderer, sondern mehr ein verstecktes, langes Spielfeld für bewegungsfreudige Entdecker, die gern im Matsch waten, über grob-brockige Geröllfelder hüpfen, in klare, klirrend kalte Seen springen, Steilflanken erklimmen und sich selbst ihren Weg durch unübersichtliches Terrain bahnen.

Ausgangspunkt: Gleichnamiger, kleiner Waldparkplatz, 1480 m. Vom Icefields Parkway kommend, auf die 93A bei den Athabasca Falls abzweigen, nach 1,2 km links in die Geraldine Fire Road einbiegen und dieser bis zum Ende folgen.
Höhenunterschied: 550 m.
Anforderungen: Bereitschaft, sich auf matschigen, extrem wurzeligen, kaum ausgeschilderten Pfaden und in unzähligen Geröllfeldern und Boulderbrocken seinen Weg zu suchen und zu bahnen. Es sind für diese Tour also absolute Trittfestigkeit und ein ausgeprägter Orientierungssinn erforderlich.
Einkehr: Keine.
Unterkunft: Backcountry Camping (Parks Canada, Tel. +1 519 826 5391, www.pc.gc.ca/en/pn-np/ab/jasper/activ/passez-stay/arrierepays-backcountry).
Variante: Bis zum Südwestende des Second Geraldine Lake wandern und das hintere Tal erkunden.
Hinweis: Zufahrt über die am Ende sehr derbe Schotterpiste nur für robuste Pkw möglich. Sehr kleiner Parkplatz.
Karten: 083C12 (NRC), Jasper & Maligne Lake (Gem Trek, 1:100.000).

Etappenweise erklimmt man die Talschwellen, um zu den Geraldine Lakes zu gelangen.

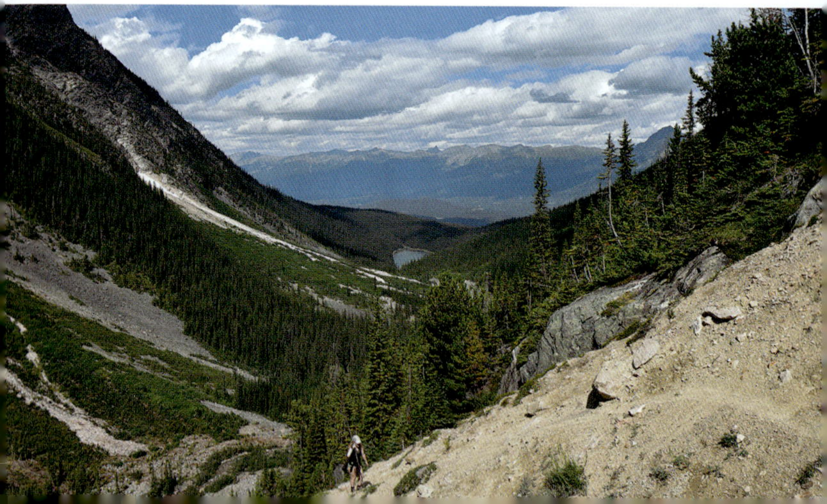

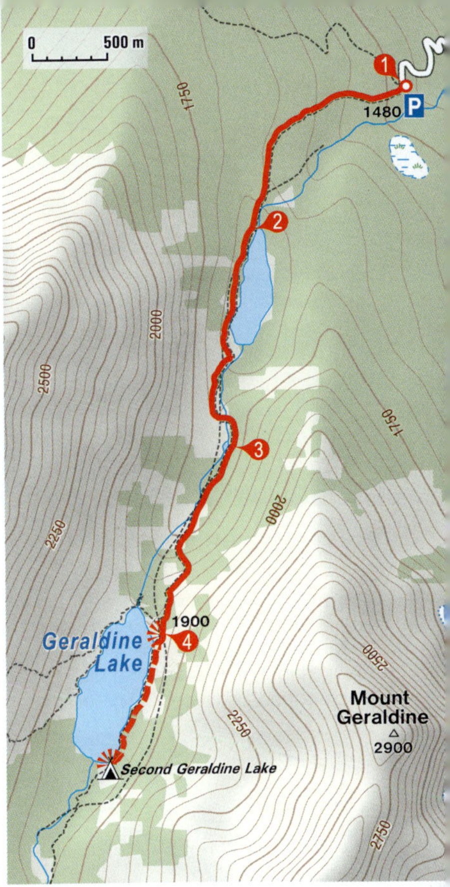

Am kleinen **Waldparkplatz (1)**, 1480 m, steigen wir vom Straßenverlauf aus gesehen geradeaus in den schmalen wurzeligen Waldweg ein, der uns eine gute halbe Stunde später zum Ablauf des **First Geraldine Lake (2)**, 1610 m, bringt. An dessen nassem, schlammigem Westufer waten wir etwa 600 m entlang, bis wir durch ein Waldstück zum ersten Geröllfeld gelangen. Auf dem noch sichtbaren Pfad queren wir dieses am unteren Rand. Der offensichtliche Waldpfad links hinab kurz nach dem quer liegenden Baumstamm ist ein Abstecher zu einem versteckt liegenden Wasserfall, von dem man steil zum Hauptweg zurückkehren kann, oder man bleibt auf dem nun kleiner werdenden Pfad und folgt diesem hinauf zur nächsten Gesteinshalde. Wiederum halten wir uns geradeaus und zweigen nicht links ins Gebüsch ab. Anhand der Inukschuks suchen wir aufmerksam unseren Weg über drei weitere Boulderfelder aufsteigend und stets Richtung Süden. Nach 500 abenteuerlichen Metern weisen uns gelbe Marker den Weg auf die andere Seite des steinigen Bachbettes. An dessen Ostufer gelangen wir am Waldrand rechts hinab binnen 10 Min., Höhe haltend, zu einer anmutigen **Teichoase (3)**, 1700 m.

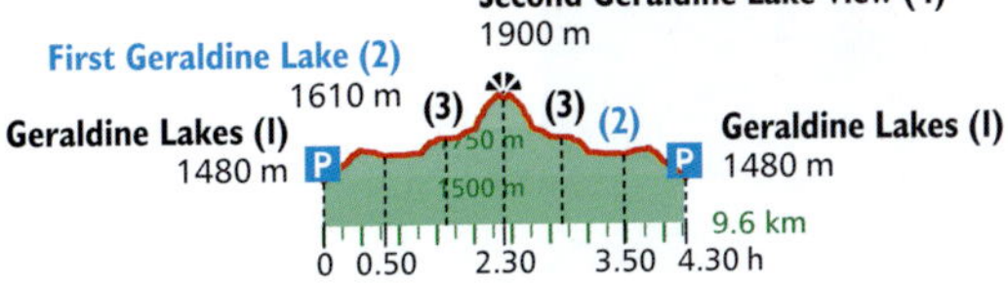

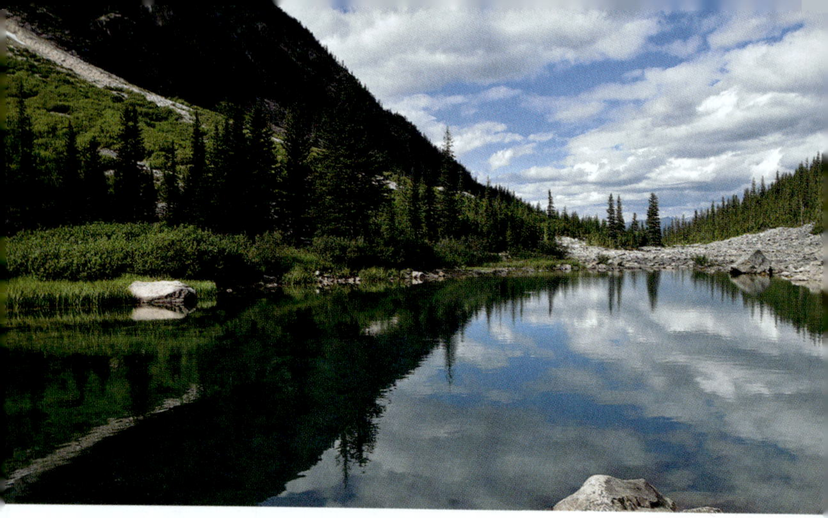

Ein klarer Pool am Wegesrand lädt bei heißem Wetter zu einer Abkühlung ein.

Knappe 15 Min. später folgt das nächste Highlight: die rauschenden Geraldine Falls. Wir erklimmen den sandigen Steilanstieg auf die 100 m höher gelegene Talstufe, die uns eine weite Aussicht über das harmlos wirkende, grüne, hügelige Gletschertal bis zum kreuzenden, breiten Trogtal des Athabasca offenbart. Nach 2 Min. teilt sich der Weg. Wie bei dieser Tour üblich, lassen wir den deutlichen Waldpfad rechts liegen und steigen stattdessen auf der rechten Seite am Waldrand etwa 10 Min. das vor uns liegende Geröllfeld hinauf. Von der Bergschulter überblickt man nun das hintere Tal und erreicht nach 120 m auf einer offenen Schuttfläche den **Second Geraldine Lake View (4)**, 1900 m.

Von hier aus ist eine weitere Talerkundung sowie Backcountry-Übernachtung am Ende des Sees möglich oder man kehrt direkt im Anschluss auf selbem Wege zurück.

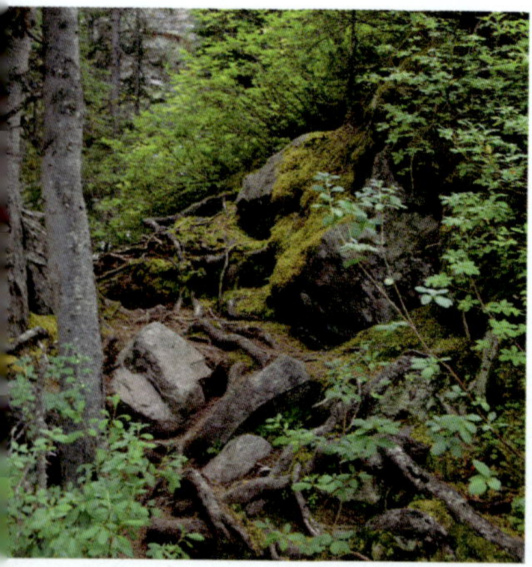

Ein schmaler Wurzelweg führt durch dichtes Buschwerk.

3.00 Std.

Mount Edith Cavell Meadows 47

Rundgang zwischen eisgeformter Gletscherlandschaft und alpiner Blumenpracht

Diese bewegte Tour regt zum Nachdenken an. Der von den First Nations als »Weißer Geist« bezeichnete Schneeriese erinnert heute an die britische Heldin Edith Cavell, die während der deutschen Besatzung Belgiens im Ersten Weltkrieg ihre Arbeit als Krankenschwester in Brüssel fortsetzte und britischen Soldaten zur Flucht verhalf. Dafür zahlte sie mit ihrem Leben.
Plötzliche Abbrüche des Angel Glacier verändern das Tal gewaltig, sodass seine engelhafte Form kaum mehr zu erkennen ist.

Ausgangspunkt: Parkplatz am Mt. Edith Cavell, 1780 m. Von Jasper 14 km südlich auf der 93A bis zum Abzweig Mt. Edith Cavell, rechts 14 km die Cavell Road bis zum Ende fahren.
Höhenunterschied: 570 m.
Anforderungen: Lediglich der sehr steile Aufstieg auf den obersten Schutthang erfordert Kondition und Trittsicherheit. Ansonsten breiter, sehr gut ausgeschilderter und moderat ansteigender Weg.
Einkehr: Keine.
Unterkunft: HI Mount Edith Cavell (Wilderness Hostel, 2 km nördlich des Ausgangspunktes gelegen, Tel. +1 778 328 2220, https://hihostels.ca/en/destinations/alberta/hi-mount-edith-cavell).
Hinweis: Der Wegabschnitt ab Wegpunkt 3 wird erst nach der Schneeschmelze geöffnet, i. d. R. ab Mitte Juli.
Karten: 083D09 (NRC), Jasper & Maligne Lake (Gem Trek, 1:100.000).

Abgebrochene Eisschollen schwimmen im Cavell Pond.

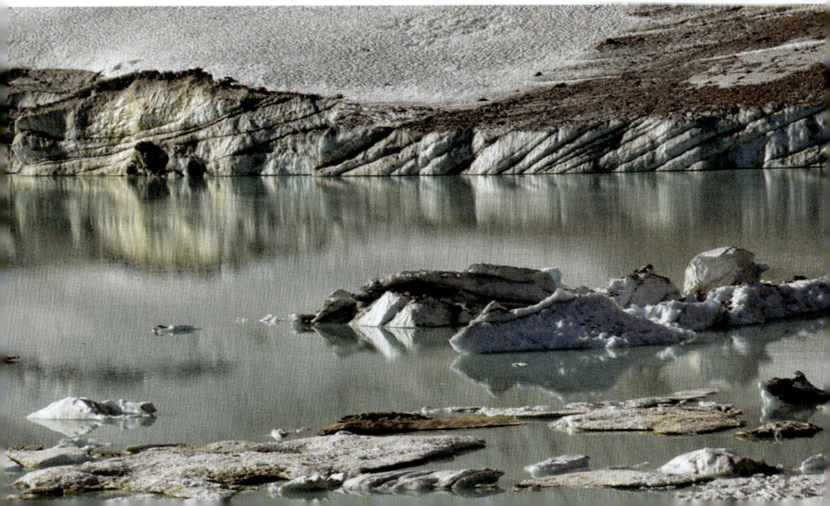

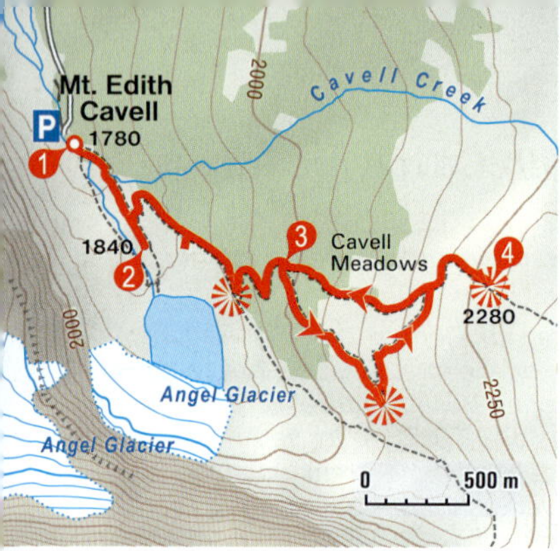

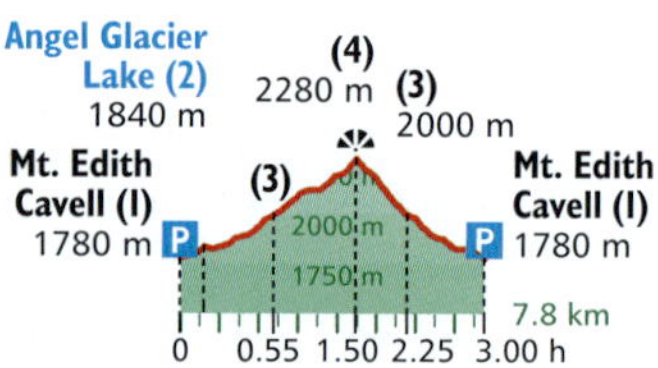

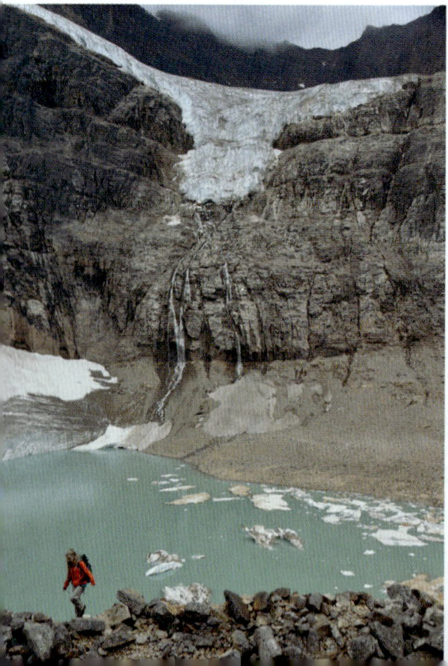

Vom Parkplatz **Mt. Edith Cavell (1)**, 1780 m, gehen wir zum geteerten Informationspfad hinauf. Hier halten wir uns rechts, um dem mit Picknickbänken versehenen Kiesweg zu folgen, welcher sich 250 m weiter wieder mit dem asphaltierten Weg verbindet. Bereits 5 Min. später stehen wir, uns stets geradeaus haltend, am Aussichtspunkt beim **Angel Glacier Lake (2)**, 1840 m.

Um weiter hinauf zu gelangen, gehen wir etwa 140 m zurück und nun rechts auf dem offiziellen Trail an der Seitenmoräne entlang aufwärts. Kleine Abstecher auf die Moräne laden zu neuen Ausblicken ein. Etwa einen Kilometer später halten wir uns an der abzweigenden Kletterer-Route links und steigen weitere 10 Min. im Wald bergan bis zur **Schleife (3)**, 2000 m; dort rechts. Nach etwa 20 Min. halten wir uns wieder rechts und erreichen eine natürliche Aussichtsplattform mit tollem Blick auf Gletscher und See.

Anschließend beginnt der anstrengende Teil: Zurück auf dem Hauptweg steigen wir zunächst sacht bergauf; ab der Gabelung, an der wir rechts abzweigen, geht es 500 m an einem Schutthang steil hinauf zur **Aussichtskuppe (4)**, 2280 m. Es folgt der Abstieg zur vorherigen Gabelung, an der wir rechts abbiegen und stets bergab zurück zum **Ausgangspunkt (1)** wandern.

Rechts: Das Felsmassiv des Mount Edith Cavell ragt steil über dem eisigen Cavell Pond empor.

Links: Die Seitenmoräne des Angel Glacier dient heute als Aussichtsloge.

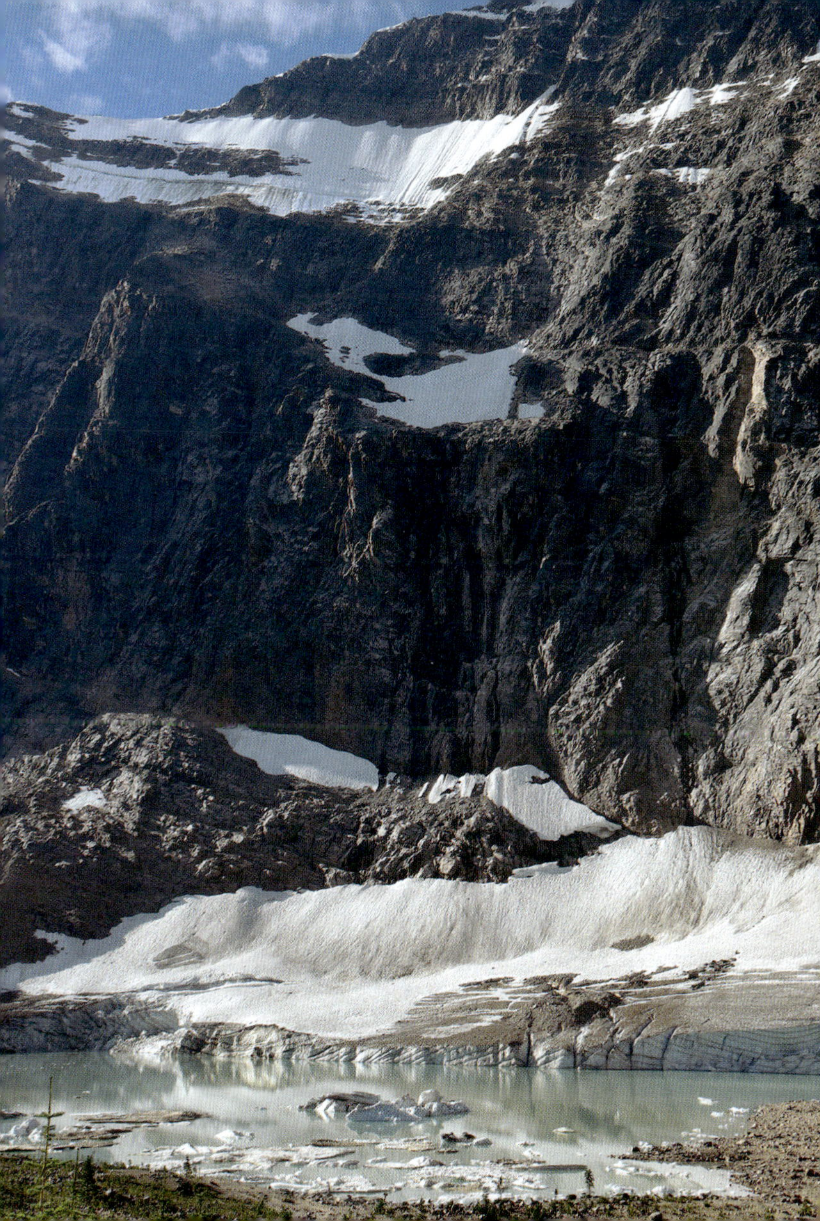

TOP 48 Tonquin Valley

3 Tage

Naturjuwel im Land der seltenen Waldland-Karibus

Die morgendlichen Gesänge der Seetaucher im malerischen Tal der Amethyst Lakes bei Sonnenaufgang sind ein unvergessliches Erlebnis. Diese im Englischen »loon« genannten Vögel sind so typisch für Kanada, dass sie den Spitznamen der kanadischen 1-Dollar-Münze prägen: Loonie (die 2-Dollar Münze nennt sich daraufhin »Toonie«). Für diese grandiose Landschaft und die Aussicht, vom Aussterben bedrohte Waldland-Rentiere beim Open-Air-Frühstück begrüßen zu können, schlägt man sich selbst bei ungünstiger Witterung bereitwillig durch eine Horde Blutsauger und Fleischfresser.

Ausgangspunkt: Parkplatz gegenüber des Mt. Edith Cavell Hostels, 1739 m. Von Jasper 14 km südlich auf der 93A bis zum Abzweig Mt. Edith Cavell, rechts 12 km die Cavell Road bis zum Hostel. Parkplatz entlang der Straße gegenüber der Einfahrt.
Höhenunterschied: 740 m.
Anforderungen: Meist ausgetretener, sanft steigender Pferdeweg, teilweise sehr sumpfig: Wasserfestes Schuhwerk erleichtert das Vorankommen. Sowohl der kurze, etwas steilere Aufstieg neben dem Gesteinsrutsch und der extrem wurzelige Teil des Rückwegs erfordern Kondition und Trittsicherheit. Insgesamt keine schwierige Wanderung, eher gemütlich.
Einkehr: Keine.
Unterkunft: HI Mount Edith Cavell (Wilderness Hostel, Tel. +1 778 328 2220, https://hihostels.ca/en/destinations/alberta/hi-mount-edith-cavell, www.highsightsguiding.com). Wates-Gibson Memorial Hut (Alpine Club of Canada, Tel. +1 403 678 3200, www.alpineclubofcanada.ca/web/ACCMember/Huts/Wates_Gibson_Hut.aspx). Backcountry Camping (Parks Canada, Tel. +1 519 826 5391, https://www.pc.gc.ca/en/pn-np/ab/jasper/activ/passez-stay/arrierepays-backcountry/sugg-sentiers_trip-ideas/Tonquin).
Varianten: (1) Ein attraktiver Abstecher ins Eremite Valley: am Abzweig kurz nach der Gablung zum ACC-Hut den Pfad rechts zum Einsiedlertal einschlagen und dem Eremite Creek ins raue alpine Gelände des von Gletscherbergen umrahmten Arrowhead Lake folgen (4 km).
(2) Die Vollendung zum Rundweg bietet sich an, wenn man den privaten Transfer zum Ausgangspunkt organisieren kann: am Amethyst Campground nach Norden zum Maccarib Campground (3,4 km), anschließend nach Osten über den Maccarib Pass Trail zum Parkplatz an der Marmot Basin Rd. (ca. 20 km). Von hier

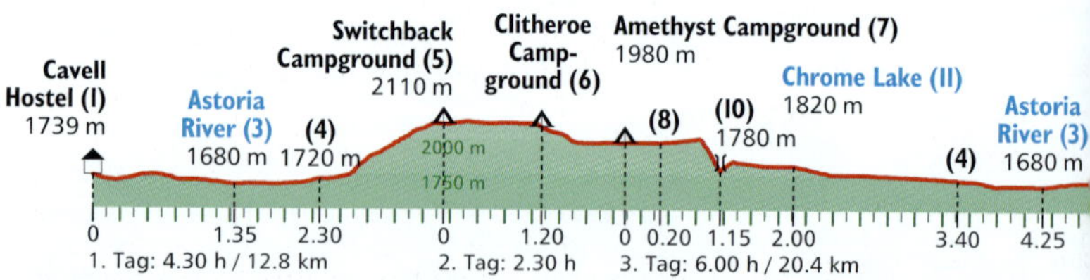

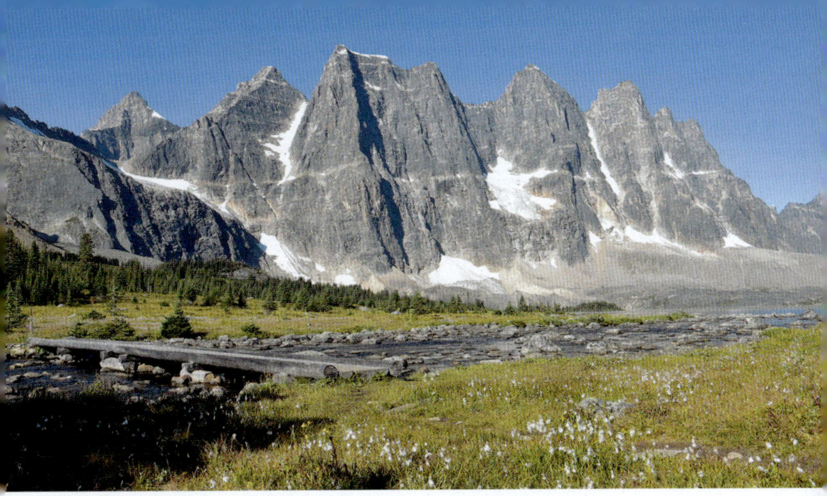

Die Felskette der Ramparts gesehen vom Ablauf der Amethyst Lakes.

runter zur 93A und die Cavell Rd. wieder zum Hostel hinauf.

Hinweise: Je nach Saison – meist im Juli und August – hohes Aufkommen von Mücken und Bremsen, weshalb sich eine Ausstattung mit entsprechenden Schutzmitteln (u. a. lange, beißfeste Kleidung, Kopfnetz) empfiehlt. Wem der Rucksack zu schwer ist, kann mit leichtem Gepäck zu Pferde das Tal erkunden (Anbieter sind die beiden oben genannten Lodges).

Karten: 083D09 (NRC), Jasper & Maligne Lake (Gem Trek, 1:100.000).

Die alte Fireroad am Parkplatz gegenüber des **Cavell Hostel (1)**, 1739 m, hinunter bis zur Brücke mit tollem Blick auf den Mt. Cavell und den vorgelagerten, gleichnamigen See. Eine kleine Tafel informiert über den umliegenden Wald aus Weißstämmigen Kiefern. Kurz darauf biegt an der **Gabelung (2)**, 1720 m, der kleine unscheinbare Pfad rechts Richtung Tonquin Valley ab. Unmerklich wandern wir in reichlichen 4 km bergab, bis wir nach der Passage des Verdant Creek das Tal des **Astoria River (3)**, 1680 m, überqueren. Auf der anderen Talseite leicht bergan, am Campingplatz Astoria vorbei bis zur Kreuzung zum **Eremite Valley (4)**, 1720 m. Direkt dahinter befindet sich ein Rastplatz für Pferd und Mensch mit märchenhaften Fotomotiven des Flusses im Grasland. Ab hier nach Waldland-Karibus Ausschau halten!

Cavell Hostel (I)
1739 m
39.8 km
0 h

Einen knappen Kilometer weiter beginnt ein gigantischer, von unten nicht einsehbarer, aktiver Bergsturz, welcher zügig ohne Anhalten zu überqueren ist. An dessen westlichem Rand steigen wir danach im Zickzack in circa 2 km über 300 Hm bergauf, bis wir durch offene Bewaldung in einer knappen halben

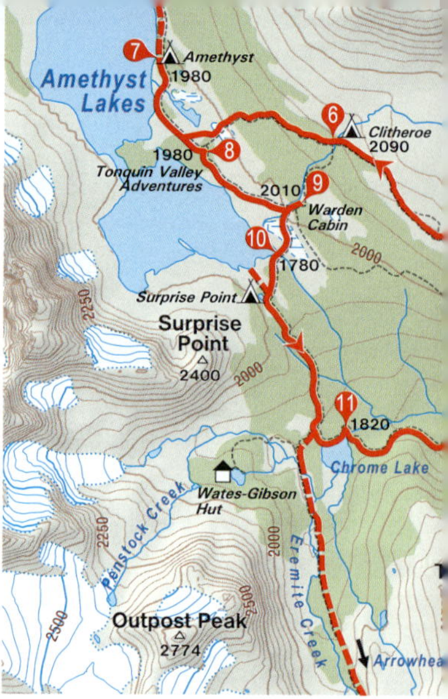

Stunde den Zugang zum **Switchback Campground (5)**, 2110 m, erreichen. Dem schmalen Weg hinabfolgend, gelangen wir binnen weniger Minuten zum Zeltplatz im Wald. Am Folgetag gehen wir zurück zum Hauptweg und biegen links ab. Der erdige, mit großen Steinen übersäte Pferdeweg führt uns in stetigem Auf- und Ab auf dem Bergrücken des Oldhorn Mountain entlang. Es eröffnen sich erste Ausblicke auf die vor allem in den Morgenstunden leuchtende Front der gegenüberliegenden Ramparts. Den Pfad, der nach etwa 3,5 km hinab zum **Clitheroe Campground (6)**, 2090 m, führt, lassen wir links liegen und steigen durch weitere 1,5 km im Wald bergab. Im Tonquin Valley angekommen, zweigen wir nach dem Holzbohlenweg rechts ab und wandern in offenem Tundra-Gelände zwischen kleinem See und Amethyst Lakes hindurch. Vorbei an dem seit 1996 für Forschungszwecke eingezäunten Bereich gelangen wir zum **Amethyst Campground (7)**, 1980 m. Hier bietet sich eine Übernachtung an, da man weiter ins Tal zur Tonquin Valley Backcountry Lodge wandern oder den Weg über den Maccaib Pass Trail abrunden kann, sofern man den Transfer zum Ursprungsparkplatz arrangiert hat.
Am Folgetag legen wir die Etappe zum Südende der Seen hauptsächlich im freien Tundra-Gebiet zurück, das sowohl von Grizzlys als auch

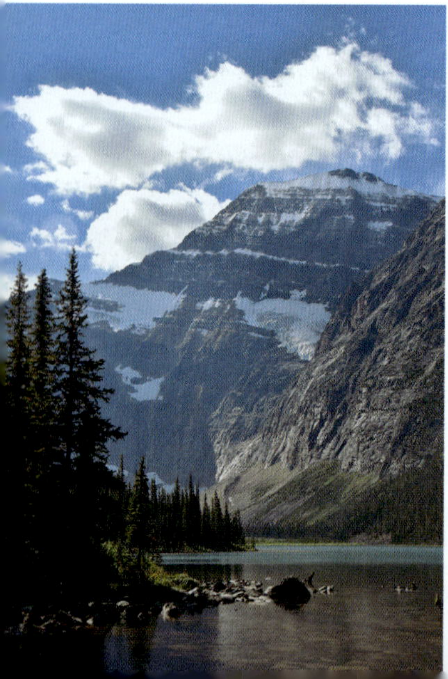

Der Mount Edith Cavell (3363 m) am gleichnamigen See.

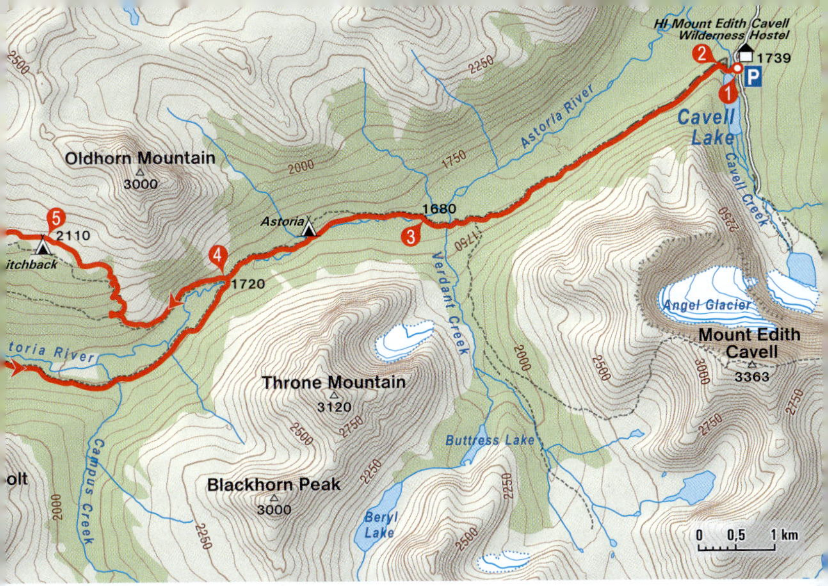

von Waldland-Karibus frequentiert wird. Zuerst geht es denselben Weg zurück, bis circa mittig zum kleinen See linker Hand. Jetzt auf eine Pfadgabelung achten: An dieser geradeaus direkt auf die Gebäude der ehemaligen **Tonquin Valley Adventures (8)**, 1980 m, zu, durch das Wäldchen, das sich an den Gebäuden befindet, hindurch bis zu einem großen Felsblock und von dort auf dem schmalen Pfad links neben den Amethyst Lakes vorbei. Tolle Sicht auf die Ramparts! Um uns nicht durch Gestrüpp und über Bäche kämpfen zu müssen, schlagen wir nun einen kleinen Haken, indem wir dem Pfad hinauf in den Wald folgen bis zur **Warden Cabin (9)**, 2010 m. Hier biegen wir scharf rechts in den Steig ein, der uns wieder bergab führt. Nach einem kurzen Stück sind wir wieder in der zum Teil sehr sumpfigen, von mannshohen Weiden bewachsenen Ebene und orientieren uns an den gelben Wegmarkern. Sie leiten uns nach Südwesten bis zur **Brücke (10)** über den Ablauf der Amethyst Lakes, 1780 m. Circa 500 m weiter am Surprise Campground lohnt ein Abstecher auf dem Pfad rechts durch den Campingplatz hindurch bis zum steinigen Ufer des Sees. Der schmale Hauptweg führt uns anschließend knappe 2 km hinab, links an der Wegscheide Richtung ACC Hut vorbei, zum idyllischen **Chrome Lake (11)**, 1820 m. Nach weiteren 5,5 km auf einem sehr steinigen Wurzelweg durch sumpfige Niederungen und über die steile, dicht bewachsene Bergflanke des Throne Mountain gelangen wir auf einer Brücke über den Astoria River zurück zur Kreuzung **Eremite Valley (4)**. Hier biegen wir rechts in den Hauptweg ein und kehren zurück zum **Cavell Hostel (1)**.

TOP 49 Skyline Trail

3 Tage

Spektakuläre Höhentour zwischen Maligne Lake und Jasper

Mehr als die Hälfte der über die Maligne Range führenden Mehrtageswanderung liegt oberhalb der Baumgrenze. Man wandert mal durch subalpine Kare, mal im alpinen Schuttkessel und ein langes Stück entlang des Amber Mountain Kammes, immer durch einzigartige Landschaften. Aufgrund der exponierten Lage sind jedoch heftige Winde und Schneestürme im Reich der Waldland-Karibus keine Seltenheit.

Ausgangspunkt: Maligne Lake Chalet, 1690 m, hinterster Parkplatz am Ende der Maligne Lake Road, 1690 m, 48 km östlich von Jasper. Parkplatz links, Trailhead rechts der Straße.

Endpunkt: Parkplatz Signal Mountain Fire Road an der Maligne Lake Road, 1160 m. 300 m südwestlich des Ausgangspunktes zum Maligne Canyon, 8 km östlich von Jasper.

Transfer: Maligne Lake Hiker's Shuttle zu allen Einstiegen an der Maligne Lake Road (Tel. +1 780 852 3331, www.maligneadventures.com).

Höhenunterschied: Anstieg: 1600 m, Abstieg: 2130 m.

Anforderungen: Aufstieg in alpine Landschaft, sehr steiler Anstieg zur Notch sowie Gratwanderung im offenen Gelände. Zu jeder Jahreszeit(!) plötzlich auftretende heftige Winde, Wetterumschwünge und Schneestürme möglich. Trittsicherheit, Schwindelfreiheit, Orientierungsvermögen, gute Kondition, passende Ausrüstung sowie Kenntnis und Umgang mit alpinen Gefahren absolut notwendig.

Einkehr: The View Restaurant, Lake House Café and Waffle Hut am Ausgangspunkt (Tel. +1 888 900 6272, www.banffjaspercollection.com/dining), Shovel Pass Lodge (Frühstück & Abendessen, kein separates Mittagessen für Camper, Tel. +1 250 838 0972, www.skylinetrail.com).

Unterkunft: Shovel Pass Lodge (siehe Einkehr), Backcountry Camping (Parks Canada, Tel. +1 519 826 5391, www.pc.gc.ca/en/pn-np/ab/jasper/activ/passez-stay/arrierepays-backcountry).

Tipp: Eine Bootsfahrt auf dem Maligne Lake zum Top-Motiv Spirit Island (Maligne Lake Cruise, Tel. +1 403 762 6750, www.malignelake.com).

Variante: Etwa mittig gibt es je einen Abstieg nach Norden (Wabasso Lake) und Süden (Watchtower Trail).

Karten: 083C12 sowie 083C13 (NRC), Skyline Trail (MM Cartographics, 1:75.000), Jasper & Maligne Lake (Gem Trek, 1:100.000).

Vom Parkplatz am **Maligne Lake (1)**, 1690 m, überqueren wir die Straße und halten uns an die Infotafel des Skyline Trail, welcher sich rechts neben dem Aufstieg zu den Bald Hills befindet. Von hier aus laufen wir im Wald eine reichliche halbe Stunde bis zur Abzweigung des Lorraine Lake, dessen idyllische, und im Vergleich zum Maligne Lake, einsame Lage wahrlich einen Abstecher wert ist. Dem See ist ein temporärer Teich vorgelagert, also bis ans Ende des Trails gehen. Weiter geht's zum Mona Lake, der ebenso

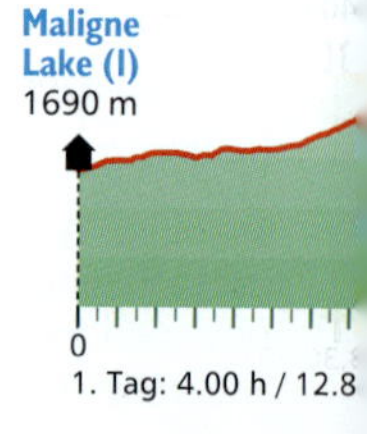

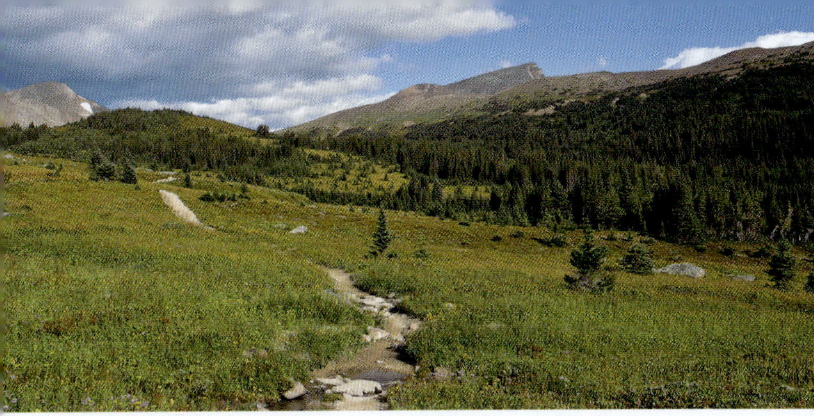

Im Snowbowl zwischen den beiden Shovel-Pässen.

über einen kurzen Abzweig erreicht wird. Nun wandern wir auf dem Wurzelweg etwa 45 Min. sanft bergan, überqueren auf einer Brücke den Evelyn Creek und biegen links zum gleichnamigen Campingplatz ein. Nachfolgend steigen wir in Kehren bergauf bis zum Little Shovel Campground, 2070 m. Der Weg führt direkt an den Bänken vorbei geradeaus hindurch. Sobald wir die Baumgrenze erreichen, dreht der Pfad nach rechts Richtung Norden. Er leitet uns durch offene Tundra und mit freier Sicht auf die schneebedeckten Gipfel am Maligne Lake den **Little Shovel Pass (2)**, 2240 m, hinauf. Knöchelhohe Schilder mit der Aufschrift »This is not the Trail« sollen die Zerstörung der fragilen Vegetation durch Ausbreitung der Wege verhindern. Vom Pass in 10 Min. hinab zum Bach und an der Abbruchkante entlang; ein Stück weiter östlich überquert man den Bach und gelangt ins wellige Hochtal der Snowbowl hinauf. In dieser Kältesteppenvegetation liegt etwa eine knappe halbe Stunde nach dem Pass unsere Station für die Nacht, der **Snowbowl Campground (3)**, 2090 m.

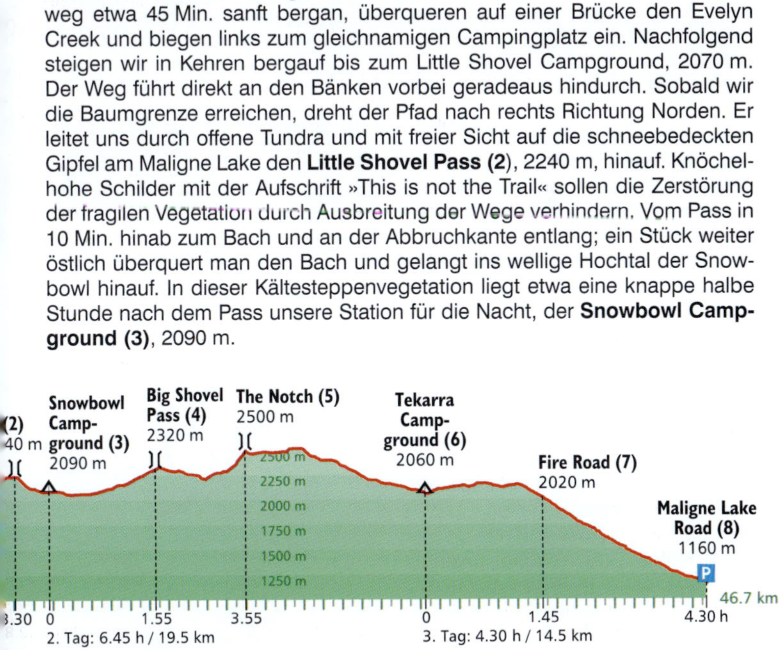

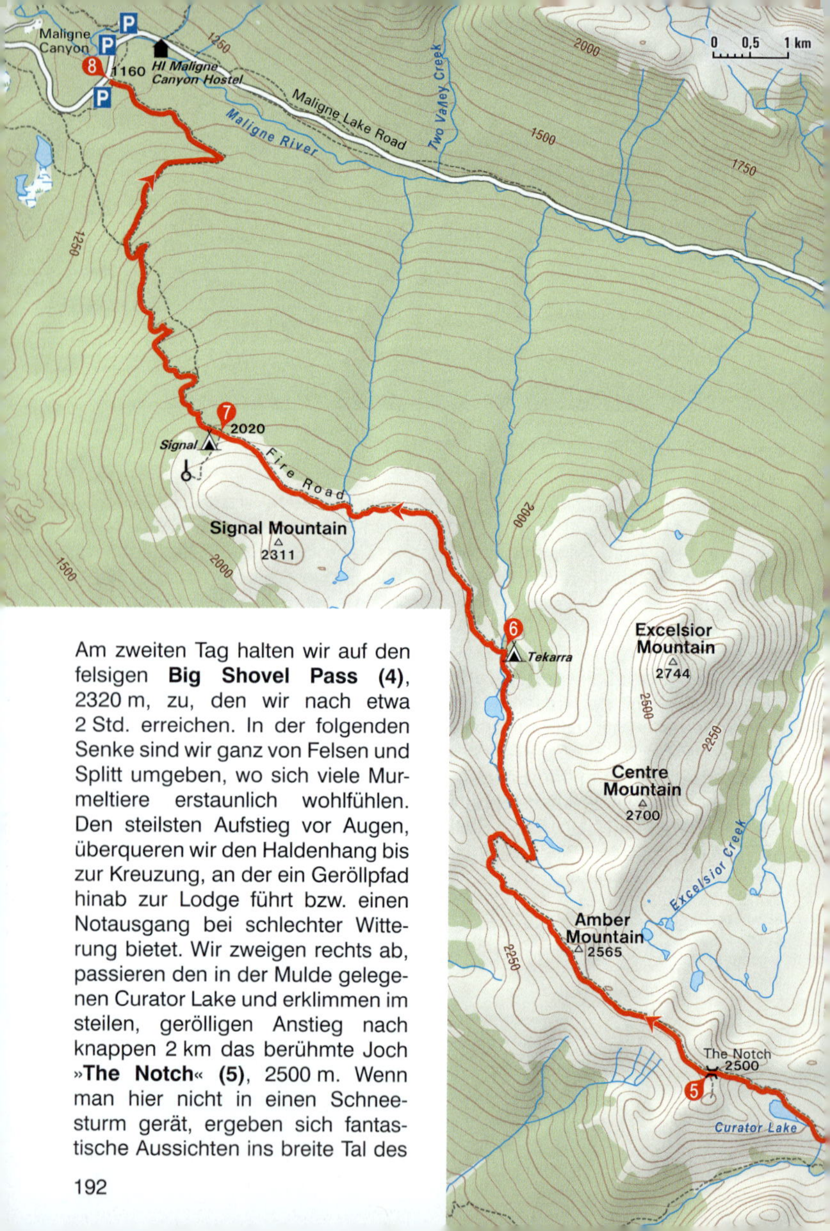

Am zweiten Tag halten wir auf den felsigen **Big Shovel Pass (4)**, 2320 m, zu, den wir nach etwa 2 Std. erreichen. In der folgenden Senke sind wir ganz von Felsen und Splitt umgeben, wo sich viele Murmeltiere erstaunlich wohlfühlen. Den steilsten Aufstieg vor Augen, überqueren wir den Haldenhang bis zur Kreuzung, an der ein Geröllpfad hinab zur Lodge führt bzw. einen Notausgang bei schlechter Witterung bietet. Wir zweigen rechts ab, passieren den in der Mulde gelegenen Curator Lake und erklimmen im steilen, gerölligen Anstieg nach knappen 2 km das berühmte Joch **»The Notch« (5)**, 2500 m. Wenn man hier nicht in einen Schneesturm gerät, ergeben sich fantastische Aussichten ins breite Tal des

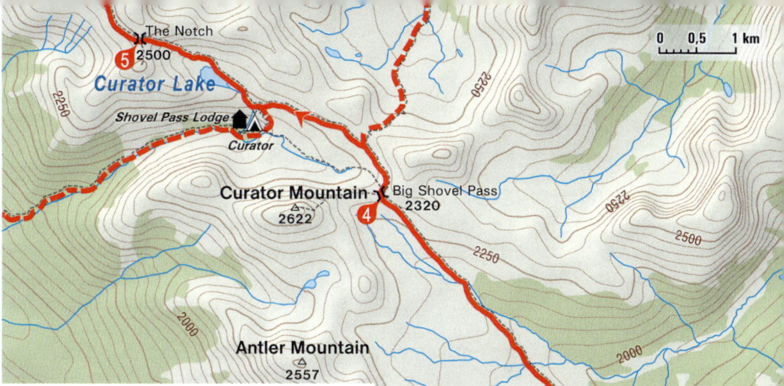

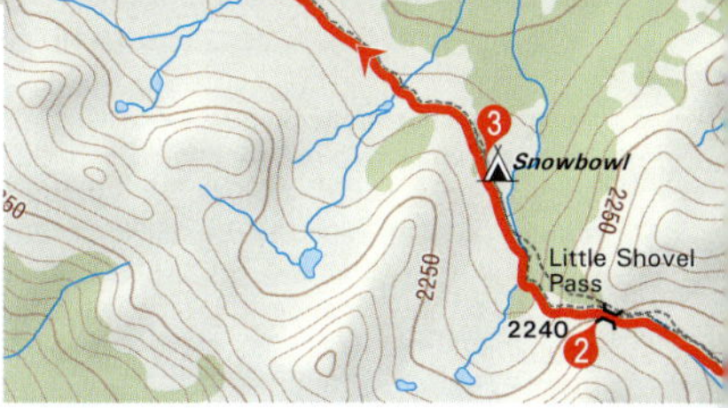

Athabasca River. Die Höhe haltend wandert man nun knappe 1.30 Std. auf dem Frostschuttkamm des Amber Mountain mit exzellenter Panoramasicht, bevor es durch eine Scharte schlussendlich in Kehren hinab ins vegetationsreiche Tal des Tekarra Lake geht. Etwa 10 Min. später kommen wir an unsem heutigen Tagesziel an, dem **Tekarra Campground (6)**, 2060 m.

Am dritten Tag erreichen wir nach 2 Std. genüsslicher Höhenwanderung im offenen Gelände entlang der Südflanke des Signal Mountain die alte **Fire Road (7)**, 2020 m, mit festen Fahrradständern (bis hierhin kann man, von unten kommend, biken). Wir biegen rechts in die breite Zufahrtsstraße ein und folgen ihr stets bergab im Wald bis zum Endpunkt an der **Maligne Lake Road (8)**, 1160 m.

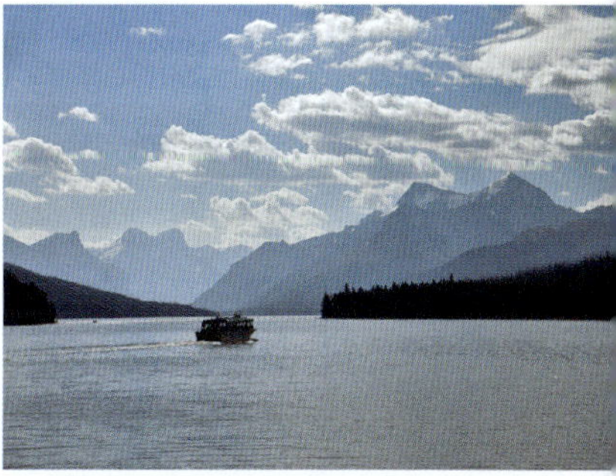

Spektakuläre Landschaft am Maligne Lake.

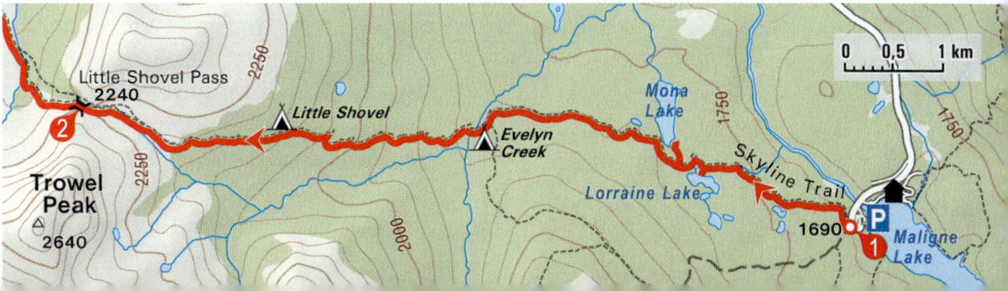

50 Bald Hills

5.00 Std.

Alpines Wandervergnügen hoch über dem Maligne Lake

Neugierig war Mary Schäffer, die legendäre Abenteurerin der kanadischen Rockies, als sie von ihren Stoney-Freunden vom Bibersee hörte. Nach einem Fehlversuch fand sie ihn mithilfe einer Zeichnung von Häuptling Samson Beaver und war überwältigt. Sie kartografierte den See und gab vielen umliegenden Bergen die Namen, die sie heute noch tragen. Der Bibersee wurde jedoch in Maligne Lake umbenannt. Diese unschöne Bezeichnung geht auf die Erfahrung eines Missionars von 1846 zurück, der beim Überqueren des heutigen Maligne Rivers extremen Schwierigkeiten ausgesetzt war.

Ausgangspunkt: Maligne Lake Chalet, 1690 m, hinterster Parkplatz am Ende der Maligne Lake Road, 1700 m. Von Jasper 48 km auf der Maligne Lake Road am Chalet vorbei über die Brücke bis ganz ans Ende fahren. Parkplatz links, gekennzeichneter Trailhead auf der gegenüberliegenden Straßenseite.
Transfer: Maligne Lake Hiker's Shuttle zum Maligne Lake (Tel. +1 780 852 3331, www.maligneadventures.com).
Höhenunterschied: 660 m.
Anforderungen: Zum ersten Aussichtspunkt einfache Wanderung auf gut markiertem breitem Weg, anschließend teilweise steile Aufstiege auf nicht immer gekennzeichneten Pfaden im alpinen Gelände, die Orientierungsvermögen voraussetzen. Leichte Kraxelpartie auf Felsgipfel.
Einkehr: The View Restaurant, Lake House Café and Waffle Hut beim Ausgangspunkt (Tel. +1 888 900 6272, www.banffjaspercollection.com/dining).
Variante: Eine Abkürzung führt auf schmalem Waldpfad kurz vor dem alten Fire Lookout rechts hinab und mündet 2,5 km vor der Maligne Lake Road in den breiten Feuerweg ein.
Karten: 083C12 (NRC), Skyline Trail (MM Cartographics), Jasper & Maligne Lake (Gem Trek, 1:100.000).

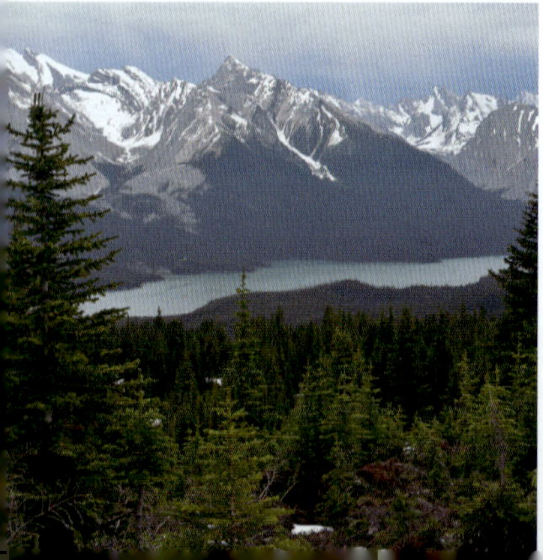

Vom Parkplatz am **Maligne Lake (1)**, 1690 m, überqueren wir die Straße und beginnen den Aufstieg im Wald auf der alten Feuerstraße am Trailhead direkt gegenüber. Nach etwa einer Stunde halten wir uns am Abzweig zum Evelyn Creek links und steigen eine weitere Dreiviertelstunde bergan zum offenen Platz des ehemaligen **Fire Lookout (2)**, 2170 m. Ein schöner Platz für

Der Maligne Lake vor den schneegekrönten Queen Elizabeth Ranges.

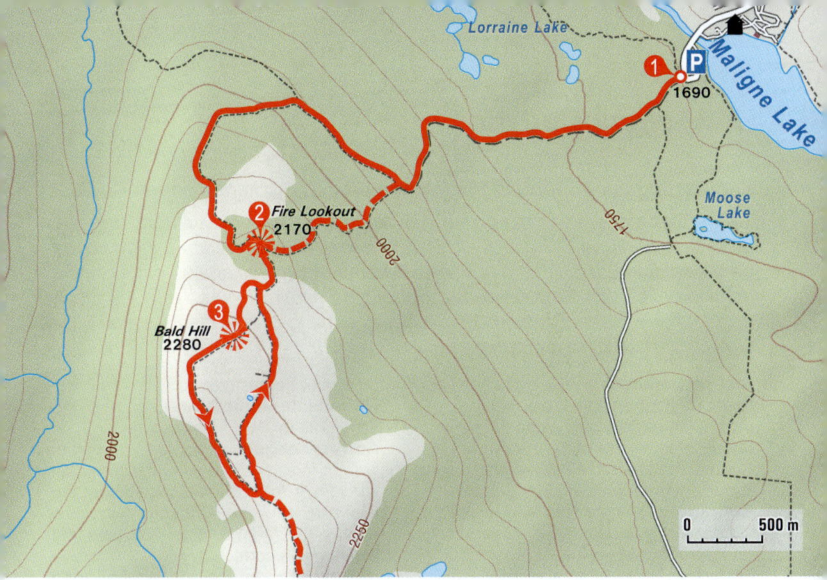

ein Päuschen mit Blick hinab auf den Maligne Lake! Anschließend nehmen wir den schmalen Pfad entlang der Baumgrenze nach Süden, um 500 m später auf der anderen Seite des kleinen Hügels einen größeren zu sehen, dessen steilen Geröllanstieg es nun hinaufgeht. Eine 360-Grad-Sicht auf dem »glatzköpfigen Hügel« der **Bald Hills (3)**, 2280 m, entlohnt alle Strapazen. Jetzt geht's erst richtig los ins alpine Vergnügen, indem wir geradeaus (südwestlich) entlang des markierten Pfades auf die dahinterliegende Mt. Hardisty Range zuhalten. Kurz vor einem Geländeabbruch knickt der Pfad scharf links ab und leitet uns steil hinauf zu einem weiteren, felsigen Aussichtsgipfel. Auf der anderen Seite steigen wir hinab und folgen dem Pfad in die Senke. Von hier aus kann man das Tal sowie weitere Felsanhöhen erkunden oder man wandert im Becken und entlang der Baumgrenze um den kahlen Hügel herum zurück zum **Fire Lookout (2)**. Ab hier selber Weg zurück.

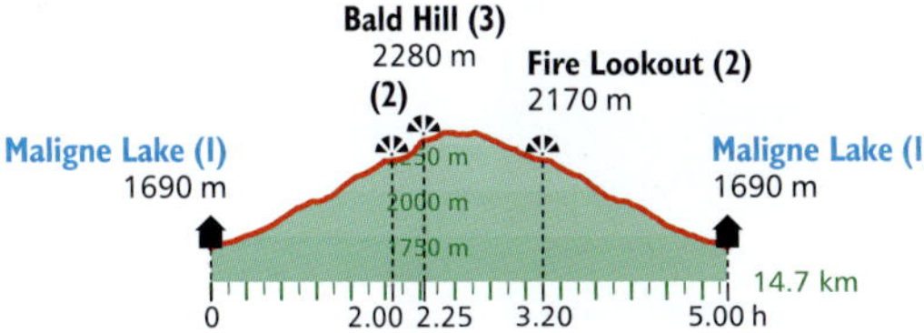

51 Maligne Canyon

1.00 Std.

Kurzausflug zur außergewöhnlichsten Klamm der kanadischen Rockies

Lange Zeit unbemerkt blieb das gewaltige Karstsystem, zu dem der über 50 m tiefe Maligne Canyon zählt. Das Wasser des etwa 15 km östlich liegenden Medicine Lake fließt in ausgewaschenen Kalksteinkanälen mit einer Geschwindigkeit von 24.000 Litern pro Sekunde unterirdisch ab und mündet in den Maligne River. Ein toller Spaziergang entlang des wilden Canyons, der sich im Verlauf zu einem ruhigen Fluss wandelt.

Ausgangspunkt: Maligne Canyon Wilderness Kitchen, 1150 m. Von Jasper etwa 2 km auf dem Yellowhead Highway nach Osten, rechts auf die Maligne Lake Road abbiegen, nach 6,5 km geht's links zum Canyon (ausgeschildert).
Endpunkt: Parkplatz 5th Bridge, 2,7 km auf der Maligne Lake Road, Einfahrt links (ausgeschildert).
Transfer: Zu Fuß, vorab Taxi bestellen oder mit zwei Fahrzeugen planen.
Höhenunterschied: Anstieg: 10 m, Abstieg: 120 m.
Anforderungen: Leichte Wanderung auf gut markiertem Weg entlang des Maligne River, teilweise rutschiges Gestein.
Einkehr: Maligne Canyon Wilderness Kitchen (Tel. +1 780 852 0683, www.malignecanyon.com).
Unterkunft: Auf der gegenüberliegenden Straßenseite des Ausgangspunktes liegt das HI Maligne Canyon Hostel (Tel. +1 778 328 2220, www.hihostels.ca/en/destinations/alberta/hi-maligne-canyon).
Varianten: (1) Den Weg 7 durchgängig bis zur 6. Brücke gehen (1,7 km): an der letzten Kreuzung rechts abbiegen.
(2) Zurück zum Ausgangspunkt: den Weg 7f einschlagen, an der vorletzten Kreuzung rechts abzweigen und sich kurz nördlich der 4. Brücke links halten (beides ausgeschildert).
Karten: 083D16 (NRC), Best of Jasper (Gem Trek, 1:35.000), Jasper & Maligne Lake (Gem Trek, 1:100.000).

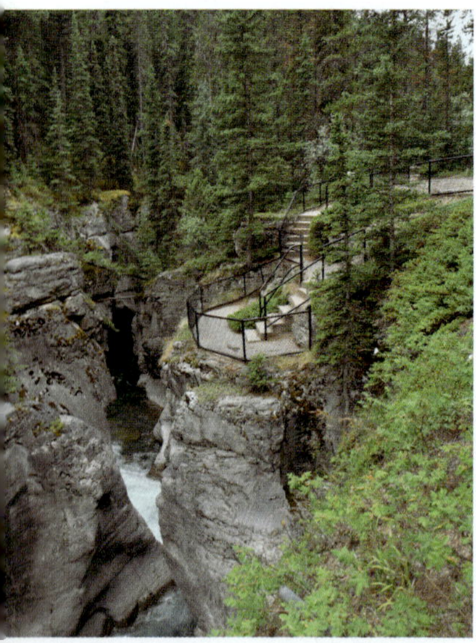

Von der **Maligne Canyon Wilderness Kitchen (1)**, 1150 m, sind es nur wenige Meter, an der sehr schönen Übersichtstafel geradeaus, bis zum Rand der 11.000 Jahre alten Schlucht. Dem rauschenden Malig-

Kleine Aussichtsnischen führen immer wieder an den Rand des Abgrunds.

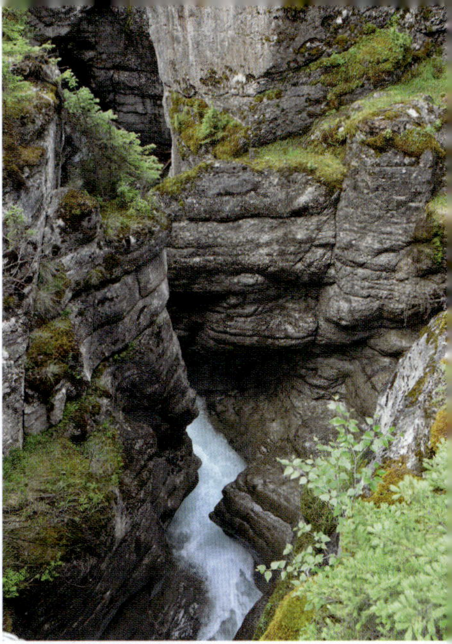

Tief schürfte sich der Maligne River in den Felsen ein.

ne River, der sich jährlich etwa 5 mm in den Palliser-Kalkstein eingräbt und über 200 Mio. Jahre alte Crinoiden und Brachiopoden freilegte, folgen wir an der Absperrung hinab. Nach dem Besuch mehrerer Aussichtsnischen gehen wir über die erste Brücke links hinüber bis zur **2. Brücke (2)**, 1140 m, die wir jedoch nicht überqueren. Wir bleiben auf der südlichen Seite. Nach etwa 100 m schauen wir in der Wegbucht auf die andere Felsseite der Schlucht, in der Schwarzsegler nisten. Kurz darauf stehen wir auf der 3. Brücke mit spektakulären Einblicken. Zwischen Gischt aufwirbelndem Fluss und einem von Moosen und Orchideen bewachsenen Waldboden wandern wir hinab zur Sackgasse der **4. Brücke (3)**, 1080 m.

Zurück auf dem breiten Waldweg sehen wir in den folgenden 450 m zunehmend deutlich die Zuflüsse, die aus dem blanken Fels in den ruhig dahinströmenden Fluss münden. Kurz nach dem anmutigen Wasserfall auf der gegenüberliegenden Seite verlassen wir das Ufer. Links haltend, gelangen wir mit Blick über das Tal nach 650 m zu einer Gabelung, an der wir links abzweigen, ebenso wie 50 m später. Wir gehen auf die nun sichtbare **5. Brücke (4)**, 1040 m, zu, überqueren diese und kommen am Parkplatz an.

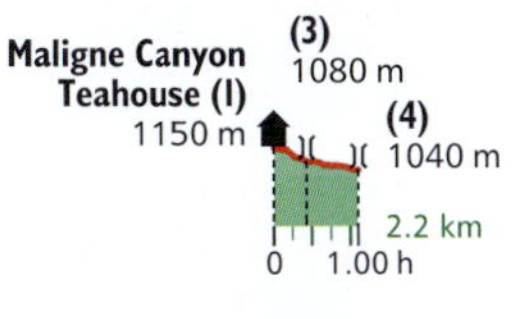

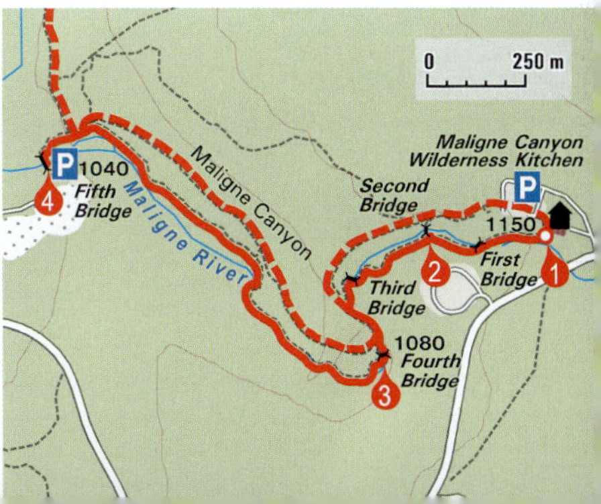

52 Sulphur Skyline

3.15 Std.

Geniale Kombination von charmanter Gipfelpartie und heißen Quellen

Der Untergang der Titanic nahm den Eisenbahn-Präsidenten Charles Hays mit zum Grund des Meeres, ebenso seine Pläne zum Bau eines großen Luxushotels an den Miette Hot Springs. So sind die heißen Quellen zwar kein unbekanntes Idyll, aber es tummeln sich wesentlich weniger Menschen in den Becken als im überlaufenen Banff. Ein wohltuender Abspann am Ende einer knackigen Wanderung.

Ausgangspunkt: Miette Hot Springs, 1400 m. Von Jasper 43 km nördlich auf dem Yellowhead Highway rechts in die Miette Hot Springs Road abbiegen und dem kurvenreichen Straßenverlauf bis zum Ende folgen.
Höhenunterschied: 660 m.
Anforderungen: Nach dem Zustieg auf breitem Waldweg erfolgt ein gerölliger Steilanstieg in teilweise exponierter Lage. Gute Kondition, Trittsicherheit sowie Schwindelfreiheit notwendig.
Einkehr/Unterkunft: Miette Hot Springs Bungalows & Restaurant (Tel. +1 780 866-3750, https://miettebungalows.com). Fiddle Valley Café (www.hotsprings.ca). Beide am Ausgangspunkt.
Tipp: Ein Bad in den Miette Hot Springs (Tel. +1 800 767 1611, www.pc.gc.ca/hotsprings oder www.hotsprings.ca).
Karte: 083F04 (NRC), Jasper & Maligne Lake (Gem Trek, 1:100.000).

Die **Miette Hot Springs (1)**, 1400 m, lassen wir zu Beginn links liegen und folgen der geteerten Straße nach oben, die sich nach dem Wassertank zunehmend in einen ausgetretenen Waldpfad wandelt. Wir wandern gut 2 km unter montanem Nadeldach bergauf und halten uns am Abzweig Shuey

Blick zurück auf die im Wald versteckten heißen Quellen.

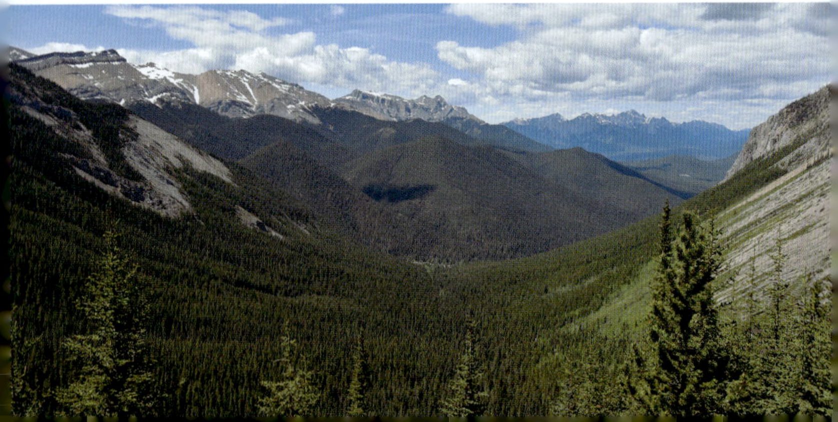

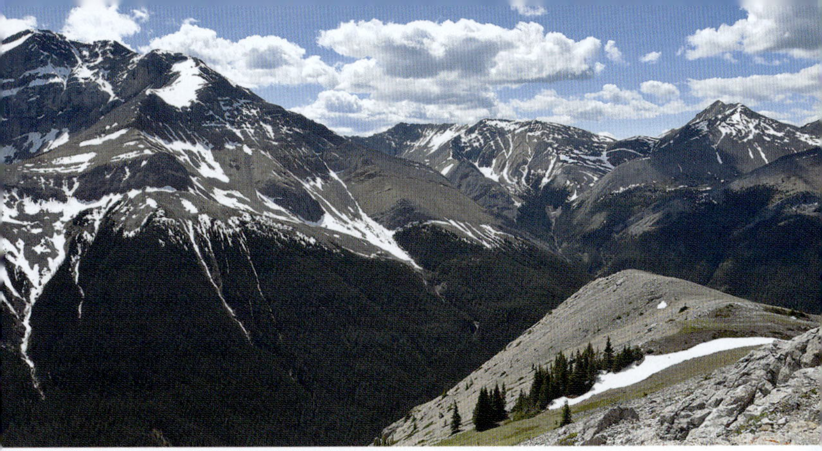

Neben exzellenten Ausblicken bietet die Kuppe der Sulphur Skyline auch eine Kraxelpartie zum Austoben.

Pass rechts, um in steileren Serpentinen unserem felsigen Ziel näher zu kommen. Binnen einer halben Stunde lädt das freie Joch an der Waldgrenze zur aussichtsreichen Verschnaufpause ein. Eine einfache Holzbank schmückt den flachen, baumfreien Bergrücken und bietet einen ersten Vorgeschmack auf die hervorragende Perspektive vom Gipfel aus. Doch dieser will erklommen werden! Dem schmalen Pfad geradeaus folgend, beginnt der knapp dreiviertelstündige, steile Gipfelanstieg auf teilweise losem Geröll. Nach insgesamt 4 km stetigen Aufstiegs stehen wir auf der obersten Kuppe der **Sulphur Skyline (2)**, 2040 m, die die Anstrengungen mit einem 360-Grad-Panorama belohnt. Die mit großen Felsbrocken versehene Kuppe bietet unzählige Fotomotive. Nach erfolgreichem Abstieg auf derselben Strecke warten die **Miette Hot Springs (1)** mit einem Verwöhnbad auf.

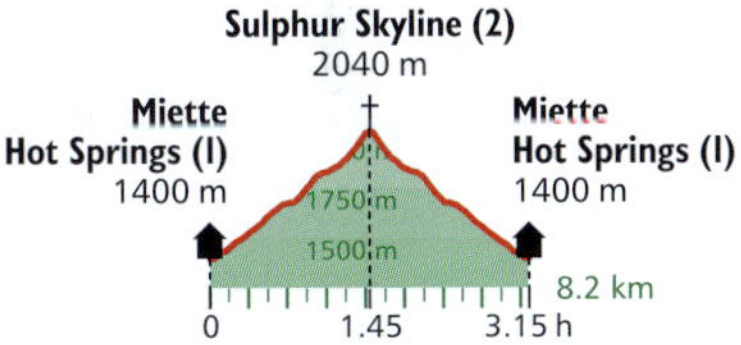

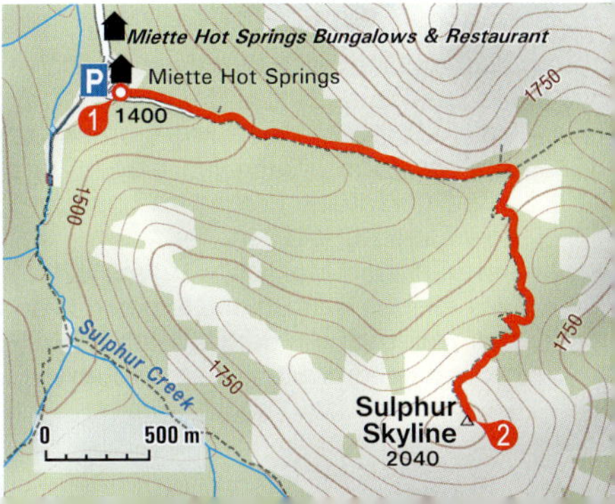

53 Saturday Night Lake Loop

2 Tage

Gemütliche Waldwanderung in der hügeligen Seenlandschaft bei Jasper

Ein genussreicher Streifzug für Liebhaber der nordamerikanischen Wald- und Seenflora. Mit seltenen Ausblicken auf die umliegenden Berge gespickt, reizt diese Tour durch unzählige Blumen, beschauliche Seen und Feuchtgebiete. Aufgrund moderater Anstiege und der Nähe zur Stadt gut für Anfänger des Backcountry-Camping geeignet.

Ausgangspunkt: Jasper, 1090 m. Parkplatz Nr. 2, zwischen Bonhomme St. 3 und 4, Jasper. Gegenüber der Kreuzung Bonhomme St. und (westlicher) Poplar Ave führt eine Zufahrt zum höher gelegenen Parkplatz mit sehr wenigen Parkmöglichkeiten.
Höhenunterschied: 880 m.
Anforderungen: Einfache Waldwanderung im Seengebiet in stetigem, sanftem Auf und Ab. Teilweise steinig-wurzeliger und dadurch sehr unebener, sich windender Pfad.
Einkehr/Unterkunft: Restaurants und Hotels in Jasper. Backcountry Campingplätze (Parks Canada, Tel. +1 519 826 5391, www.pc.gc.ca/en/pn-np/ab/jasper/activ/passez-stay/arrierepays-backcountry).
Hinweis: Schwarzbären frequentieren häufig den Trail, weshalb besondere Aufmerksamkeit geboten ist. Je nach Wetterlage und Saison sehr mückenreich, sodass lange Kleidung und entsprechender Schutz ratsam sind.
Karten: 083D16 (NRC), Jasper & Maligne Lake (Gem Trek, 1:100.000), Best of Jasper Map (Gem Trek, 1:35.000).

Am Parkplatz Nr. 2 in **Jasper (1)**, 1090 m, neben der großen Infotafel hinab, dann bleiben wir auf dem breiteren, viel verzweigten Hauptweg Nr. 3, der durch kleine gelbe Marker gekennzeichnet ist. Nach 5 Min. genießen wir die letzte freie Aussicht auf den Mt. Whistler (2470 m), bevor wir in den Espenhain eintauchen und nach knappen 2 km die ersten Seen erreichen: den Marjorie Lake links und danach, 400 m weiter über einen kurzen Abstecher rechts die Schwelle hinauf, den **Hibernia Lake (2)**, 1220 m. Eine halbe Stunde später schimmert der Caledonia Lake südlich des Trails. Durch dicht bewachsenen Drehkiefernwald und sumpfige Senken wandern wir weitere gut 5 km unmerklich bergauf und folgen dem Abzweig geradeaus bergab zu unserem Zeltplatz am **Minnow Lake (3)**, 1420 m.

Am nächsten Morgen wandern wir zurück zum Hauptweg, biegen links ab und folgen dem merklich ansteigenden Waldpfad. An der Gabelung zum High Lakes Campground halten wir uns links und erreichen nach einer gu-

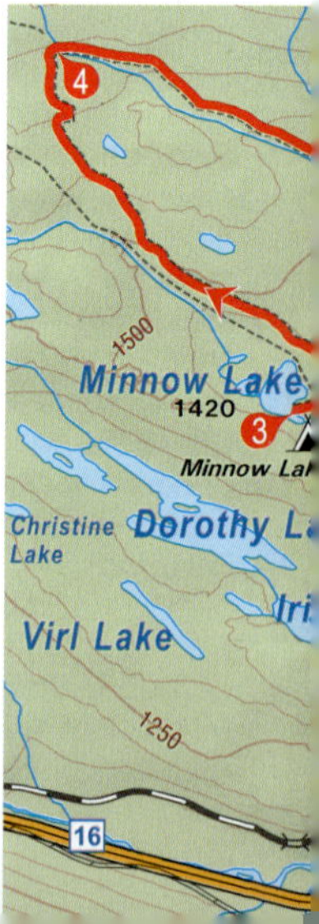

ten Stunde den westlichsten Punkt der Tour am **Bogen (4)**, 1635 m. Von nun an geht's hauptsächlich bergab. 5 km weiter statten wir über einen 500 m langen Stichweg dem größten und namensgebenden See, dem **Saturday Night Lake (5)**, 1420 m, einen Besuch ab. Zurück am Pfadabzweig, wenden wir uns wieder nach Osten und erreichen nach etwa 1.30 Std. den **Cabin Lake (6)**, 1220 m. Auf dessen Staumauer gelangen wir auf die andere Seite und schlagen uns auf einem engen Pfad für kurze Zeit in die Büsche. Am Ende empfängt uns eine offene Wildblumenwiese mit tollem Panoramablick ins Tal des Athabasca River, bevor wir über einen steilen Abstieg wieder in **Jasper (1)** eintreffen.

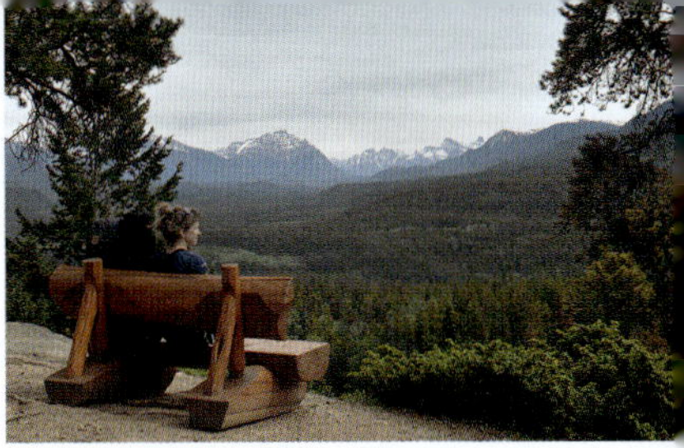

Am Ende der Tour wird man mit der Aussicht auf das Athabasca Valley belohnt.

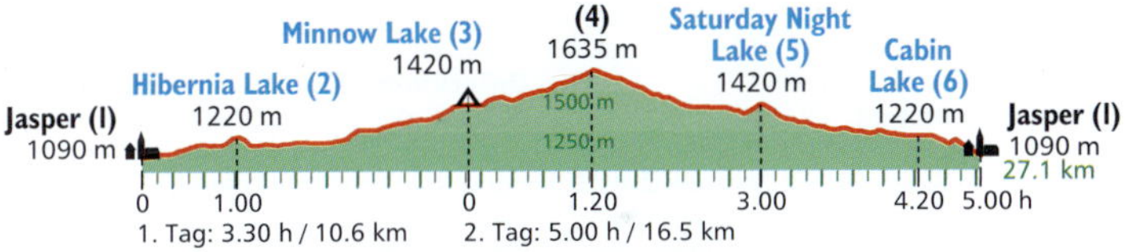

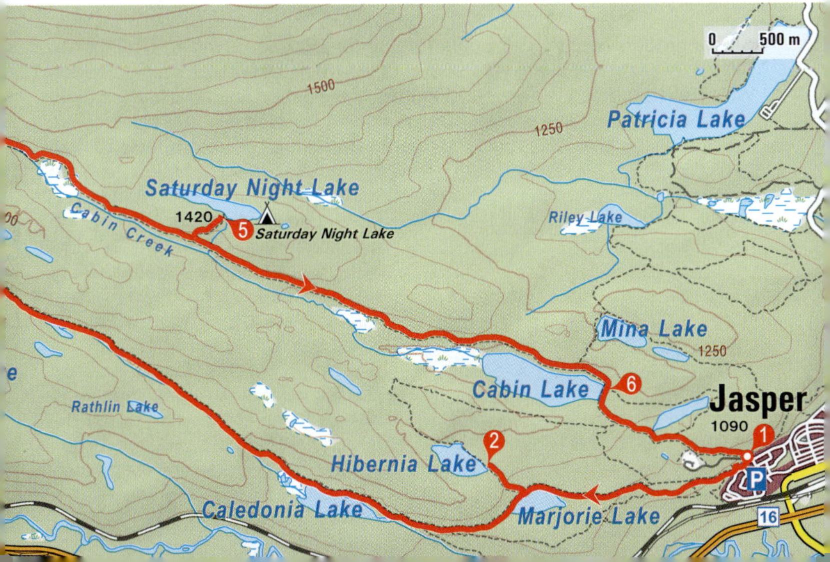

54 Overlander Falls Trail

3.15 Std.

Auf historischen Pfaden im temperierten Regenwald

Ein kurzweiliger Rundweg mit historischen Elementen durch die vom Mt. Robson erzeugte, mikroklimatisch bedingte üppige Vegetation. Die Overlander Falls wurden nach einer über 230 Mann starken Gruppe aus Ostkanada benannt, die in den 1860er-Jahren unter erheblichen Strapazen und Verlusten dem Lockruf des Goldes folgte. Die Wasserfälle bilden wahrlich die unpassierbare allerletzte Barriere für die Chinook-Lachse im legendären Fraser River. Auf selber Strecke finden sich die letzten Überreste des zwischen 1911 und 1914 errichteten Lagers zum Bau der geschichtsträchtigen Transkontinentaleisenbahn.

Ausgangspunkt: Parkplatz am Mt. Robson BC Visitor Center, 850 m. 87 km westlich von Jasper und 18 km östlich von Tête Jaune Cache auf dem Yellowhead Highway gelegen.
Höhenunterschied: 450 m.
Anforderungen: Meist einfache Waldwanderung. Beim Pfad zum Aussichtskogel am Fuß des Campion Mountain (2134 m) muss beim Aufstieg über umgefallene Bäume geklettert werden.
Einkehr: Café Mt. Robson am Visitor Center (Tel. +1 250 566 4332, www.cafemtrobson.com).
Unterkunft: Robson Meadows Campground gegenüber des Visitor Center (BC Parks, Tel. +1 778 309 1439, https://bcparks.ca/explore/parkpgs/mt_robson oder https://camping.bcparks.ca).
Karte: 083E03 (NRC).

An der großen Wiese vor dem **Visitor Center (1)**, 850 m, mit dem herrlichen Blick auf »seine Majestät« Mt. Robson (3954 m) halten wir auf dem geteerten Weg östlich auf den Wald zu und tauchen geradeaus auf der alten Zufahrtsstraße in das üppige Grün ein. Der Waldweg passiert ein Wasserreservoir, bevor er sich nach 1,2 km teilt. An dieser Gabelung biegen wir links ab und steigen für die nächsten 2 km im wild bewucherten, mit Flechten verhangenen Hemlock- und Thujawald auf schmalem Pfad etwa 300 Hm bergan, bis sich die Vegetation lichtet. Vorbei an einer zugewachsenen Aussichtsstelle gelangen wir steiler zum freien **Lookout (2)**, 1220 m, mit Blick in Richtung Fraser River. Jetzt können wir uns auf einem alten Pfad wenige Minuten nördlich durch die Büsche schlagen, um auch den Mt. Robson zu Gesicht zu bekom-

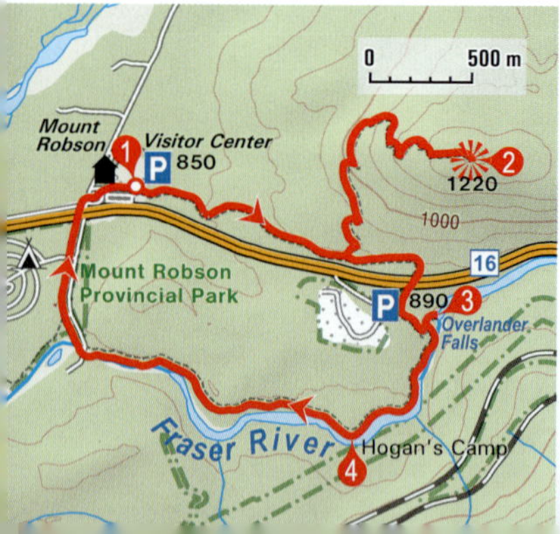

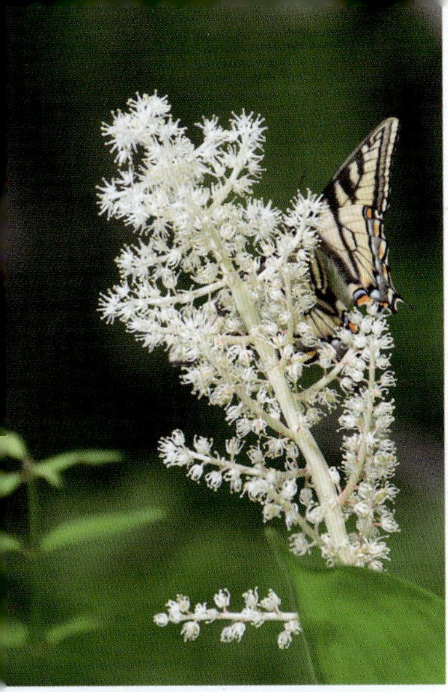

Ein Kanadischer Tigerschwalbenschwanz (Papilio canadensis) zur Pollensuche am Duftsiegel (Smilacina racemosa).

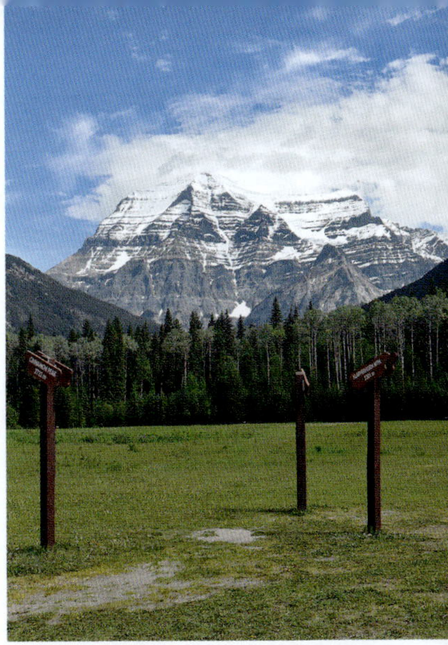

Die große Wiese am Information Center vor der »Majestät« der kanadischen Rockies: Mt. Robson.

men. Von hier wieder zurück zur Gabelung, nun links weiterlaufen, den Yellowhead Highway sowie den Parkplatz auf der gegenüberliegenden Seite überqueren und an der Gabelung links hinab zu den **Overlander Falls (3)**, 890 m.

Zurück zur Gabelung und geradeaus weiter, wandern wir auf schmalem Erdweg im feenhaften Columbian Forest am noch kleinen, aber nicht minder gewaltigen Fraser River entlang. Etwa eine halbe Stunde nach den zerfallenen Überresten des **Hogan's Camp (4)**, 860 m, erreichen wir die Brücke und biegen auf der Teerstraße rechts ein, um über den Highway zurück zum **Visitor Center (1)** zu gelangen.

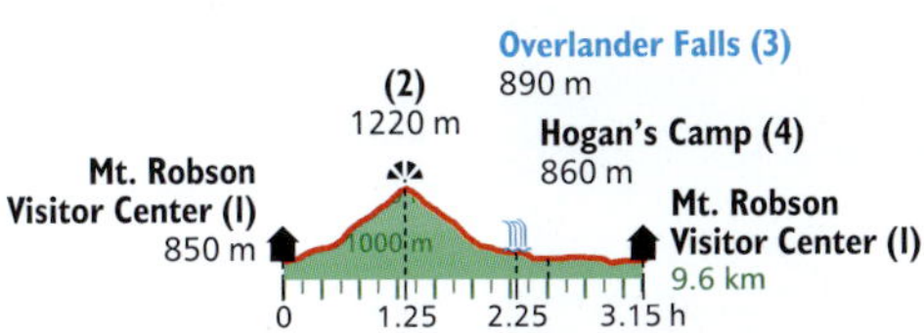

TOP **55**

Berg Lake Trail

3 Tage

Absolute Traumtour am höchsten Berg der kanadischen Rockies

Aus gutem Grund ist der vorzügliche Mehrtagestrek am weithin als »Monarchen« bekannten Mt. Robson (3954 m) sehr beliebt, aber die begrenzte Anzahl an Campingplätzen reguliert den Andrang und man findet sich oft allein auf dem abwechslungsreichen Trail. Neben den beeindruckenden Aussichten auf den Berg locken zudem Rotzeder-Giganten im Farnwald, imposante Wasserfälle, Gletscherseen sowie lebensfeindlich wirkendes Moränengelände, die von einer einstigen Landschaft aus Eis und Schnee zeugen. Ein genialer Spielplatz für Jung und Alt.

Ausgangspunkt: Parkplatz am Berg Lake Trailhead, 850 m. 87 km westlich von Jasper und 18 km östlich von Tête Jaune Cache auf dem Yellowhead Highway liegt das Mt. Robson BC Visitor Center. Von hier 2,2 km der Kinney Lake Road bis zum nördlichen Ende folgen.
Höhenunterschied: 1980 m.
Anforderungen: Kräftezehrende, konditionell anspruchsvolle Tour auf steilen Anstiegen in alpines Gelände; Trittsicherheit erforderlich. Der Abstecher zum Robson Glacier befindet sich auf unmarkiertem, losem Geröllterrain, wo Orientierungssinn notwendig ist.
Einkehr: Café Mt. Robson am Visitor Center 2,2 km vor dem Ausgangspunkt (Tel. +1 250 566 4332, www.cafemtrobson.com).
Unterkunft: Backcountry-Campingplätze entlang des Trails (BC Parks, Tel. +1 519 858 6161, https://bcparks.ca/parks/mt-robson/berg-lake-trail).
Variante: Absolut lohnenswert ist die anstrengende Tageswanderung zum Snowbird Pass mit spektakulären Ausblicken auf das Reef Icefield (ca. 20 km, 800 Hm; absolute Trittsicherheit sowie Schwindelfreiheit erforderlich). Am Abzweig Snowbird Pass den Kiesweg Richtung Robson Glacier einschlagen und am Moränensee die steilen, mit Seilen gesicherten gerölligen Serpentinen bergauf. Südlich entlang der Seitenmoräne, bis der Pfad in die Traverse links einschwenkt und man überraschend durch blühende, sumpfige Bergwiesen wandert, bevor der letzte steile Geröllanstieg hinauf zum Pass führt.
Tipp: Diejenigen, die sich fürs »Glamping« (Glamorous Camping) den langen Aufstieg sparen möchten, können mit dem Helikopter Montag und Freitag direkt auf den Gravel Flats vor dem Robson Pass Campground landen (Robson Helimagic, Tel. +1 877 454 4700, www.robsonhelimagic.com).
Karte: 083E03 (NRC).

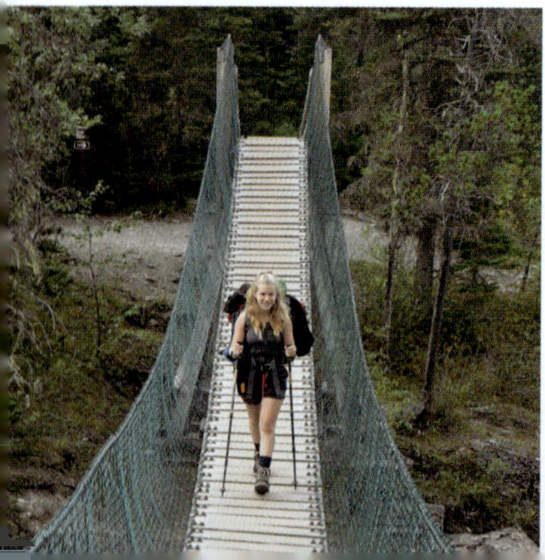

Die Hängebrücke über den Robson River ist ein willkommenes Etappenziel.

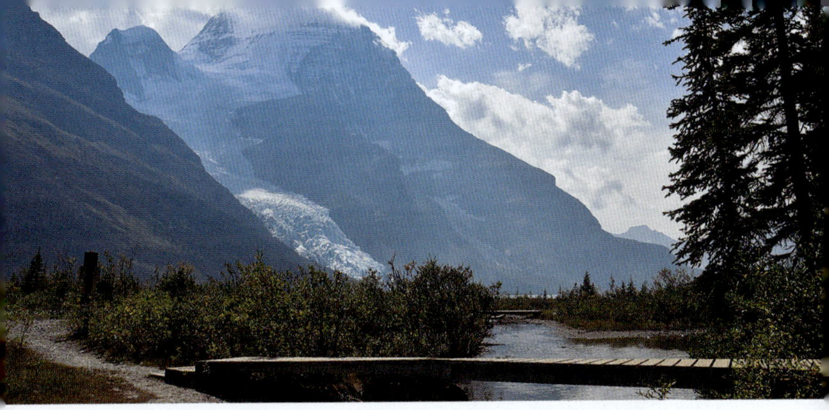

Mt. Robson mit seiner typischen, fast schon hauseigenen Wolke am Gipfel.

Am Parkplatz **Berg Lake Trailhead (1)**, 850 m, überqueren wir die Brücke und folgen dem Verlauf des Robson River flussaufwärts bis zum Ablauf des Kinney Lake. Gleich anschließend links den idyllischen Weg direkt am See entlang einschlagen, dessen kleine, mit Bänken versehene Nischen zum Verweilen einladen. Zurück auf dem Hauptweg geht es am Fuße des Monarchen zum **Kinney Lake Campground (2)**, 990 m, am Ende des Sees. Kurz dahinter teilt sich der Weg. Je nach Saison kann man links auf den Flats hinein ins Tal laufen oder man nimmt, wenn der Wasserstand dies unterbindet, den steilen Weg am Ufer. Am Ende der Alluvialebene steigt der Pfad auf der westlichen Talseite bergan und man erreicht nach einer Dreiviertelstunde eine **Hängebrücke (3)**, 1130 m. Wir überqueren sie und gelangen zu unserem Übernachtungsplatz, dem Whitehorn Campground.
Am Folgetag wandern wir noch einen knappen Kilometer Höhe haltend taleinwärts. Nach der Überquerung dreier Brücken beginnt nun der unerbittliche Aufstieg ins Valley of a Thousand Falls, der jedoch mit drei stattlichen Wasserfällen versüßt wird. Wir folgen dem Stichweg an der Gabelung, um zur natürlichen Aussichtsplattform der mächtigen **Emperor Falls (4)**, 1530 m, zu gelangen, wo sich der »Herr des Tales« zum ersten Mal in nahezu voller Größe präsentiert. Nun sind es nur noch wenige Kehren, und binnen 15 Min. sind wir auf der oberen Talstufe angekommen. Vorbei am Campground, lichtet sich nach einer weiteren Viertelstunde der Wald, und die Sicht auf den höchsten Berg der kanadischen Rockies wird frei. Wow!!!
Die Nordwestflanke stets im Blick, wandern wir ab jetzt auf einem gerölligen Pfad. Zuerst entlang eines Rutschhanges, danach wieder über eine Sanderfläche, erreichen wir das Westende des **Berg Lake (5)**, 1650 m, mit Ausblick auf den gleichnamigen Gletscher, der sich in den See ergießt. Nach 2 km leichtem Auf und Ab direkt am Ufer bietet die **Hargreaves Cabin (6)**, 1650 m,

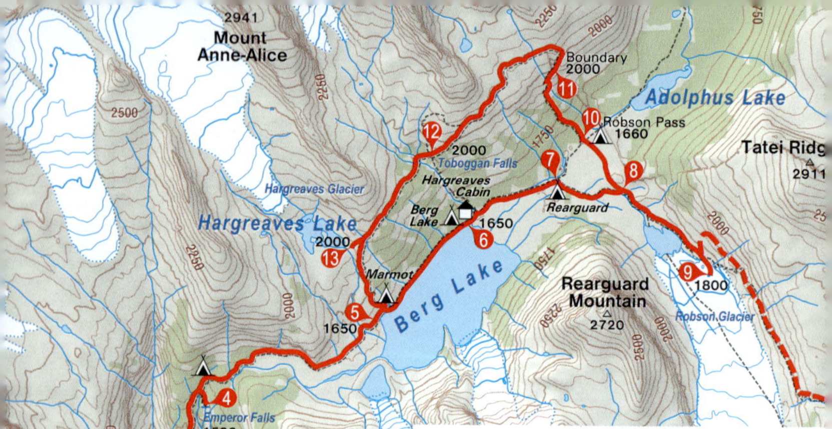
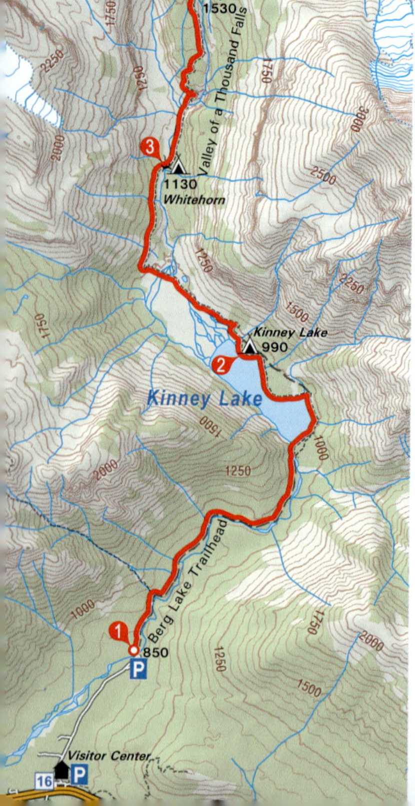

Schutz bei Schlechtwetter. Einen weiteren Kilometer später schlagen wir beim Abzweig **Snowbird Pass (7)**, 1650 m, den rechten Weg ein. Dieser führt uns über dünn bewachsene Schmelzwasserterrassen, an einer unscheinbaren **Kreuzung (8)** und am Marker der Gletscherzunge des Jahres 1911 vorbei zum Viewpoint des schnell schwindenden **Robson Glaciers (9)**, 1800 m. Um weit nach vorne zu gelangen, können wir bei der Kehre mit dem Hinweisschild des Provinzparks den offiziellen Trail verlassen und geradeaus Richtung Gletscher gehen. Den

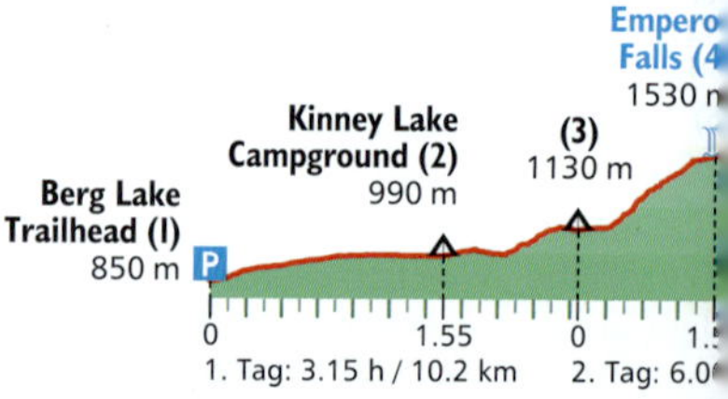

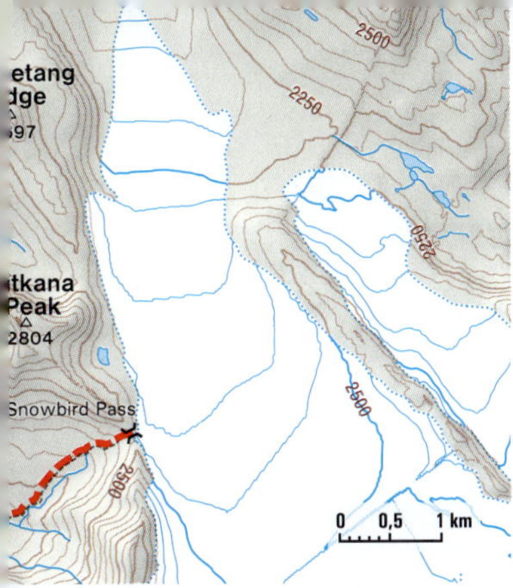

richtungsweisenden Inukschuks folgend, gelangt man zur vorderen Abbruchkante mit weitem Blick. Von hier aus wieder 1,7 km denselben Weg zurück bis zur **Kreuzung (8)**, wo wir rechts abbiegen und dem Pfad geradeaus folgend die Moränenlandschaft direkt bis zum **Robson Pass Campground (10)**, 1660 m, durchwandern.

Der dritte Tag beginnt mit einem wadenbeißenden Aufstieg, der aber alle Mühen lohnt! Wir überqueren nicht nur kurzzeitig die Provinz- und Zeitgrenze, **»Boundary« (11)**, 2000 m, auch die Aussichten des zu erklimmenden Mumm Basins sind weltberühmt. Nach 1,5 km wendet sich der im Folgenden nicht immer eindeutige Pfad um 180 Grad nach Südwesten. Von hier oben genießt man die weitreichendste Sicht der gesamten Tour! Knappe 2 km nach der großen Kehrtwende kann man dem rechts abzweigenden Umweg über eine Höhle folgen. Geradeaus weiter gelangt man direkt zur Kreuzung **Toboggan Falls (12)**, 2000 m, die wir queren. Eine gute halbe Stunde später stehen wir vor der aufragenden Seitenmoräne des **Hargreaves Glacier (13)**, 2000 m. Für einen Abstecher zum Aussichtspunkt steigen wir die Seitenwand hinauf und gehen westlich bis zum Endpunkt der Moräne oberhalb der kleinen Schlucht. Anschließend führt der Weg über die Gletscherschutthalde sowie 350 m im Wald hinab zum Berg Lake Trail am Westende des Berg Lake. Wir biegen rechts ab und kehren zurück zum **Ausgangspunkt (1)**.

Folgende Seite: Auf dem Weg zum Snowbird Pass kommt man dem Robson Glacier ganz nah.

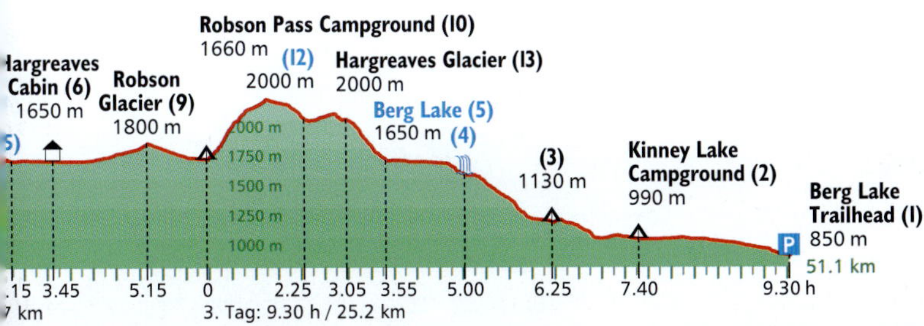

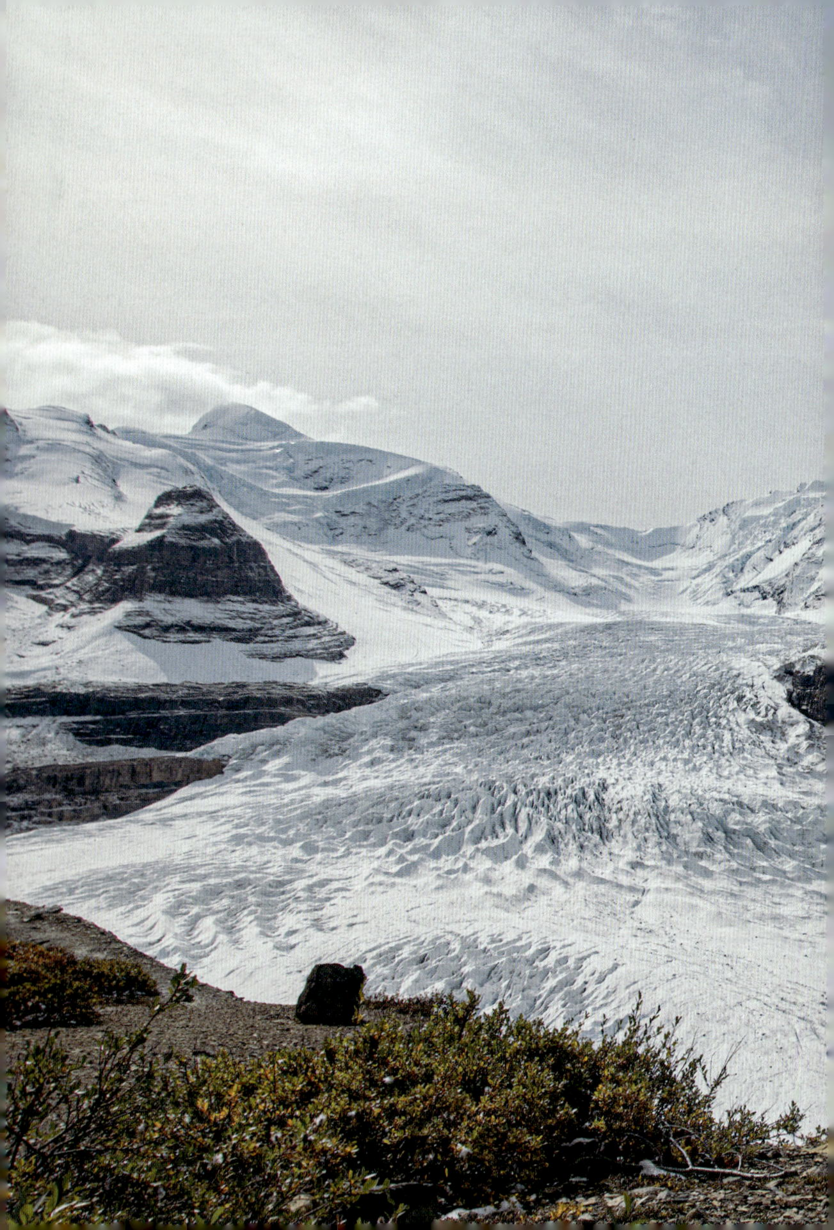

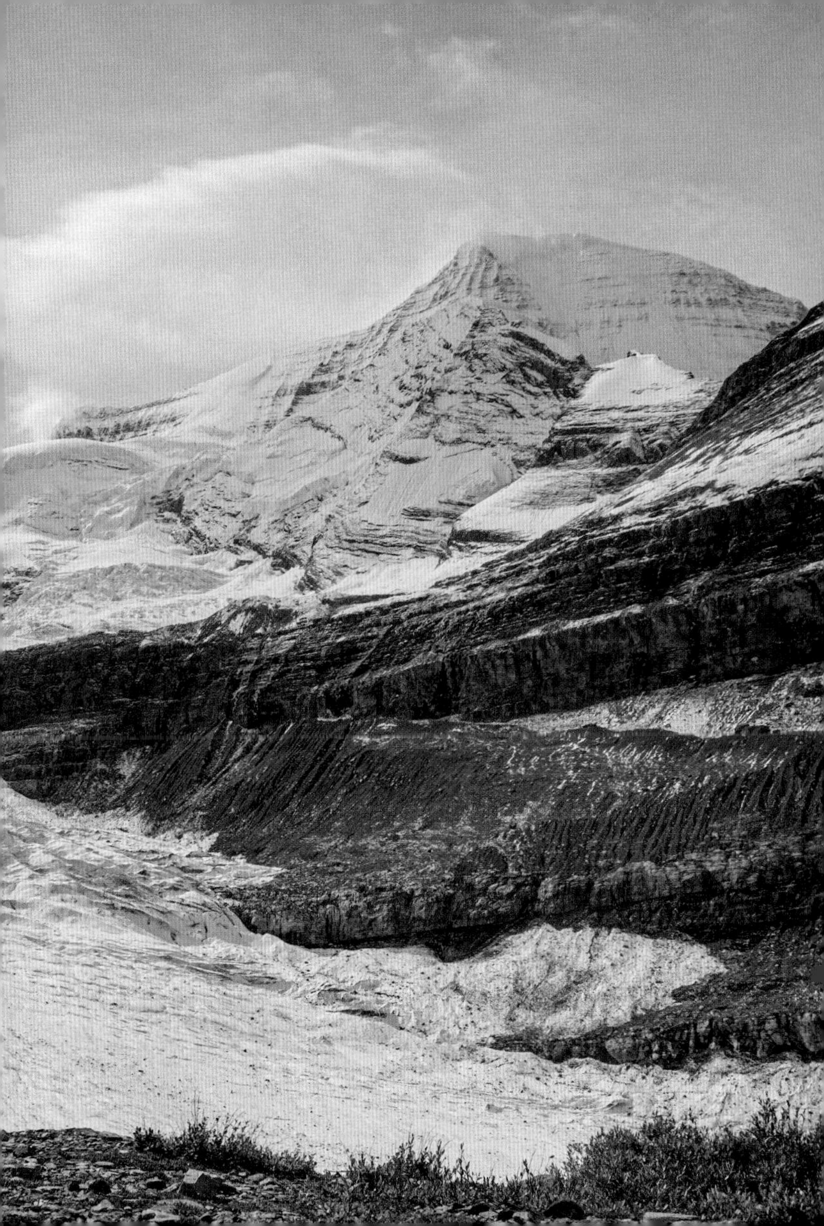

Stichwortverzeichnis

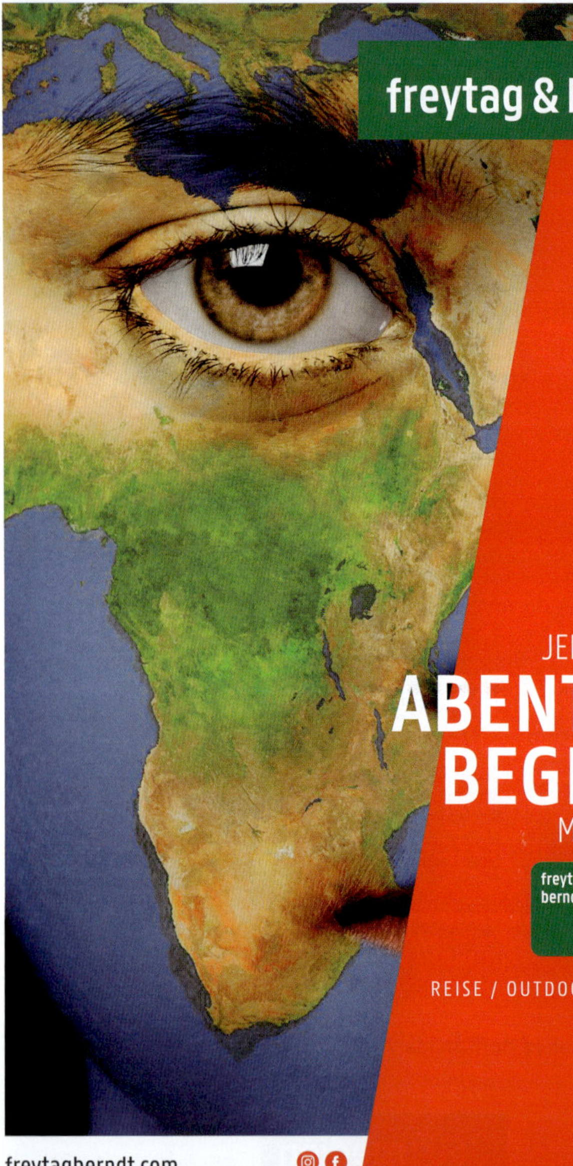

Umschlagbild:
Schroff erheben sich die Gipfel der Wenkchemna Range hinter dem Moraine Lake (Touren 27–29).

Bild im Innentitel:
Auf dem Gipfel des Mount Bourgeau (Tour 14).

Frontispizbild:
Morgenstimmung am Floe Lake (Tour 10).

Alle Fotos von Verena und Analena Schmidt.

Kartografie:
61 Wanderkärtchen im Maßstab 1:25.000, 1:50.000, 1:75.000 und 1:100.000 sowie eine Übersichtskarte im Maßstab 1:6.000.000
Geodaten © OpenStreetMap und Mitwirkende, kartografisches Design: Freytag & Berndt Prag, www.freytagberndt.cz
Übersichtskarte im Maßstab 1:3.500.000 © Freytag & Berndt, Wien

2., aktualisierte Auflage 2023

ISBN 978-3-7633-4527-4

FSC
www.fsc.org
MIX
Papier aus verantwortungsvollen Quellen
FSC® C021956

Wir freuen uns über jeden Korrekturhinweis zu diesem Wanderführer!
Bitte per E-Mail an: leserzuschrift@rother.de

ROTHER BERGVERLAG · München
D-82041 Oberhaching · Keltenring 17 · Tel. +49 89 608669-0 · www.rother.de